説話社 占い選書 18

シンプルでよくわかる開運法

九星気学

日本占術協会会長

エミール・シェラザード

はじめに

私は今まで、さまざまな種類の占いを勉強し、実践してきました。なぜ、さまざまな占いをするようになったかといえば、人の人生は複合的要素の中に成り立つため、一種類の面から占いを試みても、的中率に限界があり、占断が不完全なものに終わってしまうことがつらかったからです。そして、数ある占いの中で今回は、九星気学という立場から幸せになる方法に触れてみました。

「方位を利用して運に栄養を与える」

というシンプルな開運法……あまりにも単純な方法に、九星気学の初心者である読者の皆さんは、驚かれるかと思います。そして「もう少し複雑な内容のものでないと、精度が低いのでは?」と思われる方もいらっしゃるかもしれません。

しかし、私は物質や理屈が氾濫している現代だからこそ、この占いを紹介したかったのです。人の持つ能力や許容量の限界を超えて、すさまじい勢いのまま数字に追いかけられ、おしきせの幸せの価値観に心身を蝕まれている、昨今の私たち。そのような心の部屋に、昔の人が残した〝気学〟のメッセージを贈りたかったのです。

最近になり、私は、

「人にはそれぞれの歩幅があるのだから、自分に合った歩幅で歩くのが、一番幸せなのではないだろうか……」

と、しみじみ感じます。

気学は、ずっと心の中で温めていた占いです。各駅停車に乗って占いの勉強を続け、今、気学のプラットホームに降り立ち、

「幸せよ、ゆっくり、歩いてやってこい」

と思いつつ、筆を進めました。

読者の皆さまにもゆっくりと、しかし、確かな幸せがやって来ますように。

新書版にあたってのご挨拶

私が占いの扉をたたいた1970年代後半から、時はたち、すでに数十年が流れました。

その間、一体どれくらい占いに時間を費やしてきたことでしょうか。考えてみれば膨大な時の中で日々占いと過ごしてきました。

はじめに出会った〝占星術〟は女性誌の巻末にある12星座占いでした。その占いを担当していたのは、ルネ・ヴァンダール・ワタナベ先生。のちに私は師の元で西洋占星術を学ぶようになりました。

しかし、来談者から悩みの相談を受け、実践的に占うことで、何らかの回答を用意することがなりわいとなった30代、私は大きな壁にぶつかりました。

それは「方位」や「家相」への対応を含め、複合的要素で飛び込んでくる質問に対して高度な回答を用意しなければならない……そのようなあせりでした。

また占うばかりでなく、訪れて来た方への「開運法」を処方する。それもまた、私にとって大きな課題となったのです。

このようなことがきっかけとなり、私は「時間と空間」を意識し、開運を導く占法へと新しい道を歩み始めました。

九星気学は数ある占いの中でも複雑な手順や計算を必要としない、シンプルな占いです。性格と運勢を知る、運と才能を伸ばす、交際相手との相性を知る。さらに、方位による開運法や避けたい方位への警告などなど、時間と空間の中で生きる私たちに「方位を利用して運に栄養を与える」優しい占いなのです。

くり返しになりますが、私は物質や理屈が氾濫し先行している現代だからこそ、気学を紹介したかったのです。

現代社会を生きる私たちは、与えられた能力や許容量の限界を超え、すさまじい勢いで数字に追いかけられ、おしきせの幸福論や価値観に心が疲れ果てています。

そのような人々の心の部屋に、昔の人が残した優しく温かい〝気〟のメッセージを贈りたいのです。

ＡＩ万能論を片耳で聞きながら、世界のどこかで起こっている争いに心を痛め、全地球を覆いつくしたコロナ禍への脅威を全身で感じ、未来への不安を感じながらも幸せな先行きを願っている私たち。

最近になり、私は「人は皆、幸福になる種を持っている。でも、それぞれの種にはそれぞれの発芽時期があり、そして場所選びも大切なポイントだ」としみじみ思っています。

気学は長い間、実践し続けてきた占いであり、開運法のひとつです。

読者の皆さんも気学を身につけ、幸せ駅への切符を手にしてください。

目次

第4章　本命星×月命星でわかる運と才能の伸ばし方

第5章　本命星で探るおつき合い相性

第6章　九星気学による開運法

第7章 各方位を用いたときの吉凶現象

第8章 九星でみる運勢の流れ

巻末　暦と方位の正しい見方

第1章

九星気学で宿命を知り、運命を変える！

九星気学には、
自分の意志では選ぶことができない
「宿命」を見極め、
「運命」を変える術があります。
九星を活用することで
自分の運命を
どんどんよいものに変えてゆきましょう。

「宿命」と「運命」の違いについて

人の運について考える際には、宿命と運命、このふたつの違いについて、きちんと理解をしておかなくてはなりません。

宿命と運命は、時として同一視されてしまう場合が多いのですが、本来、このふたつの〝命〟は、同じものではありません。宿命とは、字の如く生命が誕生した時点ですでに宿っていたものであり、自分の意志で変えることができないもの。一方で運命は、命を運ぶと書くが如しで、自分の考え方や行動の起こし方により、変えられる（選ぶことができる）のです。

では、自分がこの世に生まれたときにすでに決められていたこととは何でしょうか。出生の時点で、自分の意志で選ぶことができないこととは……。どの時代に、どちらの性別で、どの国家に生まれるか……これらはすでに決まっており、意志や努力では変えられないことです。

しかし、どの職業を選ぶか、どこに住むか、誰と一緒に仕事をするか……などは自分の意志や努力である程度、変えることができます。従ってこれらはすべて運命であり、その運命とは、〝気〟の流れの中に存在しています。

つまりは、〝気〟の流れを扱う気学を味方につければ、よい方向へと運命を変化させることができるのです。

宿命のままを生きず、運命を変えて成功した徳川家康

宿命のままを生きず、運命を切り開いた人は数多くいますが、ここでは徳川家康の人生を例にとってみましょう。徳川家康は、幼少の頃から人質として各大名家をたらい回しにされ、戦国の時代に身分も定まらぬまま、歴史から、いつその名前が消えても不思議ではない環境の中にいました。

しかし家康は歴代の大名を退け、やがて大運を掌中におさめ、しかもその後、徳川家を代々継続させることに成功しました。家康が九星気学を活用していたのは、ほぼ間違いないと言われています。不安定な日常の中で暦を算じ、”気“の流れを読み、環境を味方につける術を心得ていた……あるいは、戦場で占断を行うすぐれた軍師を味方につけていたのやもしれません。何よりこの成功があり得たのは、宿命のまま流されることをせず、自分で運命を切り開く行動を起こしたからこそ、でしょう。

人生にとって、努力はとても大切なテーマです。だからこそ、自分の運命のプログラムをよく識《し》り、努力が完全燃焼すれば、運は間違いなくあなたの人生を明るく照らし出してくれます。スタート時点では同じでも、”運命を自分の意志で変える！“と、しっかり認識した人と、あきらめて投げ出した人との間には、明らかに隔たりができるのです。

しかし、”気“の流れは目で見ることや数値化することはできませんから、暦の中にある記号

を解読し、運命を識《し》る手がかりとするのです。
さて、占術を学んでいると、繰り返される歴史の中に〝運〟の不思議を見ることがあります。「もし、あのとき攻めに徹していたら」「もし、そのとき守る一方であれば」……と歴史に〝たら〟と〝れば〟の仮説はつきもので、敗者と勝者の間は〝運〟という大きな川にさえぎられていることを、今さらのように感じずにはいられません。

　ある年の秋、私は平泉の旅から日光に下り、東照宮を参詣したことがありました。日光東照宮は、当時の江戸城の北（中国思想で北は天帝の住む方角）に建造され、徳川家康公が祀られています。江戸の東北（鬼門）は寛永寺、南西（裏鬼門）は、山王神社で守護されており、江戸は気学風水に基づいて、計画的に造られた都市だということがわかります。

　きらびやかな日光東照宮の社殿をながめながら、徳川家が長きにわたり、繁栄し栄華を誇ったのは、気学の力によるところが大きかったのではないか、と感慨にふけりました。

宿命を受け入れ、運命を切り開く九星気学

気学は、"気"の流れをナビゲートして運命のカルテを作り、そのときに必要とする処方箋を用意することを、得意中の得意としています。"気"を分析し、そこから導き出した法則を人間の心や肉体に当てはめてゆけば、必ず苦境突破のカギを見つけることができるのです。

「宿命を受け入れ、運命を切り開いてゆくところに、人としての大きな幸せがある」

宿命と運命の違いをしっかりと認識しておくことは、開運への近道といえるでしょう。

私はこの職につく前、幼稚園の教諭をしていました。当時は、占いだけで生活してゆくなどということは困難な時代でしたから、転職には周囲が皆、反対しました。しかし私は今、こうして占術を生業としています。当時は意識していなかったのですが、後に調べてみると転職を決意した年は、九星でいう「天職とめぐり合う年」でした。

結果的に"気"の導くとおりにアクションを起こしたことで、現在に至ったのです。これは「"気"の道を歩いてきたら、ここにたどり着いていた」ということを、身をもって体験したといえるのではないでしょうか。

第2章 九星気学の基礎

九星気学を活用する上で
大切な基礎知識を学ぶ章です。
五行や十干・十二支、
後天定位や本命星・月命星など、
九星気学のもととなる思想や、
七大凶殺、九星の象意や
方位の吉凶などが解説してあります。

九星気学の主源は「天人合一」
人の幸せは
自然の秩序を全うする中にあり

九星気学は、古代文化の盛んであった中国に約四千年前に誕生した、運命学の中の一分野と言われています。日本への伝来は、推古天皇の時代説が有力で、漢の時代に仏教とともに入り、聖徳太子によって編纂されたものとされています。

後の世では弘法大師・日蓮上人を始めとして、高僧が自己修行のために、歴史上では、徳川家康・豊臣秀吉・上杉謙信、そして「忠臣蔵」で有名な大石内蔵助も、この方術を兵法・政治に用い、激しく移ろう時代を生きる羅針盤としていました。

運七分、努力三分、という言葉がありますが、その重みを誰よりも強く感じていたからこそ「命術も武器のうち」とした武人の運命に対する姿勢は、気迫がこもるものだったに違いありません。

さて、九星気学の考え方の主源にあるのは、「天人合一」という思想です。これは、〝我々人間は、大自然から生み出された創造物のひとつであり、大宇宙の法則にのっとり、この世に生を与えられている。従って、人は大自然の秩序や法則に従って生を全《まっと》うするところに福分がある〟という考え方です。

人は地に法《のっと》り　地は天に法り
天は道に法り　道は自然に法る

これは老子が述べたことですが、天地人を同一のものとした思想がよく表れています。天人合一の思想が大宇宙の呼吸法を身につけ、自然界の気に従って生きることでの幸せを説いているのは、壮大な宇宙の気からの生命の恵みを説いている様にも思えませんか？

さて、ここでは難しい思想を綴るのが目的ではありませんから、そろそろ実践論に筆を進めましょう。九星気学は生年月日を基にして、運命の傾向や性格、未来への展望、相性、そして方位の吉凶などを占う運命学で、これ以降の章ではそれらの具体的な解説に入ります。ですから、この2章では九星気学で用いる五行や十干・十二支、後天定位《こうてんじょうい》、本命星《ほんめいせい》・月命星《げつめいせい》といった基礎部分、根本となる考え方をみていきましょう。

五行の相生《そうしょう》と相剋《そうこく》

●五行の成り立ち

五行説の誕生は、世紀前の400年頃までさかのぼり、これは中国の根本思想の、「木・火・土・金・水の五つの要素が、万物の素である」という考え方によります。

西洋思想においては、哲学者エンペドクレス（BC490頃～430頃）が、「万物を作りあげている元素は、火・地・風・水の四元素である」という論を提唱しており、さらにギリシャの自然哲学者のタレスが、水を「万物の根源」と定義づけたところは興味深いものがあります。

●「相生《そうしょう》」は助成し合う関係（吉）

さて、五行の中で唯一、生命体としての生命や寿命があるのが「木性」です。そして火は熱性で、土性は五行の中で不動の存在。金性は土中より生まれる金属であり、表面が冷却することで水分を生じます。そして水性は木を育みます。

この関係は、木は火を生み、火は土を生じ、土は金を生ず。金は水を生じ、水は木を生ずることを表し、お互いに助成し合うことから「相生《そうしょう》」といいます。木・火・土・金・水の順番で並ぶ隣り合わせの相性は、気が融合し合って良好とされています。

けれど隣同士であっても、火にとっては土よりも木のほうからの働きかけのほうがありがたい、という法則があります。これは、木より火が生まれる関係にあるため、母（木）より子（火）に生じた気のほうがエネルギーに勢いがあるのです。

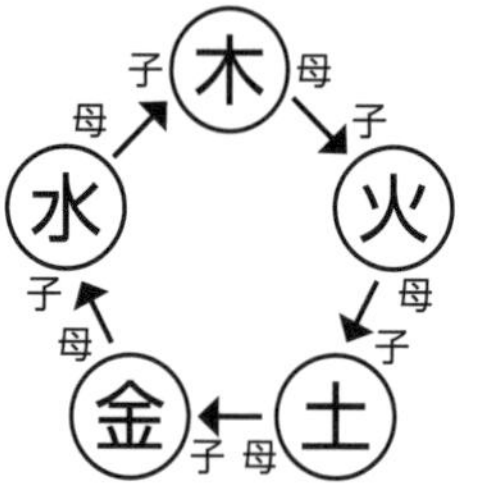

木は燃えて火に→火は灰から土に→土中からは鉱物が生まれ→金属は水を生じ→水は木を育てる→…

つまり右まわりの関係にあるものは、積極的に力を与える関係にあるので「生気《しょうき》（大吉）」なのですが、これが左まわりの関係にあるものは、助けられる受け身型のため、吉意は少し下がって「退気《たいき》（小吉）」となります。

同一の元素である、木性と木性、火性と火性、土性と土性、金性と金性、水性と水性は、「比和《ひわ》」といい、同じ要素同士が肩を並べる関係で「和気《わき》

（中吉）」となり、この吉意は「生気（大吉）」と「退気（小吉）」の中間にあたります。22ページに、この関係を表にした「相生相剋表」がありますので、そちらも合わせてご覧ください。

●「相剋《そうこく》」は相手の力を奪う関係（凶）

こちらは、相生の反対の意味合いがあり、相手を傷つけ、相手の力を奪うマイナス関係です。

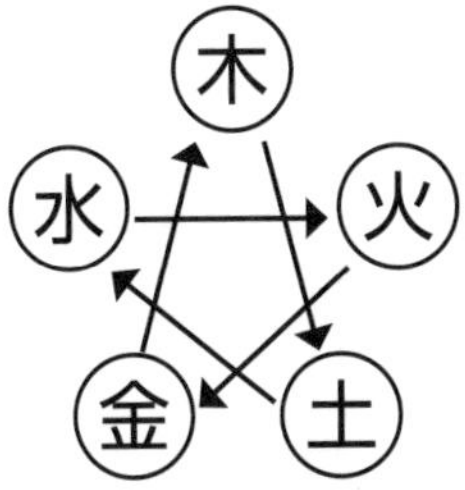

火は水によって消え→金は火で溶け→木は金に傷つけられ（オノでの伐採→土は木に養分を吸われ→水は土によって汚れる→…

この「相剋《そうこく》」は、互いを傷つけ、エネルギーを奪われる関係を示します。木性は土性より養分を奪い、土性は木性に傷つけられ、火性は金属に熱を加えて姿を溶かし、金性は火性に傷つけられます。そして水性は火の勢いをさまたげ、火性は水性に傷つけられる……このように、自分が傷つける関係にあることを「死気（凶）」といい、傷つけられる関係を「殺気（大凶）」と呼び、凶性が強いとされています。

ただし精神を鍛錬すれば、受ける傷を軽症、あるいは皆無にできます。例えば、木も大木になれば、金性のオノもカミソリ程度になるが如しです。

この、五行の相生相剋をもとにしたのが、次の九星気学の相生相剋表です。この表は行動する方位の吉凶を判断するときなどに活用します。

相生相剋表

九星＼吉凶	（吉星）生気(大吉)	（吉星）比和(中吉)	（吉星）退気(吉)	（凶星）死気(凶)	（凶星）殺気(大凶)
一白水星	六白、七赤	ナシ	三碧、四緑	九紫	二黒、八白
二黒土星	九紫	八白	六白、七赤	一白	三碧、四緑
三碧木星	一白	四緑	九紫	二黒、八白	六白、七赤
四緑木星	一白	三碧	九紫	二黒、八白	六白、七赤
五黄土星	九紫	二黒、八白	六白、七赤	一白	三碧、四緑
六白金星	二黒、八白	七赤	一白	三碧、四緑	九紫
七赤金星	二黒、八白	六白	一白	三碧、四緑	九紫
八白土星	九紫	二黒	六白、七赤	一白	三碧、四緑
九紫火星	三碧、四緑	ナシ	二黒、八白	六白、七赤	一白

※方位を見る場合、五黄は五黄殺方位となるため、この表に五黄は入っていません。

●九星（空間・時間）と五行

一白、二黒、三碧……といった九星は、時間と空間のふたつで成り立っています。時間は一～九に分類し、空間は、白・黒・碧・緑・黄・赤・紫で表して、それぞれに色を組み合わせ、一白・二黒・三碧・四緑・五黄・六白・七赤・八白・九紫と九星が名づけられたのです。

さて、そんな九星の一白～九紫と、五行の木・火・土・金・水を組み合わせたものが、次の図の、一白水星～九紫火星です。つまり一白水星は、

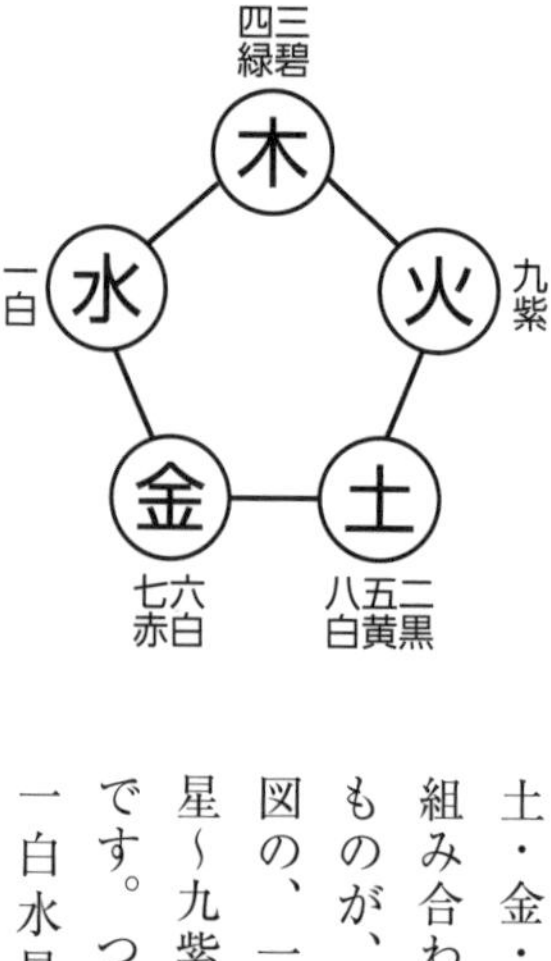

九星では一白で、五行では水星、ということになります。

また、時間と空間を表す数と色、そして自然界の五行……この3つの要素で構成されていることを、ひと目で理解していただくため、表にしましたので、こちらもご参照ください。

九星 時間（数）	九星 空間（色）	五行
一	白	水星
二	黒	土星
三	碧	木星
四	緑	木星
五	黄	土星
六	白	金星
七	赤	金星
八	白	土星
九	紫	火星

十干《じっかん》・十二支《じゅうにし》

●十干

五行論に、この世のすべての事象は陰と陽からなっている、とする陰陽論を加えると、「甲・乙・丙・丁・戊・己・庚・辛・壬・癸」という十干が成立します。これは、五行の気である「木・火・土・金・水」の五気と陰（－）《マイナス》・陽（＋）《プラス》ふたつの気を組み合わせて生じた、10種類の気です。

そして、十干それぞれの意味は次のとおりです。

陰陽／五行	陽の五気	陰の五気
木	甲《きのえ》	乙《きのと》
火	丙《ひのえ》	丁《ひのと》
土	戊《つちのえ》	己《つちのと》
金	庚《かのえ》	辛《かのと》
水	壬《みずのえ》	癸《みずのと》

甲《きのえ》の気（木気の陽）

甲は鎧。強いものを打ち破る大きなエネルギーを表す。固い大地を破って地上に発芽する力。

乙《きのと》の気（木気の陰）

草木や穀物などの新芽がいっせいに伸長して野山を新緑でおおうエネルギー。この力を受けて春の若い生命が誕生する。時期は春。

丙《ひのえ》の気（火気の陽）

語源は炳《あきらか》で、太陽の光が食物の健全なる発育を助け、形をハッキリ明らかにするために与えるエネルギー。

丁《ひのと》の気（火気の陰）

草木の開花を穏やかに支えるエネルギー。やがて種子を結ぶ時期に備えて、必要な栄養を与える。

戊《つちのえ》の気（土気の陽）

茂を語源とする。開花した花に交配の準備が整い、結実へのエネルギーを与える。

己《つちのと》の気（土気の陰）

花が散り、結実した実がやがて大きく安定した〝実り〟になるために必要なエネルギーを与える。

庚《かのえ》の気（金気の陽）

草木の実が大きく成熟し、ひとつの完成を表す。

完成に加え、さらなる大きくて強靭なものを作ろうとする強いエネルギー。

辛《かのと》の気（金気の陰）

木の枝から実が落下し、ひとつのプログラムが終了。木と実が離れるとき、あるいは落下時の損傷を極少におさえる双方に必要なエネルギーの調整。

壬《みずのえ》の気（水気の陽）

地上に落下した実はやがて朽ちてしまうが、実の内面には種子が宿り、新しい生命が妊《はら》まれている。新しいエネルギーのたとえ。

癸《みずのと》の気（水気の陰）

種子の内部から新たなる生命が活気を開始しようとしている形。地中の水分、土中の地熱を吸収するエネルギー。

●十二支

子から始まり、丑・寅・卯・辰・巳・午・未・申・酉・戌・亥の12通りあります。十二支も十干と同じく陰陽論を導入して、陰と陽に分かれています。

陰陽＼五行	木	火	土	金	水
陽	寅《とら》	午《うま》	辰《たつ》戌《いぬ》	申《さる》	子《ね》
陰	卯《う》	巳《み》	丑《うし》未《ひつじ》	酉《とり》	亥《い》

九星気学において十二支は、十干と組み合わせた形で年・月・日を表すときに目にするはずです。

例えば、

◆**令和4年・10月・8日**

は、九星と十干・十二支で表現すると、

◆**五黄土星壬寅の年・三碧木星庚戌の月・九紫火星甲午の日**

となります。また、十二支は「丑寅の方角」というように方角を、「子の刻」というように時刻を表す際にも用いられます。

子《ね》の気

新しい草木の生命が、種子の中でじっと眠っている様を表し、地熱や水分を待ち、発芽に備えている象《かたち》。

丑《うし》の気

種子が固い皮を破り、地中で芽を出している象。しかし、まだ地上に発芽するまでには、時間を要する。

寅《とら》の気

動き始めを象《あらわ》し、地表に発芽しようとして、積雪や霜と戦う。地上と地下のつなぎ目で大きなエネルギーが動く。

卯《う》の気

ついに地表に新芽が顔を出すに至る。成長に向かう第一歩目のエネルギーは、躍動感とともに地上を若い緑で蔽《おお》う。

辰《たつ》の気

地上に誕生した新芽に雷・嵐・大雨などの試練が訪れる。生命の誕生を不安定な春の気象状況がおびやかす。生命の危険期。

巳《み》の気

草木は、すくすくと成長し安定期をむかえる。この頃に、爬虫類《はちゅう》の蛇が脱皮することから、巳として蛇が当てはめられた。

午《うま》の気

万物が勢いよく成長をとげ、繁盛の極に達したとき。しかし、満つれば欠けるが如く、盛りはしだいに下降することを暗示。

未《ひつじ》の気

最強の太陽エネルギーが去り、開花した花が実を結ぶ準備に入る月。未とは「味」という意味を持っており、滋味・甘味を加味する。

申《さる》の気

結実した実の収穫が始まるとき。実は熟し、引きしまる。地中では金属や鉱物が結晶をする。

酉《とり》の気

熟した実が、木の枝から落ち緇《ちぢ》むあるいは、発酵をして酒となる。緇む・酒は、酉を語源としている。

戌《いぬ》の気

落葉した葉は土に戻り、落下した実も土中に還る。肥料となって、新しい生命誕生へのプログラムがリセットの準備を開始する。

亥《い》の気

亥は、閡《がい》「とじる」の意味を持つ。種子が越冬のために殻を固くする象。また、亥の字は家の中で人と人が集まり収穫後の団欒《だんらん》をしている様子を字にしたものとも言われる。

後天定位《こうてんじょうい》

●後天定位と九星のめぐり方

九星気学では、一白水星～九紫火星を所定の位置に配した「後天定位盤」を使用します。ただ、この九星はいつも同じ位置にとどまっているわけではなく、年・月・日・時で一定の法則に従って盤をめぐっています。

そのめぐり方の基本は、中央→西北→西→東北→南→北→西南→東→東南→中央……という順番です。

そして五黄土星が中央に配してあるものが、基本の

後天定位盤です。また、後天定位盤の中央を「中宮」といい、五黄土星が中央に入った場合は「五黄中宮」と呼びます。

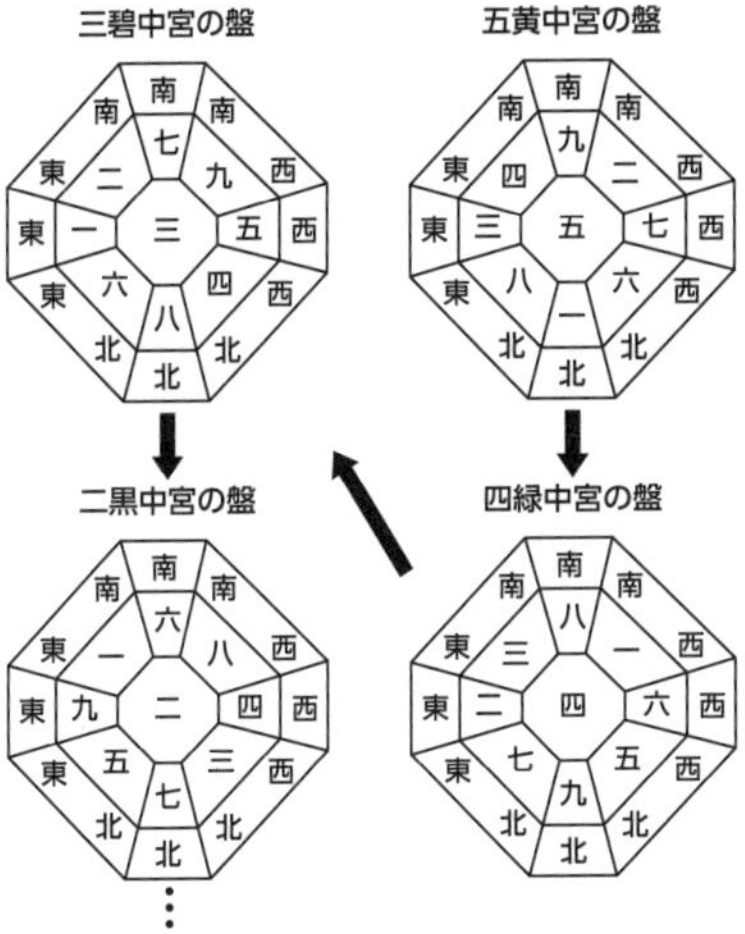

……とめぐってゆき、年盤は9年ごと、月盤なら9ヵ月ごとに一巡し、同じ盤に戻ってきます。

●九つの魔方陣・後天定位の始まり

図1

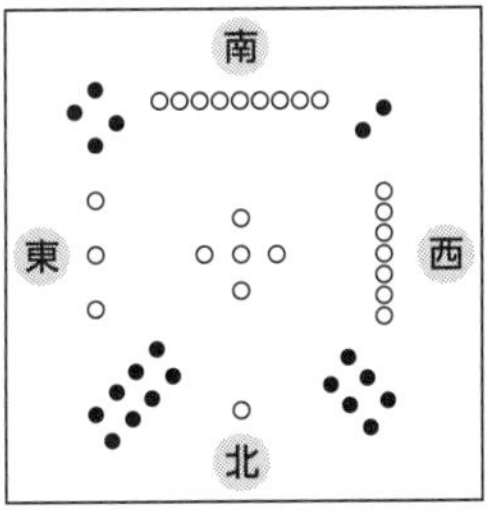

「落書」
九を戴き一を履《ふ》み
三を左に
七を右
二・四を肩となし
六・八を足となし
五は中央に居り
横・縦・斜
いずれより数足すも
その数十五

図2

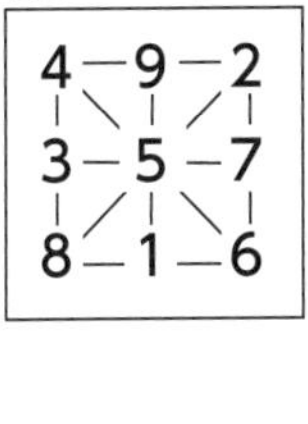

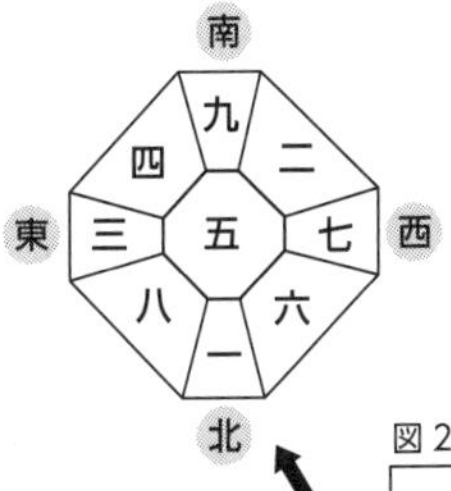

後天定位盤は一般の地図とは異なり、北が下に表示されています。

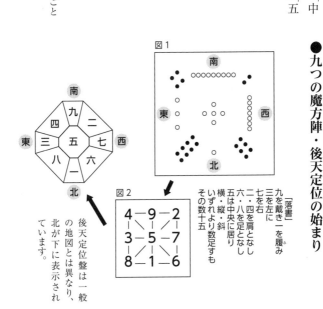

今からおよそ三千数百年~四千年ほど前、まだ、殷《いん》が起こるより前に「夏」という王朝があったと言われています。この当時の中国では、自然科学や思想的なことがとても発達しており、「陰陽論」「五行説」もすでに理論体系として存在し、十干・十二支や六十花甲子《ろくじゅっかこうし》（十干・十二支を組み合わせたもの）を用いた運命学の骨格が考え出されていました。

さて、「夏」の時代に、黄河の支流に当たる洛水という川が氾濫を起こしました。洪水は王によって治められましたが、そのときに川の中から大きな亀が現れたのです。そして、その大亀の背中には魔方陣と呼ばれる算術がのっており、この”不思議な数字“の模様が、九星気学で用いる後天定位のもとになったと言われています。

大亀の背中の甲羅に記されていたのは1~9までの印で、その数が東・西・南・北・東北・東南・西南・西北の八方位および中央の9点に並んでいました（図1）。なぜこれが”不思議な数字“であったのかといえば、大亀の背中の甲羅に記されていたのは、

（縦） 2-7-6・9-5-1・4-3-8

（横） 4-9-2・3-5-7・8-1-6

（斜め） 2-5-8・4-5-6

といったもので、この三つの数は、それぞれ縦・横・斜め、いずれから足しても15になるという神秘を含んだ数だったのです（図2）。

「後天定位」の伝説は、人間の運命を探求し、試行錯誤の後に、九星気学の骨組みを作ったと言われています。

本命星《ほんめいせい》・月命星《げつめいせい》

1年間をめぐる生まれ年の九星を「本命星」、1ヵ月間をめぐる九星を「月命星」といい、1年間を支配する星と1ヵ月を支配する星の関係を表しています。このふたつの星を合わせたものを主体にして、運勢や開運の秘訣を判断している占いが「九星気学」です。

古書によれば、本命星はその人が誕生する時点での生家の環境を示しており、そのときの家運の状態を表していると説かれています。例えば、五黄土星は強運と凶運が紙一重の星ですから、五黄土星の誕生が意味するのは、「家運が傾きつつある時代で、その誕生児は家運再興の役割を背負って生を受ける」となり、本命星には、生年背景が描かれています。一方、月命星は誕生して後の行動パターンや表現力を司る後天的取得運を表し、星の影響は35歳頃から表面に出てくると言われています。

本命星は人生全体の地色のようなもので、顔でいえば輪郭、月命星の働きによって後にガッシリとした全体像ができ上がるといえるでしょう。

あるいは、本命星は車でいえばエンジンで、月命星はハンドルさばきのようなものともいえます。そして暦を地図になぞらえてみると、わかりやすいと思います。

なお、気学での性格や運勢は、親元を離れ、独立する年（18歳頃）からハッキリと表れてきます。

本命星早見表

自分の生まれ年の欄を探して、本命星を調べましょう。立春前である1月1日～2月3日の間に生まれた人（2021年令和3年以降、立春が2月3日となる年［白枠］がありますが、その場合は1月1日～2月2日に生まれた人）は、前年の本命星となります。

例　昭和40年2月3日生まれ→九紫火星／昭和40年2月4日生まれ→八白土星ただし、［網掛け］の年の場合は立春が2月5日になるため、1月1日～2月4日の間に生まれた人が、前年の本命星となります。

生年	本命星	生年	本命星	生年	本命星	生年	本命星
1926(昭和元)	二黒	1951(昭和26)	四緑	1976(昭和51)	六白	2001(平成13)	八白
1927(昭和2)	一白	1952(昭和27)	三碧	1977(昭和52)	五黄	2002(平成14)	七赤
1928(昭和3)	九紫	1953(昭和28)	二黒	1978(昭和53)	四緑	2003(平成15)	六白
1929(昭和4)	八白	1954(昭和29)	一白	1979(昭和54)	三碧	2004(平成16)	五黄
1930(昭和5)	七赤	1955(昭和30)	九紫	1980(昭和55)	二黒	2005(平成17)	四緑
1931(昭和6)	六白	1956(昭和31)	八白	1981(昭和56)	一白	2006(平成18)	三碧
1932(昭和7)	五黄	1957(昭和32)	七赤	1982(昭和57)	九紫	2007(平成19)	二黒
1933(昭和8)	四緑	1958(昭和33)	六白	1983(昭和58)	八白	2008(平成20)	一白
1934(昭和9)	三碧	1959(昭和34)	五黄	1984(昭和59)	七赤	2009(平成21)	九紫
1935(昭和10)	二黒	1960(昭和35)	四緑	1985(昭和60)	六白	2010(平成22)	八白
1936(昭和11)	一白	1961(昭和36)	三碧	1986(昭和61)	五黄	2011(平成23)	七赤
1937(昭和12)	九紫	1962(昭和37)	二黒	1987(昭和62)	四緑	2012(平成24)	六白
1938(昭和13)	八白	1963(昭和38)	一白	1988(昭和63)	三碧	2013(平成25)	五黄
1939(昭和14)	七赤	1964(昭和39)	九紫	1989(平成元)	二黒	2014(平成26)	四緑
1940(昭和15)	六白	1965(昭和40)	八白	1990(平成2)	一白	2015(平成27)	三碧
1941(昭和16)	五黄	1966(昭和41)	七赤	1991(平成3)	九紫	2016(平成28)	二黒
1942(昭和17)	四緑	1967(昭和42)	六白	1992(平成4)	八白	2017(平成29)	一白
1943(昭和18)	三碧	1968(昭和43)	五黄	1993(平成5)	七赤	2018(平成30)	九紫
1944(昭和19)	二黒	1969(昭和44)	四緑	1994(平成6)	六白	2019(令和元)	八白
1945(昭和20)	一白	1970(昭和45)	三碧	1995(平成7)	五黄	2020(令和2)	七赤
1946(昭和21)	九紫	1971(昭和46)	二黒	1996(平成8)	四緑	2021(令和3)	六白
1947(昭和22)	八白	1972(昭和47)	一白	1997(平成9)	三碧	2022(令和4)	五黄
1948(昭和23)	七赤	1973(昭和48)	九紫	1998(平成10)	二黒	2023(令和5)	四緑
1949(昭和24)	六白	1974(昭和49)	八白	1999(平成11)	一白	2024(令和6)	三碧
1950(昭和25)	五黄	1975(昭和50)	七赤	2000(平成12)	九紫	2025(令和7)	二黒

［白］2月4日立春の年　［網掛け］2月5日立春の年　［白枠］2月3日立春の年

月命星早見表

自分の本命星と生まれ月から、月命星を導き出します。それぞれの月の区切りは、1日ではなく「節」(立春、啓蟄など)になります。月の頭の1日～8日頃に生まれた人は前の月生まれになることもありますので、くわしくは「節」について書かれたP291をご参照ください。また、巻末には月盤を載せてありますので、そちらも参考にしてください(P304)。

例1）本命星が三碧の5月15日生まれ→月命星は二黒土星

例2）本命星が七赤の3月1日生まれ→「節」より前なので前月の2月生まれとなり、月命星は八白土星。

1月	12月	11月	10月	9月	8月	7月	6月	5月	4月	3月	2月	生まれ月／本命星
六白	七赤	八白	九紫	一白	二黒	三碧	四緑	五黄	六白	七赤	八白	一白 四緑 七赤
九紫	一白	二黒	三碧	四緑	五黄	六白	七赤	八白	九紫	一白	二黒	二黒 五黄 八白
三碧	四緑	五黄	六白	七赤	八白	九紫	一白	二黒	三碧	四緑	五黄	三碧 六白 九紫

絶対に避けたい方位　七大凶殺

引っ越しや旅行、ショッピングなど何か行動を起こすと必ず悪い結果をもたらす方位があり、これを凶方位といいます。「五黄殺」「暗剣殺」「破」(歳破《さいは》・月破・日破)「対冲殺」はすべての人に共通の凶方位で、「本命殺」「本命的殺」「小児殺」は個人で異なる凶方位です。凶方位の作用は、その場・その時にすぐ表れるとは限りません。

方位の現象の表れ方についての説明は、第6章「九星気学による開運法」にありますので、そちらをご参照ください。

1、五黄殺

五黄殺は、年盤や月盤で五黄土星が入っている方位で、自らの不注意でトラブルを招く、いわば自滅の方位です。悪い現象がジワジワと表れてくるのが特徴で、ジリ貧の状態になっていきます。

この方位を用いると、心身ともに大きなダメージを受けますから、この方位へ向かっての行動は、できる限り避けるべきです。※本書の図では(ゴ)で表記。

例

二黒中宮の場合

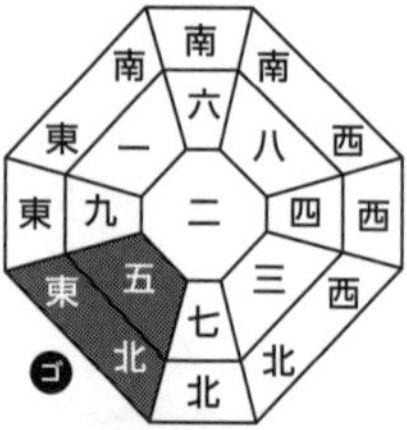

↑五黄土星の入っている、東北の方位が五黄殺。

2、暗剣殺

五黄の回座した向かい側になります。暗剣殺は五黄殺と違い、他動的にくる、突発的なアクシデントにつながりやすい危険な方位です。この方位に向かっての行動は、できる限り避けるようにしてください。※本書の図では(ア)で表記。

例

三碧中宮の場合

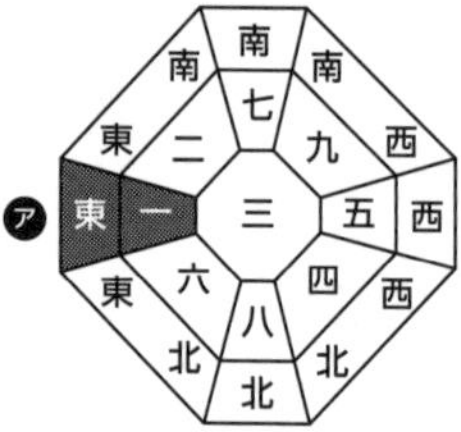

↑五黄殺の入っている西の向かい側の東が暗剣殺。

3、歳破、月破、日破

年月日の示す十二支の回座した方位の向かい側

を破といい、年の十二支の対向を歳破、月の十二支の対向を月破、日の十二支の対向を日破といいます。この方位は物事が破れやすいことを暗示し、天からの加護が少ないことを意味します。※本書の図では㋩で表記。

例

例：寅年（月・日）の場合

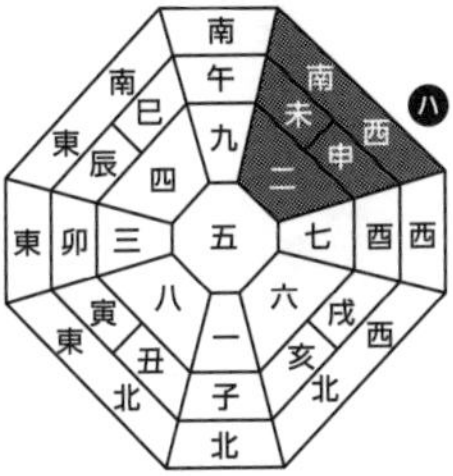

↑寅の向い側の、申の方位（西南）が破になります。この際は、どこにどの九星が回座しているかは関係ありません。

4、本命殺

自分の本命星の回座している方位に進むことを本命殺といい、自らの行動でマイナス要因を作りやすくなります。物事をやりすぎて、失敗する恐れがあります。※本書の図では㋭で表記。

例

四緑中宮の際の、六白金星の人の場合

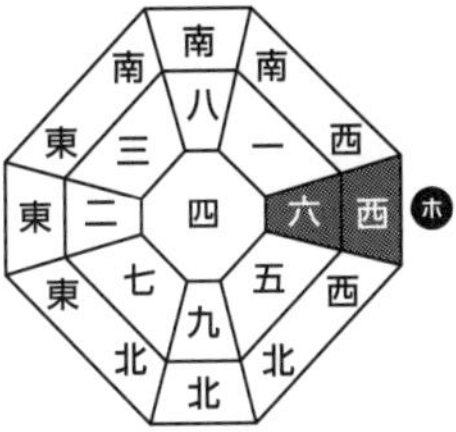

↑六白金星は西に回座しているので、この方位が本命殺に。

5、本命的殺

本命星の反対側の方位で、自分自身の行動で運勢を阻害することが起きます。思惑がはずれたり、見込み違いが起きやすい方位です。※本書の図では㋢で表記。

例

例：七赤中宮の際の、
四緑木星の人の場合

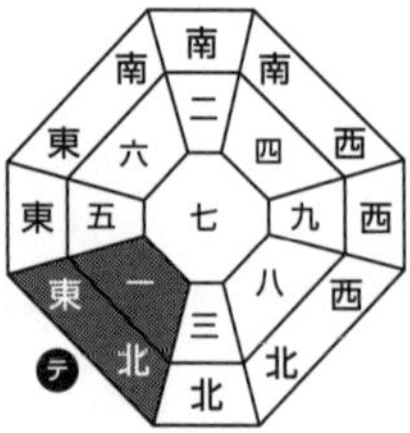

↑四緑木星の向い側の、
東北が本命的殺になります。

6、対沖殺

後天定位盤で見て、その星が本来の座の反対側にきた方位のことです。とくに南の一白水星、北の九紫火星は組み合わせが悪く、吉方位としての効果が期待できません。また、西の三碧木星、西北の四緑木星、東南の六白金星、東の七赤金星は、たとえ本人にとって吉方位だったとしても、その効果は一時的なもので終わります。ただ、東北の二黒土星と西南の八白土星はもともと暗剣殺ですから対沖殺から省きます。※本書の図では㋟で表記。

例

例：六白中宮の場合

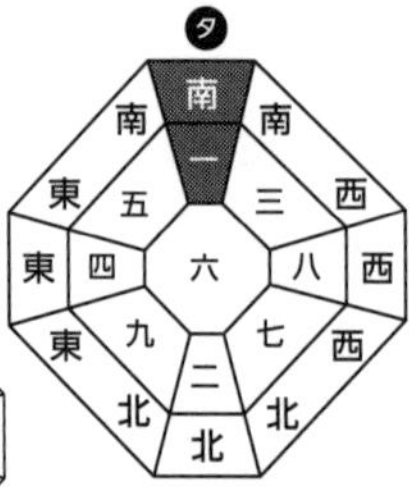

後天定位盤で見て北に位置する一白水星が、向い側の南にきているため、この方位は対沖殺になります。

後天定位盤

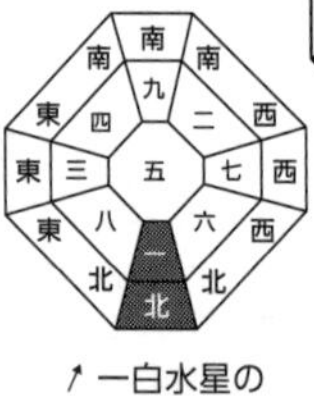

↑一白水星の本来の座

●以上の一～六の凶方位については、年盤、月盤、日盤、いずれも同じ解釈になりますが、発生する凶意については、年が最も重く、月、日、と軽くなっていきます。

7、小児殺

小児殺とは、月破の反対側の方位のことをいい、子どものみに適用されます。子どもの本命星とは関係なく、用いてはならない方位です。子どもというものは、いろいろな意味で心身ともに安定していませんから、ちょっとしたことで体調を崩したり、ケガをしたりしやすいものです。この方位は月建といって大人にはよい作用があるのですが、子どもには方位のパワーが強すぎて逆効果となってしまうのです。

子どもを預かってもらったり、子どもを連れて旅行に出かける際には、1～6の凶方でないことを確認した上で、さらに小児殺の方位でないことをチェックする必要があります。

妊娠中の女性の方は、産婦人科に通院する時期の方位、入院、退院するときの方位が母親にとって凶方にならないように注意するとともに、生まれる赤ちゃんの小児殺にならないように気をつけてください。年齢については諸説ありますが、乳幼児ほど影響を受けやすく、大体5～6歳まで（小学校にあがる前）の子どもは、この方位を用いないようにしたほうがいいでしょう。なお、「中央」とあるのは、この月に自宅のリフォームや建築などを行ってはいけないという意味です。

年／月	2	3	4	5	6	7
子・寅・辰・午・申・戌	中央	西北	西	東北	南	北
丑・卯・巳・未・酉・亥	南	北	西南	東	東南	中央

年／月	8	9	10	11	12	1
子・寅・辰・午・申・戌	西南	東	東南	中央	西北	西
丑・卯・巳・未・酉・亥	西北	西	東北	南	北	西南

各九星の吉方位と凶方位

それぞれの吉方位がわかる図を、巻末（310ページ）に一覧表にしました。自分の本命星のページを見て、基本の吉方位を覚えましょう。ここでの注意点は、たとえ吉マークがついていても、「破」（歳破・月破・日破）の方位は、凶方位になるということです。「破」は巻末の年盤・月盤に凶方位として記入してありますので、合わせてご覧になると凶方位のモレがなくなります。

＊対冲殺については、ここではとくに凶意の強い、北の九紫と南の一白のみを凶方位として記しました。※小児殺についてはは37ページの表を見て、ご確認ください。

九星の象意と各年に起こった事象

●九星象意一覧

九星はそれぞれ、さまざまな意味を持っています。これを象意といい、自然界や世の中のすべての事象を一白水星から九紫火星の九つに分類しています。九星気学で物事を判断する際には、この象意を正しく見極めることが大切ですから、代表的なものをわかりやすいようにまとめました。

誤解しないでいただきたいのは、一白水星が表わす人物に「悪人」があるからといって、一白水星生まれの人が悪人だというのではないということです。これは一白水星生まれの人のことをいっているのではなく、一白水星の持つ性質から派生した事象のひとつとしてあげられているだけなのです。この点を間違えないようにお願いします。

この表を見ていると、ときに疑問を抱くことがあると思います。わかりやすい例として、四緑木星が表すものの性質のひとつに「長いもの」があります。「それでは傘は長いのに、どうして六白金星の品物なの？」と思われる方もいらっしゃることでしょう。傘が本来の目的で使用されているのは、人の頭上でかざしている状態です。六白金星の象意には「天」や「覆うもの」という意味があるため、開いているときの形状から傘は六白金星に分類されるのです。

また、同じキーワードが違う九星に出てくることもあります。例えば三碧木星の表す味は「酸味」ですから、お寿司は三碧木星の食べ物ということになります。しかし、同じ酸っぱい味でも、揚げで包まれているいなり寿司や高級なお寿司は六白金星に分類されます。こんなふうに同じ物であっても、その背景やTPOによって、また、その物のどういった性質にスポットが当たっているかによって象意が変わってくるということを頭に入れておいてください。

この表に載っていない事象に遭遇したときには、それがどの九星に配当されるのか、象意からイマジネーションを働かせてみてください。時代によって新しい事象も出てきますし、それを何に分類するかで、ときには悩むこともありますが、こうして連想ゲームのように、ひとつずつ物事の意味を考えていくのもまた、九星気学を勉強する楽しみです。

一白水星

象意…思考、策謀、秘密、疑心、ずるい、暗い、寂しい、悩む、悲しむ、苦労、障害、孤独、貧困、親和、創造、流動、盗む、隠匿、密会、裏面、濡れる、塗る、流れる、眠る、落ち着く、陥没、穴、病気、セックス、妊娠

自然…冬、冬至、雨、雪、霜、露、冷気、水害、冷害、月、闇

地理…北方位、海、湖、河川、滝、沼、池、水源地、湿地、窪地

場所…地下室、地下街、洞窟、下水道、葬儀場、刑務所、留置所、病院、クリーニング店、豆腐屋、牛乳屋、喫茶店、酒を出す飲食店、風俗店、ラブホテル、水辺、プール、水族館、噴水、温泉、銭湯、ベッドルーム、洗面所、トイレ、インターネットカフェ、冷房などで冷え込みの激しい場所

人物…中年の人、部下、悪人、飲酒している人、悩んでいる人、苦労人、病人、ハンディキャップのある人、住所不定の人、フリーター、マニアックな人、知恵者、夜警、妊婦、愛人、水商売の人、ホスト、ホステス、スリ、痴漢、ストーカー

身体…頭髪、耳、腎臓、膀胱、泌尿器、生殖器、子宮、肛門、血液、リンパ、ホルモン

病気…白髪、脱毛症、難聴、耳鼻科の病気、腎臓病、膀胱炎、性病、痔疾、白血病、リンパ腫、婦人科系の病気、多汗症、冷え性、

アルコール中毒、下痢、吹き出物

物象…万年筆、ボールペン、マジック、インクの入った筆記具、墨やインク、印刷機、コピー機、塗料、石油やガソリンなど油類全般、船、釣り道具、針、急須、帯、スカート、下着、雑巾、ティッシュペーパー、トイレットペーパー

飲食物…酒類、飲料水、ジュース、サイダー、牛乳、ヨーグルト、しょうゆ、塩、塩漬け、塩辛い味のもの、お吸い物、スープ、生の魚、刺身、病人食

動植物…ネズミ、キツネ、コウモリ、モグラ、ミミズなど夜行性の動物や光を嫌う生き物、魚類など水中の生物、カラス、水草、冬の花

二黒土星

象意…大地、勤勉、労働、営業、忍耐、努力、柔順、温厚、寛容、滋養、育成、世話、生産、平均、平凡、地味、質素、慎み深い、まじめ、四角、大衆向け、野暮ったい、リーズナブル、不動産、旧式、古い問題、考古学

自然…初秋、曇天、霜、霧、穏やかな日

地理…西南方位、平地、平野、盆地、農地

場所…野原、農村、田畑、郊外、田舎、郷里、空き地、下町、公園、市場（朝市）、小路、横丁、仕事場、食堂、倉庫、史跡、質屋、キッチン、押入れ、物置、ファミリーレストラン、定食屋

人物…母、妻、おばあさん、副社長などナンバー2、参謀役、部下、役職についていない一般の社員、労働者、団体客、農業に従事する人、大衆、古い知人

身体…食道、胃、腸、消化器、脾臓、右手

病気…消化器系の病気、食欲不振、下痢、便秘、不眠症

物象…陶磁器、木綿の織物や衣類全般、肌着、袋・バッグ類、包装、容器、畳、座布団、じゅうたん、ホームファブリック、盆栽、木炭、土、砂、砂利、中古品、再生品、四角いもの、流行遅れのもの

飲食物…玄米、麦、雑穀、豆類、根菜類、さつまいも、じゃがいも、粉で作られた甘い大衆的なお菓子、煎餅、砂糖やはちみつなど甘味料、豚肉、羊肉、ラーメンやカレーライスなど庶民的な料理、郷土料理

動植物…馬、牛、羊、山羊など飼育されている動物、猿、猫科の動物、ミツバチ、蟻、土蜘蛛、苔、きのこ類

三碧木星

象意…驚く、顕現、伸長、成長、発展、活動、明朗、新規、新製品、発明、発見、決断、成功、進出、希望、早熟、スピード、エネルギー、電気、音声、広告、評判、論争、にぎやか、騒ぐ、表面化

自然…春、春分、震、雷鳴、雷雨、地震、噴火、晴れ

地理…東方位、震源地、原野

場所…騒がしい場所、森林、春の田畑、茶畑、並木道、生垣、クラブ（音楽や踊りを楽しむ店）、コンサート会場、ゲームセンター、パチンコ店、射撃場、火薬庫、化学工場、青果市場、電気店、放送局、電話局、発電所、変電所

人物…青年、長男、学生、若者、有名人、アナウンサー、司会者、噺家、音楽家、聴覚や言語が不自由な人、騒がしい人、うそつき、詐欺師、逆上した人、ヒステリックな人、声優、歌手

身体…肝臓、胆のう、舌、声帯、皮膚、爪、手、筋肉

病気…肝臓病、胆のうの病気、喘息、咽頭や声帯の病気、神経痛、リウマチ、筋肉の病気、アレルギー、じんましん、水虫、たむし、ノイローゼ、心身症、精神疾患

物象…テレビ、ラジオ、ＣＤ、ＤＶＤ、ゲームソフト、音楽プレーヤー、電化製品全般、電話やスマホなど通信機器全般、パソコン、楽器全般、鐘、鈴、笛、火薬や爆発物、銃、花火、彫刻、ブラシ、歯ブラシ

飲食物…酸味のあるもの、酢、酢のもの、マリネ、寿司、柑橘類、梅干し、茶葉、新鮮な葉物野菜、カイワレ菜やスプラウト、木の芽、ワカメや海藻類

動植物…ウサギ、ウグイスやカナリアなど鳴き声が美しい鳥、セミや鈴虫など音を奏でる虫、ホタル、ハチ、クモ、草木の新芽、

成長過程の樹木や草木、春の花、朝に咲く花

四緑土星

象意…整う、信用、外交、社交性、友情、営業、商売、取引、遠方、旅行、出張、通勤、不安、迷う、誤解、縁談、結婚、依頼、世話、仲介、就職、評判、風評、宣伝、盛況、連絡、音信、交通、伝染、長い

自然…晩春、初夏、風、突風、暴風

地理…東南方位、吹きさらしの場所

場所…港、空港、道路、風致林、材木置き場、郵便局、貿易会社、ゴルフ場、そば屋、洋服のショップ、結婚相談所、旅行代理店、インフォメーションセンター

人物…長女、主婦、尼僧、旅人、来客、商売人、仲介人、ガイド、ツアーコンダクター、集配業の人、道に迷っている人、外交官、遊牧民、セールスの人

身体…呼吸器、小腸、大腸、股、左手

病気…風邪、インフルエンザ、喘息、気管支炎、花粉症、小腸や大腸の病気、わきが、一酸化炭素中毒、ガス中毒

物象…エアコン、扇風機、換気扇、うちわ、風を起こすもの全般、電線、電柱、針金、ロープ、紐や糸類、長いもの、竹製品、木製品、下駄、草履、靴、スリッパ、靴下、履物全般、ネクタイ、手紙、ハガキ、電報、伝言板、電車、飛行船、気球、凧、ブラ

ンコ、煙、ガス、携帯ストラップ

飲食物…そば、うどん、パスタ、麺類全般、鰻、穴子、どじょう、長ネギ、にんにく、ニラ、大根、人参、ごぼう、長芋

動植物…キリン、トンボ、蝶、蛇、ミミズ、鰻、どじょう、迷いペット、渡り鳥、鳥類全般、蔦、藤、ぶどう、ヘチマ、蔓性の植物全般、杉、桧、柳、竹、葦、菖蒲、クローバーや雑草全般、晩春から初夏の花

五黄土星

象意…中央、核、腐敗、破壊、崩壊、荒れる、高熱、火災、爆発、反乱、旺盛、支配、強引、残忍、凶暴、暴力、テロ、戦争、悪化、疾病、ケガ、古い、汚れ、屑物、損害、失業

自然…四季の土用、地震、津波、台風、洪水、荒天、病虫害、天変地異、曇り

地理…中央、砂漠、原野

場所…事故や災害の現場、焼け跡、火葬場、墓地、刑場や戦場跡、荒地、公害の発生源、廃棄物処理場、廃屋、暗い場所、汚れた場所、トイレ、アンティークショップ、ゴミ屋敷

人物…帝王、大統領、首相、支配人、高利貸し、強盗、泥棒、犯人、殺人犯、死刑囚、マフィア、テロリスト、死人、重病人や寝たきりの人、居候、ホームレス

身体…五臓、腹部

病気…ガン、腫瘍、難病、伝染病、脳溢血、黄疸、

高熱、食中毒、下痢、便秘、潰傷、ケガ、ヘルペス、かぶれ

物象…先祖代々のお宝、アンティーク、傷もの、粗悪品、難あり商品、見切り品、売れ残り品、錆びたもの、腐ったもの、いわくつきのもの、古着、ゴミ

飲食物…納豆、味噌、酒粕、こうじ、カマンベールチーズやブルーチーズなどカビをつけた食品、臭いの強い食品、賞味期限の切れた食品、腐敗したもの、粗末なもの、残りもの、まずい料理

動植物…ゴキブリ、ノミ、ダニ、ハエ、蚊、うじ虫、毛虫、スズメバチ、毒虫や害虫、毒蛇や毒を持った動物、サメ、ピラニア、毒性の植物、毒きのこ、うるしの木、カビ、サボテンやトゲのある植物、朽ちた樹木、枯れた植物

六白金星

象意…天、高貴、威厳、寛大、堅固、頑固、完全、完成、充実、統率、権力、財産、資本、決断、戦い、運動、活動、健やか、施す、覆う、丸い、飛ぶ、神仏、宇宙、占い

自然…晩秋、太陽、氷、霙《みぞれ》、雹《ひょう》、霜、寒気、晴天

地理…西北方位、海上、高台

場所…広大な場所、高台、首都、城、宮殿、神社、仏閣、教会、議事堂、官庁、高速道路、メインストリート、ビル街、博覧会場、イベ

ントホール、劇場、観光名所、繁華街、取引所、スポーツジム、スポーツの競技場、体育館、運動場、高級ホテル、山の手、高級住宅街、貴金属店、ブランドショップ

人物……高貴な人、国王、天皇、大統領、首相、大臣、政治家、高官、会長、社長、理事長、校長、トップの座にある人、神官、高僧、牧師、軍人、外国人、先生、中心的な人物、有力者、後援者、公務員、資本家、老人、主人、父、夫、アスリート

身体……首筋、脊柱、皮膚、左肺、肋骨、運動神経、右足

病気……高血圧症、めまい、のぼせ、頭痛、発熱、皮膚病、円形脱毛症、胸部疾患、骨折、交通事故、スポーツに伴うケガや疾患、筋肉痛、過労

物象……金、銀、ダイヤモンドや宝石、真珠、冠、ティアラ、指輪、ネックレス、ペンダント、貴金属全般、時計、腕時計、鉄や金属全般、歯車、水車、鏡、ガラス、航空機、自動車、オートバイ、自転車、乗り物全般、人工衛星、ロケット、宇宙に関したもの、豪華客船、大型船舶、戦闘機、軍艦、ミサイル、兵器全般、精密機械、鉄鋼製品、神棚、仏壇、お札《ふだ》、神仏関係のもの、高級ブランド品、傘、コート、手袋、帽子、ボール、スポーツ用品、ひょうたん

飲食物……白米、おにぎり、いなり寿司、のり巻き、パン、卵、果物類、おはぎ、饅頭、柏餅、個別包装された菓子、寒天やゼリーで固

めたデザート、かき氷、アイスクリーム、キャンディー、栗、クルミ、落花生、ナッツ類、ドライフルーツ、鰹節、天ぷら、精進料理、高級料理

動植物…犬、ライオン、虎、象、龍、鳳凰、競走馬、神木、榊、果樹、菊、秋に咲く花

七赤金星

象意…金融、金利、経済、金銭、娯楽、趣味、飲食、酒色、恋愛、色情、誘惑、贅沢、剣、傷、欠ける、不足、笑う、語る、社交、説明、弁舌、口論、悪口、祝典、酒宴、結婚式、喜ぶ、愛嬌、女性

自然…秋分、新月、夕方、星、曇り、小雨

地理…西方位、谷、沢、池、沼地、低地、盆地

場所…銀行、結婚式場、祝賀会場、遊園地、毎夜の歓楽街、飲食店、風俗店、ラブホテル、サウナ、待合室、井戸、キッチン、喫茶店、マンガ喫茶、焼き鳥屋、ファストフード店

人物…少女、愛人、後妻、芸者、ホステス、芸人、歌手、ダンサー、スタイリスト、弁護士、通訳、客室乗務員、外科医、歯科医、料理人、パティシエ、銀行員、金融業者、保険のセールス、家政婦、遊び人、ひとり親家庭の人、同性愛者

身体…舌、口、右肺、乳房、唾液、歯、右脇腹

病気…虫歯、歯痛、口内炎、口腔疾患、肺炎、結核、胸部疾患、生理不順、打撲、切り傷、

手術が必要な病気

物象…硬貨、紙幣、小切手、クレジットカード、電子マネー、商品券など通貨全般、刀剣、刃物、ナイフ、フォーク、スプーン、金物、鍋、釜、フライパン、アイロン、ストーブ、ヒーター、冷蔵庫、工具、修繕したもの、欠けたもの、くぼんだもの、硯《すずり》、バケツ、トランプ、花札、麻雀牌、ボードゲーム、人形、フィギュア、マスコット、ミニチュア、コミック本

飲食物…鶏肉、チキンスープ、焼き鳥、親子丼、フライドチキン、オムレツ、茶碗蒸し、卵料理全般、ワイン、コーヒー、紅茶、牛乳、甘酒、おしるこ、ようかん、餅菓子、ケーキ、菓子パン、プリン、ゼリー、チョコレート、キャラメル、ガム、唐辛子を使ったからい食品、ファストフード

動植物…ニワトリ、水鳥、赤トンボなど秋の虫、萩、撫子《なでしこ》、月見草、モミジ、盆栽、鉢植え、秋に咲く花、秋の七草

八白土星

象意…変化、革新、革命、改革、継ぎ目、境界、相続、親戚、知人、山、終わりと始め、整理、閉鎖、廃業、交代、再起、出直す、終点、休息、宿泊、遅れる、篤実《とくじつ》、貯蓄、蓄積、欲張る、断絶、籠城、曲がり角、停止、停滞、組み立て、組合、クラブ

自然…晩冬、初春、季節の変わり目、曇り、変

わりやすい天気

地理…東北方位、山岳、高山、丘陵

場所…山、高台、土手、堤防、石段、石垣、崖、断崖絶壁、突き当たりの場所、曲がり角、工事中の場所、橋、トンネル、交差点、駐車場、停車場、駅、踏切、バス停、高層ビル、雑居ビル、社屋、家屋、リフォームした家、マンション、アパート、ホテル、旅館、デパート、ショッピングモール、スーパー、インテリアショップ、スタート地点、休憩所、中継所、ゴール、倉庫、先祖の墓、門、玄関、出入り口、階段、二階、別荘、貸家、土蔵、納戸、物置

人物…年少者、幼児、相続人、養子・養女、女系家族、小柄な人、体格のよい人、力士、背の高い人、親類縁者、昔の恋人、古い知人、同郷の人、管理人、同業者、ブローカー、不動産仲介業者、土木工事業者、整形外科医、接骨医

身体…背中、脊髄《せきずい》、腰、鼻、指や手足の関節、盲腸

病気…骨折、捻挫、脱臼、骨粗しょう症、骨に関する病気全般、神経麻痺、鼻炎、蓄膿症、肩こり、五十肩、虫垂炎、ヘルニア、関節炎、関節痛、関節リウマチ、肥満症

物象…2個以上のものを組み合わせてひとつにしたもの、同じものが連続・連結したもの、チェーン、屏風、積み重ねたもの、重箱、石灯籠、庭石、石碑、石で作ったもの、屋根瓦、レンガ造りの建造物、ブ

ロック塀、タイルばり、タンス、本棚、テーブル、椅子、家具全般、建具類全般、ドア、つい立て、踏み台、エレベーター、エスカレーター、ジェット・コースター、ロープウェイ、ケーブルカー、ゴンドラ、リフト、クレーン車、コインロッカー、セットにしたもの、旅行用スーツケース、ボストンバッグ、財布、貯金箱、おまけ、積み木

飲食物…牛肉、ステーキ、すき焼き、牛肉料理、ハンバーグ、ハンバーガー、ひき肉料理、鯨肉、マグロ、山芋、山菜、山で採れるもの、数の子、いくら、たらこ、魚の卵、カマボコ、さつま揚げ、練り製品、レトルト食品、貯蔵のきくもの、だんご、もなか、セットメニュー

動植物…牛、虎、シマウマ、羊、鯨、イルカ、群れで生活する動物、鹿、山羊、水牛、サイ、イノシシ、象など角や牙のある動物、ネズミ、ムカデ、竹、萱、つくしなど節のある植物

九紫火星

象意…明るい、光熱、電光、火、名誉、最高、裁判、露見、政治、文明、芸術、学問、教育、心理学、精神、理想、先見、決断、相場、診察、鑑定、派手、美人、化粧、表面、離別、分離、生死別、辞退、焦り、見破る、虚栄、離職、離婚、火災

自然…夏至、夏、太陽、日中、虹、晴天、暑い

地理…南方位、熱帯地方、赤道直下、火山

場所…裁判所、警察署、交番、消防署、役所、保健所、試験場、検査所、選挙会場、教会、学校、教室、図書館、博物館、美術館、劇場、映画館、理容院、美容院、エステティックサロン、カルチャースクール、競馬場、競輪場、スタジオ、撮影所、写真館、灯台、窓

人物…中年の女性、文化人、博士、学者、研究者、作家、画家、芸術家、鑑識、鑑定士、設計士、裁判官、試験官、官僚、警察官、消防士、理事長、教授、教員、眼科医、薬剤師、看護士、検査技師、測量士、エンジニア、プログラマー、新聞や雑誌の記者、ライター、フォトグラファー、デザイナー、理容師、美容師、俳優、タレント、モデル、エンターテイナー、インテリ、時の人、未亡人、感情的になっている人

身体…頭、顔、眼、耳、心臓、乳房、精神、血液

病気…頭痛、高熱、脳溢血、白髪、脱毛症、顔面神経痛、近視、乱視、老眼、眼病、扁桃炎、不眠症、熱中症、心筋梗塞、狭心症、心臓病、乳ガン、動脈硬化、静脈瘤、高血圧、低血圧、精神疾患、ヒステリー、ヤケド、薬害、薬の副作用

物象…株・証券類、手形、契約書、免許状、表彰状、勲章、トロフィー、許可証、身分証明書、印鑑、領収書、推薦状、書類全般、

通帳、手紙、定期券、チケット類、クーポン券、ポイントカード、美術品、書画、ポスター、看板、表札、バッジ、名刺、装飾品、電灯、電球、照明器具全般、書籍、教科書、辞書、百科辞典、新聞、雑誌、フリーペーパー、地図、設計図、文房具、事務用品、鉛筆、色鉛筆、絵の具、カメラ、写真、ガラス、メガネ、コンタクトレンズ、薬品類、サプリメント、礼服、くし、ブラシ、鏡、化粧品、香水、エッセンシャルオイル、キャンドル、ドライフラワー、ポプリ、マネキン、見本品、国旗、旗、タバコ、マッチ、ライター、ストーブ、囲炉裏、カイロ

飲食物…干物、海苔、乾物、燻製、馬肉、カニ、貝類、鰻の蒲焼、焼いたもの、煮たもの、洋酒、サンドイッチ、エビフライ、コロッケ、揚げ物、洋食、赤飯、彩りの美しい料理、ソース、トマト、しょうが、スパイス全般、ピーマン、ゴーヤー、苦味のあるもの、エスニック料理、トロピカルフルーツ、ハーブ

動植物…孔雀、雉、オウム、金魚、熱帯魚、色彩の美しい動物、亀、カニ、海老、貝類、固い殻をかぶった生物、ホタル、蝶、南天、楠木、紫陽花、牡丹、花全般

●各年に起こった事象

各九星の象意がわかったところで、次はそれぞれの九星が中宮に入った年に起こった出来事をピックアップしました。象意のページと見比べてみますと、それぞれの事象がよく表れていることが、おわかりいただけるかと思います。

●一白水星の年の事象

1936（昭11）二・二六事件
1945（昭20）第二次世界大戦終戦（原爆投下）
1963（昭38）吉展ちゃん誘拐事件
ケネディ大統領暗殺事件
1972（昭47）あさま山荘事件

二・二六事件、誘拐、暗殺……これらの事件は、北の座に当たる一白性を暗示し、水面下・秘密・冬なる時期の試練を意味する。

●二黒土星の年の事象

1971（昭46）マクドナルド日本第1号店オープン
日清カップヌードル発売開始
1989（平成元）ベルリンの壁崩壊（ドイツが旅行の自由化発表）
1998（平10）和歌山毒物カレー事件

二黒は家庭、家族、母親を示す星。当然、台所とも深くかかわる。ベルリンの壁が崩壊することにより東西に引き裂かれた家族の絆が甦る。

●三碧木星の年の事象

1952（昭27）もく星号墜落事故
1970（昭45）日本万国博覧会開幕
よど号ハイジャック事件
1988（昭63）東京・埼玉連続幼女誘拐殺人事件（宮崎勤事件）
1997（平成9）神戸連続児童殺傷事件（酒鬼薔薇事件）

チャレンジを意味する一方で未熟な挑戦を意味する三碧。しかし、万国博覧会のように進取に満ちた活気ある会の開催の意味も年の気に含む。昭和63年・平成9年のいたましい事件については、三碧の特徴である〝若年〟が悪く出た形といえる。

●四緑木星の年の事象

1960（昭35）日本でカラーテレビ本放送スタート
1069（昭44）アポロ十一号が人類初の月面有人着陸
1978（昭53）新東京国際空港（成田国際空港）開港
1987（昭62）大韓航空機爆破事件

四緑は宇宙や通信、電波を司る星。地上を離れた天空での出来事にかかわる。意志や力を瞬時に遠隔地に届ける作用があるといわれる。この年の事件性を見るとそれらが浮き彫りになる。

●五黄土星の年の事象

1923（大正12）関東大震災

1950（昭25）朝鮮戦争勃発
1959（昭34）伊勢湾台風（戦後最大級の自然災害）
1968（昭43）十勝沖地震
1995（平成7）地下鉄サリン事件
2004（平16）新潟県中越地震（10／23）
スマトラ沖地震

大破壊、大混乱、腐敗を表す五黄土星。土に関することでマイナス作用が大きく、被害甚大となるこの年まわりに発生する事件簿は、天変地異が多く、九つのどの星よりも惨事となるのが特徴。

●六白金星の年の事象

1958（昭33）東京タワー竣工
1985（昭60）日航一二三便、御巣鷹山墜落事故
1995（平7）阪神・淡路大震災（1／17）

六白金星は、権威・権力・ブランドの象徴。昭和33年の東京タワー竣工は、戦後の立ち直りを希望の塔で表している。一方で昭和60年、日航機墜落事故は、ブランド航空会社の失墜を物語った。震災は未曾有の被害をもたらし、翌年の五黄土星の年にまで影響をおよぼした。

●七赤金星の年の事象

1966（昭41）全日空羽田沖墜落事故／全日空機、松山沖に墜落
カナダ太平洋航空402便着陸失敗事故
英国海外航空機空中分解事故
2002（平14）日本人2人がノーベル賞受賞

2011（平23）　東日本大震災・原発事故

七赤金星は、喜び・遊び・恵み・祝い……と楽しいことを司る星。一方ではルーズな気持ち、油断……と弱い人間の姿を表す。航空機の事故は、危機感の喪失が招いた惨事。一方で平成14年の名誉ある祝典も、七赤金星の象意。平成23年は七赤金星の八方塞がりにより、慶事自粛の1年に。

●八白土星の年の事象

1956（昭31）　ハンガリー動乱
2001（平13）　アメリカ同時多発テロ事件

八白土星は、変化・改革に際しプラスマイナス面ともに力を発揮する星。その力は個人から国家レベルに至るまで、大きなものとなる。また、生まれ変わる必要のある事柄に対して、天からの気が動く年という面でとらえると、昭和31年、平成13年の事件も符丁がゆく。

●九紫火星の年の事象

1955（昭30）　紫雲丸事故
1982（昭57）　ホテルニュージャパンの火災
1991（平3）　雲仙普賢岳で大規模な火砕流
2000（平12）　三宅島噴火

星の名前が事故を暗示する典型的な例として紫雲丸事故があげられる。他の三例はすべて火災と火山の噴火。九紫火星の年まわりにおいては、火が事件の主役となることが多い。

開運コラム❶

家の中にもある方位 ～鬼門で開運

誰しも、一度は鬼門という言葉を耳にしたことがあると思います。鬼門には諸説ありますが、天空二十八宿星座丑寅の方向にある〝鬼宿〟の鬼をとって鬼門としたのがその由来と言われています。丑寅（東北）の真反対にあるのが未申（西南）で、このふたつを結んで、丑寅は表鬼門、未申を裏鬼門と名づけ、鬼門を粗末に扱うと家の中に災いが出る、と戒めたのです。

さて、家や部屋は、疲れた心身を休めるための癒しの箱のようなものです。疲れた心身にはあらゆる邪気が宿っているので、邪を退け、新しいエネルギーをチャージしないといけません。

そこで大切なのが、東北と西南の位置です。仕事や人間関係がうまくいかない、失恋をしてしまった、金銭がまわらない……など気持ちがネガティブになっているときは、家の中の東北と西南方位をきれいに片づけてみましょう。きっと少しずつ好転が始まるはずです。鬼門を浄化しておくことで邪を除け、運のチャージができるのです。これは、吉方位がないときの一番有効な開運法といえます。

第3章

本命星でみる性格と運勢

ここでは、生まれた年の九星で、
それぞれの性格と
運勢をみていきます。
もともとの性格や
運の傾向を知ることで
自分の開運ポイントを見つけ、
よりよい人生を歩むガイドにしましょう。

生年星で自分の性格を知り、人生の大きな流れをつかむ

本章においては、九つの星の持つ基本的な性格や、生涯においての傾向に触れています。人生の大きな流れをつかみ、開運のポイントを見つけてください。

※本命星は32ページで調べられます。

この章では、生まれ年による性格を、おおまかな人生の流れとともに、九つに分けて述べています。例えば、昭和47年生まれの人は、一白水星という星になり、この星が本命星となります。

生年星である本命星には、その人がこの世に生を受けたときのプログラムがセットされているので、九星気学ではこれを「運の因子」とみなします。運勢（＝運の勢いやリズム）は、性格と非常に深いかかわり合いがあるものですから、人の運勢をみるうえで、性格を見逃すことはできません。

一白水星 生まれの性格と運勢

基本性格と人生

状況に合わせて柔軟に対応できる人。苦労の後、徐々に運気は上昇

一白水星は、水の性です。水は、冷凍庫に入れると氷になり、熱を加え続ければ蒸気になります。そして常温においては、注がれた器の形どおりに姿を変える性質が如く、状況に合わせて自分を変えることができます。

全般的な人生の流れとしては、スタートの時点に苦労がありますが、その後、徐々に道が開けていく傾向です。生まれた土地にとどまらず、流れる水が如く生地を離れることで早期に開運が訪れます。生涯に一度は、異性のことで問題が発生すると言われています。

一白水星の人の金言

『流れる水は腐らず』

ひとつの考えや行いに執着せず、たえず努力をして活動するところに、進歩と発展がある。水たまりやよどんでいる水は後退あるのみ、のたとえ。

◆恋と家庭◆

献身的に尽くすタイプ。ときに、大胆なアクションを起こすことも

一見地味に見えてしまいがちですが、内部に陽の気がある一白水星は、ときに周囲がアッと驚くような大胆なアクションを起こすことがあります。好きになると献身的に尽くそうとしますが、愛情と同情を取り違え、悩みが深くなることがあるでしょう。

また、お酒と異性がセットになることで流されてしまい、運勢のリズムを壊す場合もあります。家庭人としての一白水星は、相手によく尽くしますが、中年期は浮気から離別へと結びつきやすいでしょう。

◆仕事と対人面◆

見た目と中身が違うため、理解されるのに時間が必要。仕事は凝り性

一白水星の人は、見かけと中身にギャップがあるため、人から理解されるまでに時間がかかるタイプです。また、表面的にはソフトに見えたとしても、心の中では相手選びに厳しい目を向けていると思って間違いないでしょう。

仕事の面では、熱心で凝り性。しかし残念なことに、とことんまでやってそれが完成すると、投げ出してしまう傾向があります。職人気質なので、個性的な職業を選ぶと成功します。

◆金銭感覚◆

節約か一攫千金かの両極端。基本的には金銭面で大失敗の少ない人

一白水星の人は、幼少期においては経済的に恵まれない環境で過ごすことが多いため、節約型・一攫千金型というように、ふたとおりの極端な金銭感覚が生まれることでしょう。しかし後者の場合は、一白水星には大財を回してゆく"気"の力が弱いため、一時的に富を得ることができたとしても、残念ながら運用は難しいといえるでしょう。

基本的には、大きなお金・財力を追いかける発想が少ないので、金銭面に関しては、生涯において大失敗の少ないタイプといえます。

◆健康と対策◆

"陽の気"不足が健康を崩す原因に。体を温める発想が大切

一白水星は、後天定位の上では冬の位置（北）にあり、日照時間が少ないとされるシーズンに誕生しています。そのため体質的に"陽の気"が不足しています。健康をそこなう原因があるとしたら、ほとんどは"冷え"からやってくるので、体を温める発想が何よりも大切といえるでしょう。

ゆるやかに体内をめぐる気の力を利用して、体質を改善をさせるのも得策ですから、ヨガや漢方を取り入れてみるのもよいことです。

◆災いのモトと避け方◆

即断やハッタリは禁物。事前のリサーチが大切

東の座において暗剣殺をむかえる一白水星の災いは、即断・即行・即決からやってきます。大きなことを決めるときには、必ずワンクッションを置くのが得策。大ぶろしきの広げすぎやハッタリも禁物です。後天定位で冬の季節にあたる位置に生まれ星を持つ一白水星は、知恵をめぐらせ、リサーチをしつつ前進していくスタイルが、アクシデントから身を守るポイントに。相手と親交を深めたいときには、落ち着いたムードのお店やスポットで、じっくりと話し合うことで味方についてくれます。トラブルの相手とも同様に。

運を補い強くする 一白水星のラッキーキーワード

数字	1・6・7
カラー	白・金
思考タイム	午後11時～午前1時
アクション	静かなところで、ひとりで思考する／水辺で瞑想する／船に乗る／ボートをこぐ／日記をつける

二黒土星 生まれの性格と運勢

基本性格と人生

堅実で現実的なサブ的存在。コツコツ積んだ陰徳で、晩年運は安泰

土の性に属する二黒は、地味で堅実。どちらかといえば、現実的な判断をする星です。人に尽くすことに生きがいを見出そうとしますから、誰の下につくかにより、人生の盛衰に差が出ます。また、全般的にトップの座にいるよりは、サブ的役割でいると性格面の長所が出やすいでしょう。優柔不断なところがあり、人生のＹ字路に立ったときに決断ができないことがあるため、せっかくのチャンスを見送ってしまいやすいのでご用心。早い開花を望まずにコツコツ陰徳を積むことで、晩年運が約束されています。

二黒土星の人の金言

『人事を尽くし天命を待つ』

誠実・誠意を心より尽くし、そのうえはあせらず天命を待つ。自分の持つ力の限りを発揮するところに、天恵があるとのおしえ。

◆恋と家庭◆

恋愛は安定志向型。家事は完璧だけれど、女性は仕事を持つと○

攻めよりも守り型の二黒土星は、男女を問わず、ともに結婚の相手として意識されることが多いと言われています。しかし、性格的に考えすぎなところが災いをして、婚期は遅れがちといえるでしょう。

恋愛傾向は、安定志向型なのでアクシデントが発生する確率は低めですが、交際がマンネリ化しやすく相手の浮気心を引き出す心配が。言い寄られると断れないため、好きでもない人と結ばれてしまうことも……。家庭人としての二黒土星は高得点。ただし、少々退屈ライフなのはいなめません。女性は仕事を持つことをおすすめします。

◆仕事と対人面◆

仕事面では、二番手でいることが吉。対人ではときにクールさが必要に

先頭に立ち、テキパキと旗をふって進んでいくタイプではありませんが、与えられたことを堅実にこなす能力は、九つの星の中で一番優秀です。仕事面では二番手でいくようにすると、四十代を過ぎてから達成感を得られるでしょう。

対人面では情が深いのは美点ですが、クールな判断が苦手なため、一長一短です。断る・切る・やめる……ときには強い態度に出る必要性があるでしょう。それができないと、人の面倒を見るだけになってしまい、疲れるばかりです。

◆金銭感覚◆

コツコツ貯めて財を成すタイプ。ときには放出して人脈を広げて

二黒土星の人は、コツコツと貯める発想が基本にあるので、「気がついたら残高が増えていた」という正財型の金運なのが特徴です。生涯において財の消耗は少なめといえますが、節約精神がエスカレートしすぎると、財は残っても人材を残すことが難しくなってしまいます。

言い換えれば、「経済観念を改めることで、人脈が広がる」ともいえるので、ときには惜しまずに財をはき出すことも大切です。

◆健康と対策◆

あらゆることを背負い込み、胃腸に不具合が。頑張りすぎないこと

義理堅くまじめな一面を持っている二黒土星生まれは、人に頼まれると断りきれず、あらゆることを背負い込みすぎてしまいます。その結果、健康をそこなう傾向が強いようです。ためこんだ無理や負担のツケは胃腸・消化器系に現れやすく、不眠に悩むことも。

対策としては、日常的にリラックスを心がけること。また、あまり頑張りすぎないで、一日一日のイヤなことは、その日のうちに忘れてしまえる思考回路を育てましょう。

◆災いのモトと避け方◆

物事の変わり目に注意が必要。
何かを始めるときは慎重に

二黒土星生まれの人は、変化や後継を示す座（東北）に災いのモトがあります。ですから、物事の変わり目の際には、注意深く行動することが大切です。

ひと口に「物事の変わり目」といっても、年が変わる・月日が変わる・職業・住所・家族構成……と変化にはいろいろな意味がありますが、何事も準備やリサーチ不足にならないように。見切り発車的な発想は危険です。新しいことをスタートするときには、必要最小限からこぢんまりと進めるのが得策です。

運を補い強くする 二黒土星のラッキーキーワード

数字	2・9
カラー	黒・茶
思考タイム	午後1時～午後5時
アクション	田園風景を眺める／野原を歩く／縫いものをする／植物園へ行く／貯金箱を西に置く／アンティークショップに行く

三碧木星　生まれの性格と運勢

基本性格と人生

若年開花運があり、明るく積極的なタイプ。熟考してから行動を

明るく積極的で、何事にもすぐに行動を起こすタイプです。しかし、そのアクションの起こし方は深慮してのことではないので、途中で変更が多くなりそう。これは生涯を通していえる事項なので、熟考してから動くようにしたいものです。

もうひとつの特徴は、好き嫌いが激しく、好意を持っている人への接し方とその逆の場合が、徹底していることです。決して悪気はないものの、これは運気上昇をはばむ一因にもなるので、改めてください。三碧は若年開花運と言われているので、早くから運が開けることでしょう。

三碧木星の人の金言

『自慢は知恵の行き止まり』

自慢話ばかりしていると、自分に溺れ、小さな満足で終わってしまう。口をつぐみ、言葉少なに努力するところに進歩があることのおしえ。

◆恋と家庭◆

恋愛はドラマチック。家庭を持つと、型にはまらない新しい家族に

三碧木星生まれの人は、熱しやすく冷めやすいのが特徴です。そのうえ好き嫌いが激しいので、恋愛はドラマチックな展開になるでしょう。損得勘定ができず、精神的駆け引きが苦手なため、大恋愛と大失恋をくり返すことに。また、恋愛至上主義なので、さほど好条件でない場合でも相手と気持ちが通じ合っていれば、幸福感いっぱいです。

家庭人としての三碧は、いつも落ち着きなく動きまわる忙しいパートナーという印象がありま す。形式やしきたりということを重要視しないので、型にはまらないファミリーになるでしょう。

◆仕事と対人面◆

長期計画が苦手な一気押しタイプ。対人面では敵味方をハッキリ区別

明朗で社交的、負けず嫌いのところがあるので若いうちから目立つ存在といえます。ただし、長期的に計画を立てて仕事に取り組むのは苦手。時の勢いを借りて、一時的なノリで一挙に押してしまうところが目立つようです。そんな調子ですから、一般的にいう「人に頭を下げる職業」には不向きといえるでしょう。

対人面は潔癖症。何でも白・黒をつけないと気がすまない性格が前面にでると、敵と味方がハッキリ分かれます。

◆金銭感覚◆

衝動買いが多いのが難点。買うなら、将来を見越した買い物を

流行に敏感なのはよいのですが、行動にやや軽はずみなところがあるので、衝動買いの多い人生になりそうです。しかも、それを楽天的な一面がバックアップしてしまい、ローンやカードで無計画な購入に走る傾向が……。とくに若いうちは、他の人に張り合ってエスカレートする傾向が強いので、気をつけましょう。

本物を見抜く審美眼を養い、やがて値打ちが上がるものを買っておくなど、別の角度から財産を守る発想も大切です。

◆健康と対策◆

感情の起伏が激しく、気分で体調が左右される人。強い心を作って

普段から気持ちの起伏が激しく、感情的になりがちです。三碧木星生まれの人は、肉体的にはほとんど弱点が見当たらないのに、「その日の気分で、体調のよし悪しが左右される」という傾向があります。ご存知のとおり、環境はいつでも自分の味方……というわけにはいきません。周りに左右されない、ストレスにつぶされない強い心を作りましょう。

瞑想や座禅で心を沈静させるのもよいでしょう。また、太極拳など東洋思想を取り入れた健康法も効果的です。

◆災いのモトと避け方◆

饒舌は長所であり短所。誇張と感情的な発言は控えること

饒舌な三碧ですが、言葉は諸刃《もろは》の剣です。つまり、言葉によって相手を生かしたり殺したりするのです。そして、自分の人生もまた、発したひと言によって大きく暗転することが考えられます。何事も誇張した表現になりやすいことと、感情的な発言をしてしまいがちなことが、災いのモトになりがちです。

自分にとって好ましくない相手との会話は、社交に徹すること。そうすることで、難を遠ざけることができます。

運を補い強くする 三碧木星のラッキーキーワード

数字	1・3
カラー	青・緑
思考タイム	午前5時〜午前7時
アクション	竹林・並木道を散歩する／音楽鑑賞をする／楽器を習う／新しいことを考える／何かを新調する

四緑木星 生まれの性格と運勢

基本性格と人生

人との縁から運が訪れる社交家。八方美人になりがちな点には注意

洗練された社交家ですが、違う側面からみると八方美人。これは、皆に好かれたいという心理からくるものですが、それがあまりにも見えすぎてしまうと、周囲からは「小さな器」とみなされてしまいます。「好き嫌いの価値基準が、その時々で変化する人」という印象を相手に与えてしまうことにより、開運のチャンスを失うおそれがあるので、気をつけましょう。

四緑木星生まれの人の人生は、引き立て運・人気運から突然、僥倖《ぎょうこう》運が訪れるので縁を大切に。

四緑木星の人の金言

『一つ迷えば万迷う』

一度心が迷い始めると、次から次へと不安材料が湧き上がり、キリがなくなる。すべてのことが疑わしくなり、決断がつかないことをいましめる。

◆恋と家庭◆

恋愛・お見合い運がよく、国際結婚も。家庭内では秘書的存在に

人気星である四緑木星生まれは、恋愛と結婚においては有利な条件をそろえている星です。恋愛・お見合い運ともによく、国際結婚になる場合も。社会がグローバル化・メッシュ化しているため、さらにプラスに働く要因が多いといえるでしょう。

ただし、ここで問題要素があるとしたら、八方美人的な性格が災いして、本当に好きな人を生涯のパートナーにできないおそれがあること。もてることと愛されることの本質的な違いを認識してください。家庭人としての四緑木星は、パートナーにとってよき秘書役的存在になりそう。

◆仕事と対人面◆

社会的安定は、脱・八方美人イメージから。仕事は世界を目指して

人生にとって信用は大切な資本です。四緑木星生まれは、八方美人的イメージさえ遠ざけることができれば、社会的に安定した地位と名声を約束されている星です。対人面では押しの強さはありませんが、そつがないため、ちゃんと及第点をとることができます。しかし、さらなる堅固な状態を作ろうと思ったら、ファジーな対応から卒業することです。

仕事の面では、「国内にとどまらず、世界を相手にしよう！」くらいの発想でいきましょう。

◆金銭感覚◆

散財リミットを設けたら、あとは「楽しみをお金で買う」感覚で○

蓄財感覚が希薄なために、とかく「あればあったなりに……」式になりがちです。四緑木星生まれは基本的に散財型なので、いっそ「楽しみをお金で買っている」というふうに割り切ってしまいましょう。そうして、残高についてくよくよしない、おしゃれな生き方でゆくとよいでしょう。

四緑木星にとって人生のテーマは、「おしゃれな生き方」なのです。

ただし、〝ここまで〟というリミットの構図は、しっかり作ってください。また、軽い気持ちでの金銭貸借は危険です。

◆健康と対策◆

気を遣いすぎて気が休まらず、免疫力が低下。「人は人」と心得て

人に気を遣うことが多い四緑木星生まれは、知らず知らずのうちに精神疲労を蓄積しがちです。あちらを立てればこちらが立たずという言葉があるが如しで、八方に矛盾要素を抱えてしまうため、気が休まらずに免疫力が低下して、風邪をひきやすい体質に……。

万病のモトを体質から排除するためには、自分と他者とを比較して落ち込んだり、相手に対してひどく気を遣うことで必要以上に傷ついてしまう……という自分から、早く卒業することです。人は人、我は我、と思うことも大切です。

◆災いのモトと避け方◆

個人主義の傾向が。イエス・ノーをハッキリさせ、災いをなくして

人生を楽しむ達人である四緑木星生まれは、個人的なことでは気を遣うものの、全体的な構図を無視してしまいがちな傾向があるようです。その結果、「個人主義！」というバッシングを受けることが考えられます。

また、「あと一歩……というところでいつも、乗り越えられないのはなぜ？」……そんな経験が、多くありませんか？　このことを反省してみてください。ハッキリとイエス・ノーを表現することで、災いは去ってゆくはずです。

運を補い強くする
四緑木星のラッキーキーワード

数字　1・3・4

カラー　緑

思考タイム　午前7時～午前11時

アクション　風が吹き渡る場所で思考する／爽やかな香りを身につける／お香を焚く／遠方の人と連絡をとる／手紙・メールを書く／飛行場に出かける・飛行機に乗る／小鳥を飼う／木陰で休む

五黄土星　生まれの性格と運勢

基本性格と人生

性格は複雑で、意外性のあるタイプ。人生の波動の振り幅は大きめ

九つの星の要素を複合的に持っている五黄土星生まれは、複雑な性格の持ち主です。共通していえるのは、第一印象で近づきがたい感じがするものの、交際の度合いが深くなると情けにもろい面が垣間見えるなど、よい意味で意外性があることです。人生の流れは波動が大きく、頂点とどん底を経験することがありそうです。

また、五黄という星の特徴としては、他者から受けた批判に頭を下げることができません。この点が、運勢の伸び悩みの一因を作っています。

五黄土星の人の金言

『人と契《ちぎ》らばよく見て語れ』

深い交際を決心したり、約束事をする前には相手の人柄を慎重に観察すること。情が先行すると悪縁をつかむおそれあり。

◆恋と家庭◆

主導権を持たせてくれる相手との恋が○。家庭内では切り盛り上手

独断型でマイペース。イニシアチブは自分でとらないと気がすまないため、相手の選び方で幸・不幸に大きな差が出てしまいそう。五黄の仕切りに全面的に従ってくれる人がパートナーなら、円満で楽しい恋愛が続くことでしょう。女性は婿養子をもらうケースも目立ちます。

家庭人としての五黄土星は、家事のエキスパートとは言いがたいものの、切り盛り上手で働き者。女性は夫の役割をこなす場合も。男性は、三語族(風呂・めし・寝る)になりがちで、家庭内ではコミュニケーション不足に気をつけないといけません。

◆仕事と対人面◆

強引で仕事の成否は極端。家庭内では相手を支配しようと思わないで

自己顕示欲が強く、人に屈することをよしとしない五黄土星生まれは、常にリーダーの座をねらう野心家です。性格的に強引なところがありますから、とかく「何が何でも!」という発想になりがちで、仕事の成否は極端な結果となって出ます。

しかし、再生力が強いので、ピンチをチャンスに切り替える運の強さに救いがあります。

対人面では、相手を支配しようと思わないことで、安定した友人関係を守ることができそうです。

◆金銭感覚◆

一攫千金運はあるものの、細かい支出には無関心で、残高は不安定

大きな欲はありますが、日々の細かい支出については執着がなく、周囲の人からはルーズと見られがちです。また、おごられるよりもおごるほうが好き……といった傾向が強いので、残高はいつも不安定といえるでしょう。

しかし、一方で一攫千金的な大金に縁があるのが五黄土星生まれの特徴です。これは、五黄が危険な賭けをする行動に出ることに、不安や迷いが少ない星だからといえるでしょう。

◆健康と対策◆

思い通りにならないとストレスに。怒りの発火点を下げる努力をして

自我が強くワンマンな五黄土星は、自分の思いどおりにコトが進まないとストレスがたまり、イライラが爆発。暴飲暴食に走ったり、極端な健康法に偏るなど、精神的なバランスを崩してしまいます。その結果、徐々に体内時計のリズムが崩れ、胃潰傷で緊急入院……など、大きく健康を損なうおそれがあります。

そうならないように、日常的にイラ立ちは健康の敵と考え、怒りの発火点を下げる努力をしましょう。また、人間関係を整理することも、大切なポイントです。

◆災いのモトと避け方◆

運勢の上下の激しさが難点。欲と自説の押しつけをセーブして

後天定位盤で見たとき、九星の中で中央の座に位置する五黄は、変動の差が激しい運勢を持っています。そこで、「強運」が「凶運」を呼び込まないように、きちんと意識をしてパワーコントロールをする必要があります。

まずは、欲をセーブすることです。そして自説に対して、絶対的な自信を持って押し切ることをやめましょう。このふたつを実行すれば、環境は必ず味方についてくれます。

運を補い強くする 五黄土星のラッキーキーワード

数字 5・10

カラー 黄

思考タイム 午前1時〜午前3時／午前7時〜午前9時／午後1時〜午後3時

アクション 木の実を食べる／家の中の鬼門（東北方位）を片づける／骨董品を大切にする／古きを訪ねる

六白金星 生まれの性格と運勢

基本性格と人生

完璧主義でプライドが高くクールな印象。人生は後半充実型

プライドが高く完璧主義です。その性格的な特徴が、周囲には「気位が高くクールな人」と受け止められ、誤解を招くこともあります。初対面の人に対しては、極力やわらかな表現を心がけるとよいでしょう。

人生傾向は、後半充実型です。人間関係がこみ入る人生の中年期においては、一時期低迷するおそれがあります。九つの星の中では、最も目上運が強いと言われていますから、引き立て運により大きく運が開けてゆくことでしょう。しかし慢心は禁物。

六白金星の人の金言

『自ら勝つ者は強なり』

自分自身の心を抑えることができる者は、本当の強者である。おのれの弱い心に勝つことができなければ、真の勝利者になることができない。

◆恋と家庭◆

高い理想で苦戦するも、目上からの縁あり。干渉のしすぎはＮＧ

理想が高く、完全なものを求めてしまうので、恋愛は妥協が許されず苦戦しがち。また、ブランド志向の強さから、相手の背景にあるものを重視する傾向が強いようです。それが原因で誤った選択をしないよう、視野を広くすることが大切。男女とも、目上の人の紹介で、結婚によって社会的立場が大きく発展する可能性が強い星です。

家庭人としての六白金星生まれは、活動的で世話好きな面がクローズアップされます。パートナーに干渉しすぎないよう、ベーシックなルールを作っておく必要がありそうです。

◆仕事と対人面◆

仕事熱心で自分の信念に忠実。自慢ではなく、人に合わせる努力を

正義感・責任感が強い六白金星生まれは、仕事熱心なやり手です。自分の信念や思想に忠実で、わが方法論に強いこだわりを見せるために、ときには上司とも正面衝突をしてしまうことがあるでしょう。男性は、起業家としての成功運を持っていますから、若いうちから攻防戦略を学ぶと道が開けます。

対人面では、自分のステージの高さを誇ってばかりいないで、相手のレベルや価値観に合わせると、周囲の人との間に円満な空気が流れて人間関係は安定します。

◆金銭感覚◆

思い入れの強さと、つぎこむ額が比例。大きな財を転がす才能あり

何事も一流好みに偏りやすく、収入と支出のバランスが悪いのが、六白金星の特徴です。自分が思い入れを持ったものには、糸目をつけずお金をつぎ込もうとしますから、支払い明細を見てあわてることも少なくありません。

一方では、大きな財を回転させてゆく才能もあるので、財テク法を研究することによって出る財と入る財の額面は、最終決算ではピッタリ一致するはずです。回転・流動財型なので、大欲を出して蓄財に走らないほうが幸福感があります。

◆健康と対策◆

優先順位をつける・公私のメリハリをつけることで、過労の回避を

活動的な六白金星生まれは、ジッとしているのが苦手です。しかも、体内時計の昼夜プログラムは、初期設定が「二十四時間稼動」になっているため、必然的にオーバーワークに偏ってしまいます。従って、体力を過信して過労による健康問題が発生しがちですから、時間の使い方は熟考してください。

先にやるべきこと・後回しでよいもの……など、自分が手がける物事にきちんと優先順位をつけることで、ずいぶん負担が軽減するはずです。

また、公私のメリハリをきちんとつけることもポイントとなります。

◆災いのモトと避け方◆

賞賛を求める心が、災いのモトに。
理性を失わぬよう気を引き締めて

皇帝の座に星を持つ六白金星生まれの人は、プライドが高く、常に周囲からの賞賛を求めています。別の言葉で言うと、「周りの人からのほめ言葉がエネルギーになって、活躍をしている人」だともいえるでしょう。六白金星は、ほめられることによって伸びる星です。しかし、災いのモトもそこにあります。例えば、気分の浮きたつ酒席での間違いや、リップサービスを自分への賛辞と勘違いしてしまう……などです。そうなると、一夜にしてツキに見放されてしまいます。理性を失うことがないように、気を引き締めてください。

運を補い強くする六白金星のラッキーキーワード

数字	1・6・7
カラー	白・紺
思考タイム	午後7時〜午後11時
アクション	神社仏閣に参詣する／身のまわりの時計の時刻を正確に合わせる／ガラスや鏡を磨く／地球儀を購入する（球体を身のまわりに置く）

七赤金星　生まれの性格と運勢

基本性格と人生

人気運があり、周囲に助けられる楽天家。詰めは甘く根気に欠ける

楽天的でプラス思考。少々詰めが甘いところが目立ちますが、人気運があるので、周囲の助けにより何とか乗り切ることができます。不思議なめぐり合わせが重なり、実際の能力以上のことが成せる場合もあるでしょう。しかし、基本的に根気がないので、勢いの継続は難しいといえそう。

幼少の環境が厳しかった人は、成人してから安定運が待っていますが、甘やかされた場合は艱難《かんなん》運を避けられません。男性は、次男であっても家を継ぐ役目があるといわれています。

七赤金星の人の金言

『丸くとも、ひとかどあれや人心』

性格が穏やかで円満なのは美徳だが、それだけでは味がない。シッカリした面を持て、とのおしえ。「あまり丸きは転び易し」と続く。

◆恋と家庭◆

楽しい恋を求める人。家庭内では、サービス精神はあれどルーズさも

オープンで楽しい恋愛観の持ち主です。誘惑にのりやすく、相手の言葉をすぐに信じてしまうので、若い時代はいくつか恋の失敗談を作りがち。けれど柔軟性があるので、深刻な事態からは比較的早く立ち直ることができるでしょう。男女ともにもてる星ですが、「もてることと、本当に愛されることは別次元」という現実に早く気づくべきです。

家庭人としての七赤金星は、サービス精神旺盛なので及第点。ただし、ルーズな一面があるため、ピシリとゆき届いた片付けや家計のやりくりは難しい模様。三十代～四十代は浮気心の芽生えが危険です。

◆仕事と対人面◆

対人運に恵まれたお人好し。仕事ではふたつの仕事をこなすことも

相手の懐にとび込むのが上手な七赤金星生まれは、対人運に恵まれている星です。周囲の目には、「お人好しで人情家」というイメージで映っていますが、それと同時に「押しの一手に弱い」とも認識されがちです。

仕事においては、人当たりのよさで何をやっても一応の成功をおさめるでしょう。一方、器用でありながらも小成に甘んじる傾向があるようです。副業運もあるので、ふたつの仕事を同時にこなすセンスがあります。

◆金銭感覚◆

蓄財にうとい浪費型。質のよいものを買うレッスンが必要に

ハデ好みの消費型で、若いうちは「計画的に蓄財をする」という発想にうとい星です。そのまま浪費癖が体質化すると、深く考えないで借金をくり返すようになってしまいます。ですから七赤金星生まれの人は、どこかでシッカリとブレーキをかけなくてはいけません。

買い物は、廉価でたくさん……の感覚から、早く卒業を。そして、質がよく末永く使える物を得るレッスンをしておくと、徐々に金運が強くなっていき、センスも磨かれるので一石二鳥です。

◆健康と対策◆

遊びや余裕がないとリズムが崩れ、何かに依存するように……

娯楽の星である七星金星は、レジャーによってストレスをリセットしているので、遊びがない、余裕がない……そんな生活が続くと体のリズムが狂ってきます。そうして一度、変調をきたしてしまうとなかなか元に戻しにくく、何かに依存して解決しよう、と、アルコールや入眠剤に頼るようになりがちです。

悪習慣がついてしまわないうちに脱出をはからなければならないので、ストレスがたまってきた……と思ったら、すぐにスケジュール調整をはかり、ライフスタイルを変えるようにしてください。

◆災いのモトと避け方◆

口が災いの元凶に。辛口なアドバイスを聞き入れる、強さを持って

「口は災いの元」という言葉があります・が、七赤金星生まれの人の場合は、まさに”口“に元凶が。

ＴＰＯにそぐわない発言をしたり、相手の心に土足で踏み込むようなことをすると、とたんに運にかげりが出てしまうので、注意が必要です。また、楽しいことに目を奪われやすく、一時の快楽のために本当に大切なものを失ってしまう……といったことも心配です。

ときには、辛口なアドバイスも聞き入れる強さを持つことで、災いが遠のきます。

運を補い強くする 七赤金星のラッキーキーワード

数字	2・6・7
カラー	赤・ピンク・白
思考タイム	午後5時～午後7時
アクション	カトラリーを購入する／レジャー施設に行く／果樹園に行く／フルーツ柄のファッション＆アクセサリー／ファッション＆メイクに凝る

八白土星 生まれの性格と運勢

基本性格と人生

成功の理由は努力の積み重ね。人生の転換期には気を引き締めて

落ち着きがあり、重厚感のある星です。努力をいとわず、一歩一歩積み重ねるところに、人生における八白土星の成功の理由があります。簡単につかんだチャンスでは、小さなお城にしかなりませんから、苦労を惜しまないでください。必ず大成します。

さて、八白土星は人生に二度変化があると言われており、境遇が大きく変わることがあるでしょう。ただし、運命的に相続、後継問題では困難な事態が発生しやすいので、転換期のところでは気を引き締めるようにしたいものです。

八白土星の人の金言

『浅き川も深く渡れ』

自己過信は禁物。浅そうに見える川でも、深い川を渡るときのように細心の注意をはらう。簡単にできそうなことでも、油断してはいけないというたとえ。

◆恋と家庭◆

情熱的な一方、計算も働くタイプ。家庭では家族を大切にする配偶者

独占欲、執着心が強いことから、恋は情熱的な展開になりますが、一方で計算も働くため、ハメをはずすことはありません。女性は勝気な人が多く、積極的にリードしていこうとします。あまり甘え上手ではありませんが、心を許せばトコトン尽くし型に。長女である場合は、家督を相続することが多い星と言われています。

家庭人としての八白土星は、家族を大切にするよい配偶者です。しかし、好き嫌いがハッキリしているので、近隣、親戚、友人づき合いは、両極端になりがちです。住居の移転も多いといえるでしょう。

◆仕事と対人面◆

チャレンジ精神豊富なビジネス人。対人面では自己主張を控えて

八白土星生まれの人は、ビジネスにおいて進取の精神に富んでおり、次々と新しいやり方でチャレンジをしていこうとします。ただ、思いつきでスタートし、途中で飽きて放り出してしまう……といった傾向があるのは否めません。これは仕事における最大のマイナス要因といえるので、きっちりと改めるべきでしょう。

対人面では、自己主張が強いために敵を作りやすく、それが原因でピンチに至ることもあるようです。剛と柔の使い分けを身につけることで、大成が約束されます。

◆金銭感覚◆

生き金と死に金の区別がハッキリしている人。三十代以降に財運が

九つの星の中で、財を残すことができるのは八白土星だと言われています。お金に関する考え方がクールで、〝生き金と死に金〟の区別がハッキリとついているため、ほとんど無駄な出費がないのです。そのうえ、出すべきところは思いきり出す度胸があるのも特徴といえるでしょう。

財運は、若い頃はままなりませんが、三十代以降に開けてきます。ただし、欲を出しすぎて自分との戦いに敗れてしまうと、失敗の憂き目にあうので気をつけましょう。

◆健康と対策◆

他の欲を抑えるために食欲が暴走し、心身に負担がかかるタイプ

所有欲の強さから、物欲、食欲……と欲望をエスカレートさせてしまい、その結果、心身に過重な負担をかけるケースが目立ちます。肥満から腰痛に至りがちな八白土星生まれの人は、まずは食欲のコントロールをすることで、解決の道が見つかりそうです。過剰な食欲がどこからくるのか、環境を分析をしてその原因を探してみるのもよいことです。

八白土星の場合は、他の欲望を我慢するために食欲に走ってしまう……というケースも考えられますので、主原因を早く知ることが大切です。

◆災いのモトと避け方◆

変化にはリサーチが必要に。
思い込みをなくし、観察眼を養って

八白土星は、変化の連続を避けて通ることができない星です。しかし、思いつきやノリだけで進んでいくと大きな後遺症が出てしまいますから、変化に際しては十分なリサーチと根回しが必要です。また、八白土星は走り出すと止まらなくなる傾向が強く、自分の思い込みと周囲の意見に隔たりができてしまい、失敗するケースがあります。

冷静に、さまざまな視野から物事を観察することで、災いを遠ざけることができます。

運を補い強くする
八白土星のラッキーキーワード

数字	2・5・8・10
カラー	黒・白（模様ならば、縞《しま》・斑《まだら》）
思考タイム	午前1時〜午前5時
アクション	山岳地帯へ旅行する／橋を渡る／高台や丘で思考する／石製のオブジェを置く

九紫火星 生まれの性格と運勢

基本性格と人生

燃える炎のようなハッキリした性格。あきらめず粘ることで大運が

火性に属する九紫火星は、まさに燃える炎のような性情を持ち、喜怒哀楽、好き嫌い、ＧＯとＳＴＯＰがハッキリしている星です。しかし、あまりにも極端すぎる明暗は、周囲から見ると情緒の安定度が低いように感じられ、マイナスポイントになってしまいます。

九紫の特徴にあきらめのよさがあげられますが、これは爽やかな印象を作る一方で、人生における大きなチャンスを遠ざける要素にもなっています。一度で引き下がらず、二度三度くり返すことにより大運をつかむことができるはずです。

九紫火星の人の金言

『猫を追うより魚をのけよ』

問題が発生したら、その場しのぎではなく抜本的に解決をはかるべき。魚を盗まれないよう猫を追い払うより、近くに魚を置かないこと。

◆恋と家庭◆

ムードを重んじ、恋の楽しみ方を工夫。家庭ではハッキリした物言いに注意

「恋に欠かせないのは〝アカデミックなムード〟、さらにハデ好みなところもあるので、人気のスポットや話題の場所へ出かけるなどして、常にマンネリ化しない工夫をする」物質的なことよりも精神的なことに重点を置く、九紫の恋愛の特徴です。

若い頃は「ルックス重視で内面は二の次」……これは、潜在的に周囲に誇りたい願望ゆえと思われますが、結果的に出会いと別れのくり返しになるので、気をつけたいところ。家庭人としての九紫は正直者で、配偶者にはズバリ一言。わかりやすいものの、ハッキリしすぎなのはケンカの元に。

◆仕事と対人面◆

仕事面では抜群の才能の持ち主。激しい感情の起伏は控えて

理論的な思考が得意で頭脳がシャープな九紫火星生まれは、仕事の進め方もシステマチックです。ビジネス面では、分析力、企画力、構成力においても抜群の才能を見せることでしょう。しかし、感情の起伏が激しく、そのうえプライドも高いので、頭ごなしにモノを言われるような場面になると、同世代はもちろん、たとえ上司といえども対立の構図が発生してしまいます。

そしてこのとき、さらに弁論あざやかにやり込めたりするのも心配なところです。仕事は自由がきくものか、脇役的存在のほうが光ります。

◆金銭感覚◆

お金よりも名誉や物質に価値を置く、欲望のコントロールが上手なタイプ

金銭よりも名誉やプライド、物質に価値を置く九紫火星生まれは、お金に関しては淡白です。お金に執着するところを見せるのは、みっともない・恥ずかしい……と思う気持が強いため、必要以上の所得欲を出そうとしないのです。これは、九紫火星が「欲望のコントロールが上手な星」であるということがいえるでしょう。

〝足ることを知る〟という言葉がありますが、九紫にとってはお金と少し距離を置くことは、自分の品性を保つうえで、とても大切な価値観なのです。

◆健康と対策◆

心のバランスを崩すと、体に影響が。上手な気分転換を心がけて

精神性を重視する九紫火星は、常に理論的にものを考えようとする星です。しかし、何らかの事情でその流れが変わり、心のバランスを崩すと、体に影響が出てきます。感情をたかぶらせてヒステリックになり、血圧の上昇やめまい、心臓の動悸などのマイナスサインが、体に出てきてしまうのです。

対策としては、上手な気分転換やスポーツでのストレス発散を心がけましょう。また、九紫は薬に守られる星ですから、漢方処方も効き目があるはずです。

◆災いのモトと避け方◆

金銭トラブルは少ないものの、見栄を張った結果の大散財には注意

九紫火星生まれは、金銭的なことではトラブルが少ないとはいうものの、それは皆無というわけではありません。もし金銭面で落とし穴があるとすれば、それは〝見栄が災い〟した結果の大散財……というケースになりそう。

これは、「自分としては不本意だけれど、虚栄心を満足させるためには……」といった、九紫らしい失敗でしょう。

ほめられたから、頼られたから、ねだられたから……このきっかけでお金を出すのは危険です。

運を補い強くする 九紫火星のラッキーキーワード

数字 3・4・9

カラー 赤・紫

思考タイム 午前11時〜午後1時

アクション ひまわりの絵を飾る／結論は陽の当たる場所で出す／文学書を読む／絵画を飾る（火の象意なら強運）／先のとがったものが魔除けになる

第4章

本命星×月命星でわかる運と才能の伸ばし方

この章では、本命星（生まれた年）と
月命星（生まれた月）のかけ合わせで、
その人の性格や運命傾向、
適性について詳しく解説します。
あせらず、マイペースで
運を開花させるガイドとしてください。

本命星《ほんめいせい》で「考え方」、月命星《げつめいせい》で「行動」、傾斜宮《けいしゃ》で「内面的傾向」をみて運を知る

各本命星の性格と運命傾向については第3章で述べましたが、同じ本命星であっても、月命星や傾斜宮（詳しい説明は本書では省きますが、月命盤のどの位置に本命星が入っているかで、傾斜宮を判断します）によって、性格に多少ニュアンスの違いが出てきます。

本命星はその人の「考え方」を、月命星は「行動」、そして傾斜宮は「内面的傾向」を示しています。この章ではこれらの要素を加味して、それぞれの生まれの人について、性格と運命傾向や適性をさらに詳しく解説しました。当然のことですが、人によって運が花開く年代や適職は異なります。決してあせることなく、マイペースで自己実現を目指したいものです。

※月命星は33ページで調べられます。

本命星が一白水星の人の運と才能の伸ばし方

運勢の花開く時期・年代

大きな可能性を秘める星。生家を離れるタイミングが早期だと、人生大成しやすいでしょう。言い替えれば、両親の庇護の元、いつまでもノンビリ暮らしていると、三十四歳以降にやってくる大運の波に気がつきにくいといえます。

月命星が一白水星の人

強いこだわりは、偉業を成す可能性も。一芸を磨くことが成功のカギ

神経質なまでにひとつのことに執着してゆく傾向があり、やや向こうみずな面も。

強いこだわりを見せるところが対人面において極端なコミュニティを作る原因となり、プラスに働けば偉業を成すことができます。

また、時々疑心暗鬼になり、人生を斜にかまえて客観的に眺めようとする傾向は、洞察力を磨く結果を生み、深い人格を作ることになるでしょう。器用と言われるよりは、一芸に秀いでる人生を目指すと成功が約束されます。

月命星が 二黒土星の人

腹を割って話すこと、正攻法で信頼を得ることで、人間関係や仕事に運が

几帳面な性格で努力家ですが、物事を力ずくで運ぶようなことはなく、相手の出方を見ながら柔軟に対応していくことができる人です。ただ、要領のよさばかりが目立つと、周囲から反感を買うことに。無理して社交的に振る舞うよりも、腹を割って話し合ったほうが、あなた本来の魅力や人間性を理解してもらえるはず。

仕事は正攻法で確実に信頼を得ることが成功の秘訣。市場リサーチやデータ分析に適性があります。

月命星が 三碧木星の人

クリエイティブなフィールドで自分の中に眠る才能が開花

一白生まれの中では、明るさや積極性に恵まれたタイプです。ただ、少々風変わりな性格で、ときに軽率な言動や思い込みで失敗することも。有名になろうとか、目立とうとして派手に自己アピールをすると、いずれどこかでつまずく可能性が大です。

企画力や創造力が優れている人ですから、自分の中に眠っている才能を開花させ、クリエイティブなフィールドで勝負することをおすすめ。若い頃から知識や技能を磨くことです。

月命星が 四緑木星の人

地道な努力で目的を達成する人。コミュニケーション力を磨くと◯

表面的な華やかさよりも実質的なことを大切にする人。コツコツと地道に努力して、確実に目的を達成していきます。自分に与えられた課題や決められた範囲のことをきっちりとクリアにするタイプですから、独立するよりは組織の中にいたほうが能力を認められやすいでしょう。これだけは誰にも負けない、という専門分野、強みを持つことがポイント。

コミュニケーション力とアピール力を磨けば可能性が広がります。

月命星が 五黄土星の人

じっくり取り組む研究職向き。よき相談者により可能性を発揮

外見的にはおっとりとしたイメージがありますが、非常に芯の強い人です。考え方や行動はマイペースで、時間がかかっても確実に自分の希望をかなえていきます。頑固で独りよがりなところがあるのと、秘密主義になりやすいのが難点。よき相談者を持つことが、あなたの能力や可能性を伸ばすことにつながります。

研究職や技術職など、じっくりと腰を落ち着けて取り組むような仕事を選ぶと、才能を発揮できそうです。

月命星が六白金星の人

内面と基礎固めを大切にすると実力を発揮。学問や芸術面で成功

一般的な一白生まれとは少し異なるタイプで、華やかで明るいムードを持っています。性格に二面性があるため、心の中に矛盾を抱えやすい傾向が。表面的な華やかさや成功に心を奪われないように、一白本来の内実を大切にする生き方を選びましょう。基礎固めをしっかりする、実力以上のことに手出しをしない、この二点を守れば確実に頭角を現すようになります。

学究肌なところがあり、学問や芸術で成功することも。

月命星が七赤金星の人

アイデアを活かした企画やモノ作りの才能が。健全な金銭感覚を養って

まじめで温和な性格ですが、人の好き嫌いはハッキリしていて、それほど社交的ではありません。物欲や金銭欲に走ると、あやしげな投資話に手を出したり、現金な人になってしまいますから注意しましょう。起業するにしても、財テクするにしても、一攫千金の発想は危険です。健全な金銭感覚を養うことが、あなたの人生においては重要なテーマといえます。

アイデア豊富、目のつけどころもよいので、企画立案やモノ作りは適職。

月命星が八白土星の人

知的な職業や特殊技能を活かせる仕事の選択が、成功につながる

現実主義で弁が立ち、世渡り上手なタイプ。ただ、意外と神経は細かくて、自分と気が合わない人はそばに寄せつけない気難しい一面があります。よく働き、よく遊ぶのが信条で、働いて得た収入を趣味や遊びに惜しみなく注ぎ、人生をエンジョイする人です。異性関係がルーズになりやすく、スキャンダルに発展することがありますから、気をつけて。

知的な職業や特殊技能を活かせる仕事を選ぶと成功しやすいでしょう。

月命星が九紫火星の人

努力の末に成功をおさめる。自分が置かれた状況を見極める目を持って

行動力があり、グループの中ではリーダーシップを発揮します。努力の末に社会的成功をおさめる人が多いのですが、プライドが高く、闘争心も強いため、何かと敵が多くなる傾向が。自分が置かれた状況をよく見極めて、頭を下げるべき場面では譲歩することが運を伸ばすポイントです。

環境に対する適応性があり、どんな仕事でもそれなりにこなせる器用なタイプ。ただ、性格的にはマイペースで進められる仕事のほうが向いています。

本命星が二黒土星の人の運と才能の伸ばし方

運勢の花開く時期・年代

不器用・実直であり、万事が遅咲き型の人生。優柔不断をいましめ、他者と比較をしないことで、四十代に開花が約束されている星です。チャンスは、常に補佐的役割でいるところから巡ってくるので、若いうちは二番手に徹すると運勢が伸びます。

月命星が一白水星の人

まじめな仕事人間。運を伸ばすには専門職や学究的な道に進むと○

誠実で世話好きな性格で、人から信頼されます。まじめな働き者、さらに言うなら仕事人間で生活は仕事中心になりがち。女性であっても男性と同等に仕事をすることが多いようです。努力の結果として頭領となる可能性が大ですが、二黒本来のサブ的な立場にいたほうが能力を発揮しやすいでしょう。

プライドが高く、金銭的成功よりも精神的な充実を求めるため、商売には不向き。専門職や学究的な道に進むと吉です。

月命星が 二黒土星の人

いろいろと手を広げず、一極集中的な頑張りをすることで運を開く

融通が利かないところがあり、頑固な職人肌。努力を積み重ねることによって経験の中から自分の思想ができ上がれば、世に器を認められる人生になります。

この組み合わせの人は、あれこれと手出しをせずにターゲットをひとつに絞り込み、一極集中的に頑張れば、その道で世に名を問うことができるでしょう。また、損得ぬきで人に尽くすことができるので、知らず知らずのうちに道が開けていることもあります。

月命星が 三碧木星の人

人を通してチャンスが到来。人間的な成長は社会奉仕の精神から

温和で如才ないタイプで、自然と人脈が広がっていきます。人を通してチャンスがもたらされる人。二黒本来の地道さに加えて社交性がありますから、組織の中で重宝されるだけでなく、接客やセールスの仕事でも成功が望めます。

ただ、要領がいいばかりに、八方美人と誤解されやすいのが難点。イエス、ノーの意思表示はハッキリとしたほうがいいでしょう。社会奉仕の気持ちを持つと、人間的に大きく成長できます。

月命星が 四緑木星の人

奉仕の精神を持ち、エンターテインメントの道に進めば成功の可能性が

よくも悪くも正直者で、自分の思っていることをストレートに口にしてしまいます。また目立ちたがり屋な面があり、人前で派手なパフォーマンスを演じることも。人を楽しませたいという奉仕の精神があれば、エンターテインメントの道に進むのもおすすめです。

アイデアが豊かで、チャレンジ精神が旺盛ですから、時流にのって成功する可能性が。ただ、二黒本来の堅実性を忘れると、人生でつまずくことになります。

月命星が 五黄土星の人

職種はもちろん、組織環境を整えることが重要に。晩年は安泰運

地道でまじめ、マイペースに自分の道を歩んでいく人です。ときに融通が利かないところがあり、大きな組織には馴染みにくいかもしれません。社交上手なほうではありませんが、信頼できる人には誠実な対応をしますから、友人には恵まれます。

そういった意味では、職業の選択と同じくらい、どの組織に所属するかという環境面も、運を伸ばすためには重要なポイントです。

若い頃はそれほど目立たなくても、時間をかけて確実に自分の地位を築き、晩年は安泰に暮らせそう。

月命星が六白金星の人

どんな仕事でも一定の成果をあげられる人。学問や技術職で真価を発揮

まじめで思慮深い性格で、逆境にも負けない忍耐強さがあります。ただ、ひたすらに耐えるというのではなく、知恵を働かせて困難を乗り切る処世術にも長けている人。周囲の人から頼られやすいために、相談や世話事などの苦労を背負い込んでしまうこともありそうです。冷静に物事を判断する能力がありますから、どんな仕事についても一定の成果を上げることができますが、学問や技術職で真価を発揮できるでしょう。

月命星が七赤金星の人

趣味を仕事につなげられる人。運を伸ばすには金銭管理をしっかりと

二黒生まれの中では華やかさがあり、自分から積極的にアピールしていくタイプです。勉強やカルチャーなどで知識や技術を吸収することが好きで、興味を持ったテーマにはトコトンはまっていく人。趣味が高じて仕事につながるケースも多く見られます。

ただ、気分に多少ムラがあり、人間関係も好き嫌いがハッキリしているのが難点。仕事は独立してやっていくのであれば、金銭管理をしっかりすることが運を伸ばすポイントに。

月命星が八白土星の人

大金を動かすときは専門家に相談することが、運を狂わせないコツ

落ち着いた雰囲気があり、少々のことでは動じない肝がすわった人です。普段は穏やかに見えますが、自分に利害関係のあることではハッキリと自己主張をします。また、人生で転機を迎えたときなど、驚くほど大胆な行動に出ることも。

事業欲が強く、スケールの大きな仕事に手を出したがりますが、この生まれの人は大金を動かすことからトラブルを招きがちです。経営や財テクに関しては、専門家に相談をすれば運命の歯車が狂わずにすみます。

月命星が九紫火星の人

収入の安定した職業を選ぶことで、自分好みの生活スタイルが可能に

外見的には華やかなムードがあり、男性は人当たりがよく、女性は愛嬌があります。しかし、実際にはそれほど社交的ではなく、気の合う人と過ごすか、ひとりで自分の時間を楽しむタイプ。享楽的な生活を好むため、自然と金銭欲が強くなります。収入が安定している職業を選ぶのがポイント。

仕事は地道にコツコツとやっていく努力家ですが、マイペースなために周囲との連携が必要な仕事では、摩擦が多くなりがちです。

本命星が三碧木星の人の運と才能の伸ばし方

運勢の花開く時期・年代

初年運。若いうちからグングン運が開けてゆく若年開花型です。しかし、中年以降になると好・不調の波がハッキリとしてくるので、三十代前半までのうちにポジションを固めておくこと。物質に執着しなければ、中年～晩年と安定運をキープ。

月命星が一白水星の人

エンターテインメントやトークの才能を活かした仕事で実力を発揮

弁舌さわやかで、男女とも人の心を惹きつける魅力を持っている人です。趣味人で物事に対してこだわりが強く、ゆきすぎると気難しい人物となる心配が。他者批判はほどほどにしないと、作らなくていい敵を作ることになるので気をつけましょう。

仕事は、エンターテインメントやトークの才能を活かせる分野がおすすめ。華やかなことが好きな性格ですから、見栄を張った出費や恋愛スキャンダルには注意が必要です。

月命星が 二黒土星の人

専門技術を磨き、自分にしかできない仕事で実力を出していける

まじめで一途に思い込むタイプで、独立独行の人です。正義感が強いのはいいのですが、周囲の話に耳を傾けず、持論を押し通そうとするのが難点。また、人に頭を下げてものを頼むのが得意ではありませんし、融通も利かないので、仕事や人間関係では苦労することがありそうです。

好きなことでは労を厭《いと》いませんから、専門的な知識や技術を身につけて、あなたにしかできない仕事や能力でアピールしていくことです。

月命星が 三碧木星の人

柔らかな物腰を身につけ、裏表のない性格を前面に押し出すことで開運

ストイックで攻撃的、待ちに弱く、攻める一方の傾向が強くなります。受け身にまわるとかえってよくない面が出てしまうので、正直ひと筋、正義の味方的なカラーを前面に出し、裏表のない性格を強調してゆくと道が開けます。

ただし、自分よりも弱者に対して攻撃性を発揮すると、思いやりがない……と悪評の元になるので気をつけて。正直に自分の思いを通そうとするあまり、ヒステリックになるのもマイナス要因なので柔らかな物腰を心がけましょう。

月命星が 四緑木星の人

運を伸ばすには、特殊技能や公的資格の取得が大切に

頭の回転が速く、テキパキとした応対は"切れ者"の印象を与えます。ただし、気分にムラがあり、人当たりが柔らかいときと攻撃的なとき、やる気満々なときと無気力なときでは落差が大です。成果が上がらないと、すぐにあきらめて興味の対象が次へ移っていく傾向があり、物事が長続きしにくいのが短所。

どこへ行っても腕一本で生きていけるような特殊技能を身につけるか、公的資格を取得しておくことが運を伸ばします。

月命星が 五黄土星の人

持ち前のチャレンジ精神と企画力を活かした仕事で才能を伸ばすことに

自分の意見をしっかりと持っていて、どんな場面でもストレートに自己主張する人です。性格に裏表は少なく、目立ちたがり屋でにぎやかなタイプ。直感を信じて行動するところがあるため、結果は両極端で、人生は浮き沈みが激しいでしょう。

周囲の意見にも耳を傾けて、熟慮して決断を下すことが大切です。チャレンジ精神が旺盛で、企画力がありますから、時代の先端を行く仕事につくか、表現者になると能力を活かせます。

月命星が 六白金星の人

成果が目に見える形や数字で表れるようにすると、伸びていける

三碧生まれの中では落ち着きや忍耐力があり、マイペースな性格です。正義感が強く、何事にも筋を通すため人から信頼されますが、一方で融通が利かなくて摩擦が生じることも。バランス感覚を発揮して、円満に物事を運ぶように心がけましょう。人の上に立つと苦労が多くなりますから、補佐的な立場にいたほうが安心です。

仕事は虚業だと充実感を得にくいので、働いた成果が形や数字で表れるものを選ぶと、頭角を現すことができます。

月命星が 七赤金星の人

優れた洞察力を活かした仕事やクリエイティブな分野に才能

物静かなイメージがありますが、流行には敏感ですし、気心の知れた相手とはよくおしゃべりする人です。自分なりにこだわりを持っていて、気難しくて頑固な面があるため、人間関係は親しくつき合う人と、距離を置く人に二分されそう。

物事の本質を洞察する能力が優れていますから、コンサルティングの仕事は適性があります。また、イマジネーションを形にする企画立案や文筆家などクリエイティブな分野も有望です。

月命星が 八白土星の人

先見性を活かした仕事が◯。忍耐力をきたえることで運が開けそう

若々しい情熱にあふれ、行動力もありますが、熱しやすく冷めやすいのが欠点。自分の気まぐれで周囲の人を振り回すことのないように注意してください。お金よりは名誉を求め、学問や技芸に打ち込む傾向があります。

仕事は勘のいいタイプで、先見性がありますから、マスコミ関係や新製品開発の分野で活躍できるでしょう。ただ、忍耐力が今ひとつのため、下積みの生活を乗り越えられるかどうかがカギになりそう。

月命星が 九紫火星の人

サービス精神豊富なムードメーカー。トーク力を磨けば接客業で開花

華があり、サービス精神も旺盛。ムードメーカー的存在で、この人がいると場が明るくなりますが、ときに大風呂敷を広げるのが玉にキズです。不動産を持つことに固執したり、見栄を張って高額の買い物をするなど、ローンや借金を抱えやすいのが心配。一攫千金のビジネスやギャンブルには決して手を出さないように気をつけて。

トーク力を磨けば接客やセールスで好成績を上げられそう。学問や技芸にも秀でた能力が。

本命星が四緑木星の人の運と才能の伸ばし方

運勢の花開く時期・年代

人生、比較的早いうちから運気の波に乗ることができる星です。ＩＴ社会になり、ますますその傾向が強くなるといえそう。しかし、決断力不足から四十代初頭にピンチあり。ここでどう動くかが、後半のシナリオを決定するカギになります。

月命星が一白水星の人

実務に強いパートナーを持てれば経営者として成功が。創作家の才能も

その場の雰囲気を敏感に読みとって、そつなく対応できる器用さがあります。持ち前の社交性を活かして次々に新しい人脈を築き、ビジネスチャンスを広げていく世渡り上手な人。山っ気があり、独立したり、事業を起こしますが、気が変わりやすくて物事が中途半端になりがちなのが困った点です。経営者を目指すのであれば、実務面に強いパートナーを見つけることが成功のカギ。デザイナーや創作家の才能もあります。

月命星が 二黒土星の人

自己のコントロールを心がけ、特殊技能や技芸を活かして運を開花

落ち着いた印象を与えますが、自己主張はハッキリとする人です。好き嫌いの感情ををストレートに出したり、自分と意見が合わない人に対しては攻撃的な態度に出ることも。ゆきすぎると人間関係にヒビが入りますから、自己のコントロールを心がけてください。この人の持つ〝こだわり〟をよいほうに活かせば、特殊技能や技芸を極められるでしょう。

コメンテーターやカルチャースクール講師など、知的な職業にも適性があります。

月命星が 三碧木星の人

最後までやり遂げる覚悟が大切。教師やイベント関係の仕事で成功

如才ないタイプで、初対面の人ともすぐに打ち解けてしまいます。また、グループの中では自然とリーダーシップを発揮する立場に。レジャーでも仕事でも自分からプランを提案しますが、四緑生まれの人は、始めは威勢がよくても終りがつたないところあります。人の上に立つのであれば、最後まで責任を持って物事をやり遂げる覚悟が必要に。

仕事は何でも器用にこなせますが、教師やイベント関係に運を開くカギがあります。

月命星が 四緑木星の人

決断の際には毅然とした態度を取るようにすると、運が伸びることに

穏やかな平和主義者。争いを好まないので敵を作りにくいのですが、逆に「そんなあなたがイヤ」と言われてしまう大きな落とし穴が。決定しなければならない時には、八方美人的態度を改め、毅然としていると運が伸びます。

また、この生まれの特徴として面倒見のよさをあげることができますが、首尾一貫していないと誤解を招くおそれも。また、友人の数を誇るよりも、質のよい人を少ない人数で固めてゆく方が運勢に輝きが増していきます。

月命星が 五黄土星の人

接客や貿易関係、流通の仕事につくと、才能を発揮できそう

温厚で話しやすいムードがあり、つき合いもいいので自然と顔が広くなります。人とほどよい距離を置きながら、広く浅くおつき合いするタイプ。物事を自分ひとりの考えでどんどん進めてしまうところがあるので、それが思わぬ失敗のモトとなりそうです。独断専行は控えて、周囲の人に相談することが大切。

仕事は接客やセールスで能力を発揮できるでしょう。その他では貿易関係や流通業界なども向いています。

月命星が六白金星の人

仕事では宣伝の分野で能力が開花。有言実行が成功のカギに

明るく社交的で、パフォーマンス好きな人です。どんなシーンでも積極的に自己アピールしますから、必然的に目立つ存在に。仕事ではリーダー役や新プロジェクトを任されることが多いでしょう。セールストークでも群を抜いていますが、調子がよすぎて相手によっては信用されないことがあるのが困った点。

日頃から〝有言実行〟を心がけ、信頼を得ておくこと。商才があるので、宣伝広告の分野でも能力を発揮できそう。

月命星が七赤金星の人

まじめに仕事に取り組み、知的な分野に携わることで才能を発揮

人当たりはよいのですが、意外と神経が細かく、人の好き嫌いはハッキリしています。泥臭い人間関係は好まず、相手が自分にとってメリットがあるかそうでないかを判断して、ビジネスライクにおつき合いをする世渡り上手な人。理屈っぽく、ディスカッションは滅多なことでは負けません。

仕事はまじめに取り組み、とくに知的な分野で才能が開花するでしょう。ここ一番の決断力に欠けるため、経営者には不向きです。

月命星が八白土星の人

フリーランスや自分のペースで仕事のできる環境が、運を伸ばすことに

しっとりと落ち着いた雰囲気がありますが、話してみると意外に社交的で楽しい人です。ただ、妙なことにこだわったり、一風変わった趣味を持っています。好きなことならトコトンまで頑張りますから、趣味が高じて仕事になる可能性も。学問や芸術、研究の分野で成功する力があります。

個人主義の傾向があるため、フリーランスの道を選ぶのも賛成。企業に勤める場合は、自分のペースで仕事ができる環境が理想的です。

月命星が九紫火星の人

人間関係にわずらわされない職人か、芸術関係の仕事に運が

華やかさと知的ムードを兼ね備えていて、存在感のある人です。少々見栄っ張りなところがあり、自分を実力以上に見せようと背伸びをしがち。また、流行に敏感なのはいいのですが、新しいモノに手を出してはすぐに飽きて投げ出してしまうのが欠点です。気分のムラも激しいため、管理職になると下で働く人が苦労することに。人間関係にわずらわされずに働くことができる職人になるか、芸術で身を立てるとよいでしょう。

本命星が五黄土星の人の運と才能の伸ばし方

運勢の花開く時期・年代

早期開運・晩年開運と真ふたつに分かれる星。概して、初年期に大開運した場合は三十～四十代の過ごし方が難しくなります。苦労を積み重ねることで、ゆるぎない安定した地位を手中に。四十三歳からの出会いが、後半運を大きく左右します。

月命星が一白水星の人

専門職やジャーナリストがおすすめ。名誉を重んじる姿勢が開運に

自信家タイプで行動力があり、周囲を巻き込んでしまうほどの影響力を持っています。自分なりの正義感や信念に基づいて行動し、他人のアドバイスにはあまり耳を傾けません。また、自分と意見の合わない人とは、すぐに袂《たもと》を分かつ傾向が。あまりに自分本位だと〝裸の王様〟になってしまいますから気をつけましょう。

仕事は技術者や専門職、ジャーナリストなどがおすすめ。お金よりも名誉を重んじる生き方が吉です。

月命星が二黒土星の人

サポートする人を見つけられるかどうかが、人生の明暗を分けることに

まじめで忍耐力があり、若い頃から落ち着きを感じさせる人です。おとなしいというのではなく、黙々と課題に取り組み、目標を達成していく意志の強いタイプ。独立心や野心が強く、社会に出る頃には、すでに将来設計が固まっているでしょう。

事業を起こすなど、一国一城の主を目指す人が多いのですが、ときに能力以上のことに手出しをしやすいのが心配。自分を支えてくれる人がいるかどうかが、人生の明暗を分けるでしょう。

月命星が三碧木星の人

自営業や出世の望める環境が○。技術や資格で運を伸ばすことに

重厚なムードの五黄生まれの中では、比較的よく話をする、ライトな感覚を持つタイプです。働き者ですが仕事人間というのではなく、遊ぶために働く人。見栄っ張りで、お金を手にすると、服装や持ち物など外見を飾ることに散財するようになります。借金生活に陥ることのないように、健全な金銭感覚を養いましょう。

仕事は出世が望めないような環境だと、あっさり見切りをつけて自営業の道を選びます。技術や資格を身につけ、運を伸ばしてください。

月命星が四緑木星の人

若い頃の下積みを経て、晩年に指導者となれる職業で運気がアップ

人当たりがソフトで如才ないイメージがありますが、内面はプライドが高く、何事も自分がイニシアチブをとらないと気がすまない性格です。精神力は強く、自分の意志を貫くためには、どんな困難も厭《いと》わないところが。プライドを守るために、他のことを犠牲にしてしまうこともあります。

時と場合によっては要領のよさを身につけることも必要。若い頃は下積み生活をしても、晩年は指導者となれるような仕事で運が伸びていくでしょう。

月命星が五黄土星の人

不屈の闘志を持ち、窮したときはすべてをリセットする心構えが開運に

ピンチとチャンスが表裏一体となっている運勢。性格的にも善悪、正邪、陰陽……と相反するふたつの面が同居し、複雑なキャラクターを作っています。それを強みや魅力に変えるには、繰り返しの練磨、そして、不屈の闘志が必要といえるでしょう。また、栄光も挫折も突然訪れる傾向が強いので、発想の転換をはかると環境が味方についてくれます。窮したときには、いっさいをリセットして「一からやり直し！」と強く思うことが、運を呼ぶカギになります。

月命星が六白金星の人

強い思い込みをなくせば、社会的に成功。特殊な仕事で才能を発揮

社交的でバランス感覚にすぐれ、普段は如才なく温厚ですが、ここぞというところでは自分の意見を押し通す強引さがあります。また、才知に長けていて度胸があるため、自然と人の上に立つように。ときに思い込みが強くなりがちな点に気をつければ、社会的成功をおさめることができるでしょう。

仕事は時流を読む能力を活かして、マスコミ関係や製品開発をおすすめ。エンターテインメントや特殊な仕事も有望です。

月命星が七赤金星の人

目立ちたがり屋の性格とトークの才能を活かした仕事をすると吉

いつも元気にあふれ、仕事にプライベートにとエネルギッシュに飛び回っている人です。弁舌に秀でて説得力がありますから、グループの中でいつの間にか、リーダー的な存在になっていることが多いでしょう。目立ちたがり屋の性格とトークの才能を活かして、営業やセールス、コンサルティングの仕事につくと頭角を現します。

ただ、人の好き嫌いは激しいため、競争社会を生き抜く過程で、敵を多く作ってしまう心配が。

月命星が八白土星の人

研究者やデータ分析など、コツコツ取り組める仕事が運を伸ばすことに

どっしりと構えていて、物に動じないマイペースなタイプです。まじめな人柄ですが、何事にも慎重な上に頑固なため、人間関係では何かと誤解されたり、損をすることが多いでしょう。不器用な生き方とはいえ、コツコツと努力して確実に自己実現を達成する人です。

社交性や協調性を求められる職場では苦労しますから、研究者やデータ分析、検査機関、職人など、根気よく気長に取り組む仕事を選ぶのが正解です。

月命星が九紫火星の人

学問や研究、IT関連に適性が。知的な能力を活かせる専門分野が○

外見から受ける印象と内面が違う、性格に二面性のある人です。気分にムラがあり、テンションの高いときと、無気力なときの差が大きいタイプ。人間関係においても、無理して愛想を振りまいてまで、相手に気に入られようとする器用さはありません。知的な能力に恵まれ、マニアックな面もあるため、専門分野で才能を開花させる可能性が。ただ、才に溺れやすい点には注意が必要です。学問や研究部門、IT関連に適性があります。

本命星が
六白金星の人の運と才能の伸ばし方

運勢の花開く時期・年代

人生スタートの時点は安定路線。中年に試練期を迎えますが、突破は可能。ポイントは目上からの引き立てにあるので、二十代〜三十代は人脈作りに力を注いでおくこと。四十代初頭はチャンスの宝庫。謙虚な姿勢でいると波に乗るでしょう。

月命星が
一白水星の人

チャンスを得るには競争を避け、マイペースで取り組める仕事が○

物静かでおとなしいイメージがありますが、プライドは高く、理屈っぽくて安易に妥協したりしない人です。頭がよく、行動力もあるのに、なぜか的外れなところに力を注いだりして、孤立することが。また、体調不良が原因でチャンスに実力を発揮できないこともありそうです。

厳しいノルマに追われたり、仲間同士競い合うような環境は避けて、マイペースで取り組める仕事でチャンスを得られるでしょう。クリエイターやＩＴ関連に向きます。

月命星が 二黒土星の人

人から学ぶ気持ちを大切にすれば、専門的な分野で才能を発揮

おっとりしているように見えますが、闘争心が強く、トップに立つための努力は怠りません。自分の主義主張を通すことには非常に頑固ですし、ときには傲慢と思われることも。発言はTPOをよく考えて、誤解を招かないようにしてください。

仕事は専門的な分野、芸術関係で能力を伸ばせるでしょう。ただ、人に頭を下げるのが苦手ですから一匹狼になりがち。つまらないプライドは捨てて、人に学ぶ気持ちを大切に。

月命星が 三碧木星の人

人生経験を積むことで起業をして、成功をおさめることも

おしゃべり好きで気さくなムードですが、プライドは高く、ハッキリと自己主張する人です。思い込みの強いところがあり、自分のペースで行動するため、ときに人間関係に波風が立つことが。バランス感覚を発揮して、円満に物事を運びましょう。

働き者ですし、野心も強いため、仕事では地位とお金のどちらも手に入れそうです。接客業やセールスに適性があるでしょう。また、人生経験を積むと、そのノウハウを活かして事業を起こし成功する人も。

月命星が四緑木星の人

金銭感覚を養い、自分の実力を見極めることで事業は軌道に

社交的で顔が広く、自分のペースに相手をどんどん引き込んでいくパワーを持っています。弁舌にすぐれ、交渉力もありますから、企業人としてだけでなく、仲介業やコンサルティングなどの仕事でも活躍できそう。

ある程度の資本を手にすると起業する人が多いのですが、自分の趣味に走りすぎるきらいがあり、軌道に乗るかどうかは難しいところ。堅実な金銭感覚を養い、実力以上のことには手出しをしないことです。

月命星が五黄土星の人

逆境を逆手に取り成功する人。特殊技能の取得が人生の強みに

目標に向かって突き進む行動力と、困難に立ち向かう強い精神力がある人です。世話好きですが、ときに強引さが目立つため、周囲の評価は分かれるでしょう。仕事では責任ある立場になりますが、その分だけ苦労や悩みも多くなりそう。

ただ、逆境を逆手にとって成功する強運を持ち合わせていますから、あまり悲観的にならないことです。公的な資格を取得するか、特殊技能を身につけておくと人生の強みになります。

月命星が六白金星の人

勝負どころで物おじせず、一度決めた事柄はひるがえさないことで大成

強運であるがゆえの災いが降りかかりやすい星ですから、リスク分散を考える必要があります。自分では気づかないうちに人を見下すような態度をとっていることがあるので、その点は気をつけましょう。また、名誉やプライドを常に優先させる考え方には限界があるので、物事を大所高所から見る心を養ってください。あなたの強みは〝ここ一番〟で物おじをしないことです。

決めた事柄をひるがえさなければ、大成が見込めます。

月命星が七赤金星の人

豊富な人脈でチャンスをつかむ。サービス業やファッション業界で開花

人当たりがよく、人の心を惹きつける魅力を持っています。ただ、社交的に見えて人の好き嫌いは激しく、嫌いな相手に対しては極めてクールな対応をすることも。作らなくていい敵を作ってしまうのは損ですから、言動は慎重にしてください。

仕事では豊富な人脈を活かしてチャンスをつかみ、確実に目指すポストを手に入れる人です。流行に敏感で華があるので、サービス業やファッション関係の仕事につくと頭角を現します。

月命星が八白土星の人

シャープな感性を活かせる仕事が○。クリエイティブな仕事で力を発揮

初対面では落ち着きと余裕を感じさせますが、本質はアクティブで、しっかりとした自分の考えを持った人です。また、多少のリスクを伴うことでも、目的達成のためなら果敢にチャレンジしていきます。ただ、ユニークな発想をするため、ときに周囲の人から理解されないことが。

シャープな感性を活かして表現者となるか、マスコミ関係やクリエイティブな仕事に進むとよいでしょう。その他ではＩＴ関連もおすすめです。

月命星が九紫火星の人

起業をする際は、経理に強いパートナーを得ることで運をつかむことに

明るく活発な性格で、物事に対して常に前向きに取り組む人です。自己実現のためには努力を怠らず、目標を定めると自分が納得のいくまで勉強や練習を重ねる意志の強さが。知識や技術などを他の追随を許さないくらいに極めて、自然と人の上に立つようになります。

世話好きな面もあり、人から頼られることが多くなりますが、多少えこひいきをしがちなところが難点でしょう。起業するなら経理に強い人をパートナーにするのが成功のポイントです。

本命星が七赤金星の人の運と才能の伸ばし方

運勢の花開く時期・年代

他者援助運に強みを発揮する星です。幼少期~青年期の過ごし方で、三十代からの運気が幸・不運と極端に分かれるとも言われています。他人の運をもらうことで、開運のチャンスをつかむことに。四十三歳からの出会いに注目しましょう。

月命星が一白水星の人

安定した人生を送るカギは、専門技術や資格、得意分野を持つこと

華やかなムードを持つ七赤生まれの中では、慎重さがあり、堅実な生き方をする人です。しっかりとした目標を持って行動し、たゆまぬ努力で自分の地位を築き上げていきます。仕事は専門技術や資格、得意分野を持つことが安定した人生を送るカギに。

性格的には神経質で気難しく、人の意見を受け入れない頑固さがあるため、人間関係では、うまくいく相手とそうでない相手との差が大きいでしょう。考え方に柔軟性を持つことが大切です。

月命星が二黒土星の人

優れた金銭感覚を活かし、お金を扱う仕事につくと才能を伸ばすことに

浮ついた感じはなく、何事にもきちんとした対応をします。ただ、見た目以上にデリケートな神経の持ち主で、嫌いなものや苦手なものは数多いでしょう。人間関係も、波長が合わない人とは距離を置いてつき合うドライな面が。

金銭感覚が優れていますから、金融・経理関係、ファイナンシャル・プランナーやコンサルティングなどの仕事で運を上げられます。サイドビジネスや財テクは、のめり込みすぎないように気をつけて。

月命星が三碧木星の人

鋭いカンを頼りにして、アーティストやマスコミ関係の仕事で成功

明るく華やかなムードを持ち、外交的な性格です。しかし、こだわりが強く、自分のポリシーに沿って物事を進めないと気がすまないわがままな面が。あまり細かなことを言ったり、個人的な価値観で他者批判をすると孤立しますから、発言には注意しましょう。気分にムラがあるのと、えこひいきが激しいのも難点です。

カンがよく、鋭い感覚を持っているため、アーティストやマスコミ関係の仕事で頭角を現すでしょう。

月命星が四緑木星の人

優秀なブレーンを得ることができれば、経営者としての成功が

物腰優しく如才ないタイプですが、意外と神経質な面があり、苦手な相手とは形式的なおつき合いに終始します。仕事では野心が強く、現実主義で出世の階段を上っていきそう。まとまった資金ができると独立を考えるのも、この生まれの人の特徴です。ただ、判断や詰めに甘いところがあるため、ときに窮地に陥る心配が。

経営者としての成功を目指すのであれば、優秀なブレーンを求めることです。金融関係や営業にはセンスがあります。

月命星が五黄土星の人

トーク術を活用した営業、サービス業を選ぶと運を上げることに

愛嬌があり、人の心をそらさない魅力を持っています。つき合いがよく、レジャーシーンには欠かせないキャラクターといえそう。仕事は趣味や遊びを楽しむため、と割り切って働くところが。トーク術に長けているのと、人を自分のペースに引き込む能力がありますから、営業やセールスでは好成績を上げられるでしょう。

自分自身がエンターテインメント大好き人間ですから、飲食業やサービス産業で働くのも運をつかむことに。

月命星が六白金星の人

負けず嫌いの行動派。フリーや会計士、デザイン関係の仕事向き

行動力があり、意志も強い人で、グループの中ではリーダー的存在に。ただ、頑固で負けず嫌いな性格は、どこへ行っても敵が多くなる可能性をはらんでいます。競争社会を生き抜く過程でライバルに足を引っ張られたり、仕事上のトラブルを抱えることになりやすいのが心配です。

組織人となるよりは、フリーランスの立場でいたほうが、上手に運をアップさせられるかもしれません。会計士や技術者、デザイン関係の仕事が向いています。

月命星が七赤金星の人

楽しみを共有できる人を得られると、意外な運が舞い込んでくることに

人当たりのよさで巧みに運をつかむことができる人です。心の中にいろいろな事柄をしまっておくことが苦手で、常にオープンマインド。時々、人に利用される場面もあるでしょう。ただ、立ち直りが早く、あまり長々と不幸を引きずる思考回路ではないので、トコトン運に見放されるということはありません。

運が伸びるきっかけやヒントは、趣味の追求にあります。楽しみを共有する人とのつながりから、意外な運が舞い込んでくるパターンが特徴。

月命星が八白土星の人

商才を活かすことで、通販・IT関連などで新しいビジネスを生む

温和で社交的なイメージがあり、何事にもスマートな対応をします。普段は如才ない人で通っていますが、思ったことをストレートに口にしたり、嫌いな相手に対しては皮肉を言うこともあり、周囲の評価は分かれるでしょう。

仕事は情報をきちんとリサーチして、慎重に進めていくタイプ。セールス関係や技術者、職人の分野で成功しそう。商才を活かして、通信販売やIT関連で新しいビジネスモデルを生み出す可能性も。

月命星が九紫火星の人

時流にのれるアイデア人。マスコミ・イベント関係の仕事で才能を発揮

いわゆる華のあるタイプで、グループの中にあっても他の人とは少し違う雰囲気を持っています。好奇心やチャレンジ精神が旺盛で、アイデアを思いついたり、時流を読む能力に優れた人です。マスコミ関係やイベント関連の仕事につくと、本来の力を発揮できるでしょう。ただ、人の好き嫌いは激しいため、どこに行っても人間関係では苦労がありそう。

また、遊び癖がつくと、お金にルーズになる傾向がありますから、注意しましょう。

本命星が八白土星の人の運と才能の伸ばし方

運勢の花開く時期・年代

人生の変化が大きく、三回のドラマがあると言われています。また、継ぎ目の始めと終わりに災いが出やすく、詰めが甘いと曖昧になりがち。得てして晩年運と言われますが、四十三歳~四十六歳の間に大欲を発揮するのは危険です。

月命星が一白水星の人

よいパートナーを得ることが、起業の際の成功のカギに

ゆったりと落ち着いた印象を受けますが、話してみると意外に社交的で、自分を売り込む能力に長けている人です。話を自分のペースに持っていくのが上手ですし、目立ちたがり屋な面もありますから、営業やセールスでは好成績を上げられそう。

八白生まれの人は元々、事業欲が強いため、ある程度の人生経験を積むと、独立や起業を考える傾向があります。よいパートナーやアシスタントを見つけることが人生を成功させるカギ。

月命星が二黒土星の人

不器用で実直。金銭への執着をなくし、冷静になることで運をつかむ

見た目に派手さはなく、現実主義的な考え方をします。仕事も普段は慎重に手堅く進めていくタイプで、失敗が少ない優秀な人。実直な人柄ですが、それほど器用ではないため、営業や接客ではストレスがたまりがちです。

また、この生まれの人は金銭や物質に対する執着心が強く、そのために判断を誤ったり、人間関係にヒビが入りやすいのが心配です。不動産売買や遺産相続など、大金の絡む事案では冷静さを忘れないことで安定運をつかめます。

月命星が三碧木星の人

商才を活かして、営業職などにつくと成功をおさめる

勘がよいのに加えて、弁が立つので、やり手なイメージの人物になります。商才があり、処世術にも長けていますから、営業やセールス関係の仕事につくと成功しやすいでしょう。この生まれの人は経済的な成功を目標にするところがあるため、本業での収入が伸び悩むと、密かにサイドビジネスを始めたり、財テクに励むケースが多いようです。能力以上のことへの手出しやハイリスク・ハイリターンの投資は控え、堅実なやり方で運を伸ばしていきましょう。

月命星が四緑木星の人

専門的な分野で活躍できる人。収入の安定した職が運を伸ばす

落ち着いた雰囲気と社交性を合わせ持っていて、多くの人から信頼を集めます。ときに気分屋なところがあるのと、苦手なことでは根気が続かないのが難点。仕事は専門分野を極めて、スペシャリストとして活躍するタイプ。学問や研究、技術者、芸術の道に進むケースも多いでしょう。

ただ、仕事の内容に収入が見合わないと、途中で挫折する可能性が大。理想ばかりを追わず、収入の安定した職業につくほうが充実感と運を得られます。

月命星が五黄土星の人

仕事で運を伸ばせるかどうかは、下積み時代の乗り切り方しだい

泰然自若としていてマイペース、内に強い野心を秘めた人です。計画的に物事に取り組み、確実に目標をクリアしていきますから、最初は目立たなくてもしだいに頭角を現すでしょう。

ただ、性格的に非常に頑固な面があるため、協調性やチームワークが必要とされる職場ではときに摩擦が生じる心配が。下積み生活をいかにして乗り切るかが、その後の運を決めるポイントです。ある程度の実力がつき、資金がたまると独立や起業を考えるタイプ。

月命星が六白金星の人

教諭や評論家など、知的分野の仕事を選択することで能力が開花

　普段は温厚なムードでも、いざというときにはリーダーシップを発揮します。物事を理論的に考えたり、論じたりするのが好きで、話も上手ですから説得力は十分。教諭や評論家など知的な分野の仕事につくと、能力を発揮できるでしょう。センスと手先の器用さで、特殊技能を極める可能性も。また、趣味やこだわりには投資を惜しみません。人の好き嫌いは激しいほうですが、必要とあらば、社交性を発揮する器用さを持っています。

月命星が七赤金星の人

目標を確実にクリアしていく人。金銭管理能力のアップが運の上昇に

　頭の回転が速く、ユーモアのセンスもありますが、正義感の強い人です。物事は用意周到に、緻密な計画を立てて進めていくため、まず失敗がありません。自分の決めた目標やノルマを確実にクリアして、一歩ずつ成功への階段を上っていく人です。金銭管理の能力があれば、独立や起業をしても成功します。

　世話好きな面がありますが、人の好き嫌いはハッキリしていて、気も変わりやすいので人間関係はやや不安定です。

月命星が八白土星の人

人生の変わり目では冷静さを忘れないことが運気のアップに。

七転八起運が暗示されている星です。転び方、起きるタイミングをよく知ると、運のつかみ方がダイナミックになります。つまり「転んでしまったときには、次の幸運が約束されている！」くらいに考え、くよくよしないことが大切です。

また、人生は変化の連続ともいえそうですから、変わり目に際しては、感情的にならず冷静に情報を集め、分析してからアクションを起こすのが運を上げるコツです。大欲があると運を退けてしまうので気をつけて。

月命星が九紫火星の人

技術者やモノ作りの分野で能力を発揮。情報を扱う職業にも運が

ちょっとクセのあるタイプで、妙なところにこだわりを発揮します。悪い人ではないのですが、個性が強い分、人間関係はうまくいく相手とそうでない相手との差が大きいはず。また、仕事も営業や接客は苦労が多くなりがちで、よほど体質に合った職場でなければ長続きしないでしょう。

ただ、好きなことには根気がありますから、技術者やモノ作りの分野で能力を伸ばせそう。情報リサーチやデータ分析、ジャーナリストにも適性があります。

本命星が九紫火星の人の運と才能の伸ばし方

運勢の花開く時期・年代

三十代からゆるやかに運が開ける星です。学術専門や技術を選ぶと、開花が早く訪れるとも言われています。九つの星の中では、人とのかかわり合いで大きく運の流れが変わるので、人を見る目を養いましょう。三十四歳からの波をつかむこと。

月命星が一白水星の人

営業やセールスで成功の予感。早々にあきらめるクセはなくして◯

明るく飾らない性格で、初対面の相手ともすぐに親しくなれる社交性があります。考え方に柔軟性があり、環境への順応性が高いので、派遣やフレックスタイム、テレワークなど新しい形態の働き方にもそれほど抵抗を感じないでしょう。

時流を読む能力や商才があるため、営業やセールスで成功する可能性も。ただ、うまくいかないことにはあっさり見切りをつけて、次へ移っていくところがあります。転職グセをつけないように注意しましょう。

月命星が二黒土星の人

教諭や技術者、商品開発などの分野に進むと、才能を発揮することに

おっとり構えているように見えて、意外とちゃっかりした人です。サービス精神が旺盛で、目立つのも好きですから、自然と言動が派手になりがち。よくも悪くも人の目を引く場面が多くなります。特殊技能を身につけて、エンターテインメントの道に進むとやりがいがあります。

また、好きなことには研究熱心で、トコトン突きつめていくところがあるため、教諭や技術者、商品開発などの仕事でも、才能を発揮できるでしょう。

月命星が三碧木星の人

家庭を持つことで意欲がアップ。成果が形になる仕事で運が上昇。

明るく活発な人で、自分の意見はハッキリと主張します。負けず嫌いで、仕事や勉強などやるべきことはきっちりやって、結果も出していく努力家。短気なのと、人の好き嫌いが激しいところがあるため、交友関係は限られるでしょう。人生観や仕事に対する姿勢は堅実で、大きな冒険はしないタイプ。家庭を持つことで仕事に対する意欲が高まります。

また、モノ作りや自分の努力が形となって見える仕事を選ぶのが運を伸ばすポイントに。

月命星が 四緑木星の人

コツコツ取り組む職種で成功。公的資格の取得で運を伸ばす

社交的で明るく、おっとりとして見えますが、内面は意外と繊細な人です。周囲の人に相談せず、自分ひとりで考えて行動する傾向があるため、ときに秘密主義者と思われることも。人間関係も苦手な人とはさりげなく距離を置き、ビジネスライクにつき合います。

じっくりと物事を考えたり、ひとつのテーマにコツコツと取り組むのが好きな人ですから、研究職やＩＴ関連の仕事に適性があります。また、公的資格を取得しておくのも運を伸ばすことに。

月命星が 五黄土星の人

技術や芸術、成果主義の職場を選ぶことで才能を発揮し、運が開花

明朗闊達で、初対面の人ともすぐに親しくなれる社交性があります。ただ、自己主張が強くてマイペースなうえに、人の好き嫌いも激しいので、実際につき合う相手は限られそう。おべっかを使うのがうまい人が出世するような職場より、成果主義の会社や教諭や技術者、芸術関係の仕事を選ぶほうが才能を伸ばせます。

また、勘のよさと集中力では衆に抜きん出る人です。お金よりも地位や名誉を重視する傾向があり、商売にはあまり向きません。

月命星が 六白金星の人

接客やイベント関係の仕事が有望。将来を見据えた特殊技能の取得を

明るくサッパリとした性格で、行動力も抜群です。頭の切り替えが速く、機転が利きますから、どんな仕事でも高い評価を得られるでしょう。コーディネーターや接客、イベント関係の仕事は有望。また、独立志向が強いので、将来を見据えて、公的資格や特殊技能を取得しておくことをおすすめします。

やや気まぐれなところがあるのと、山っ気を起こしやすい点には注意。自分の能力以上の仕事や取引きには手を出さないことです。

月命星が 七赤金星の人

口が原因の禍《わざわい》や、ルーズな金銭・異性関係に気をつけ、安定運を養って

朗らかで社交的に見えますが、親しくなると神経質で気難しい面が顔を出してきます。こだわりが強く、自分の納得のいかないことは受け入れようとしませんから、人間関係のトラブルが心配。〝口は禍の門《もん》〟を肝に銘じておきましょう。また、金銭管理や異性関係がルーズだと、生活の歯車が狂い始めますから気をつけて。

仕事は知的な分野、美容関係に適性があります。趣味の実益化は、十分に準備とリサーチをしたうえで行いましょう。

月命星が八白土星の人

気分のムラをなくすと◯。
独立や起業の成功は人脈がカギに

明るくテキパキと行動し、自己実現の情熱にあふれています。プライドが高く、人に従うのが嫌いですから、思わぬところで敵を作ってしまう暗示が。できるだけ腰を低くして、社交性を発揮することが大切です。気分にムラがあるのと、飽きっぽいところが難点です。学問や芸術に関した仕事、また、自分のペースで進められる仕事だと長続きするでしょう。独立や起業は十分に実力を養い、人脈を築いておくことが成功のカギになります。

月命星が九紫火星の人

運を育てるポイントは、物質的なものより
知的財産を求めること

好奇心旺盛で、トコトン一点追究型。スペシャリストとしての才があります。しかし、物事を大局でとらえて大きく展開する気質ではないため、大きな組織の上に立つと苦労の暗示が……。運を伸ばすポイントは、特殊技能に磨きをかけ、人としての付加価値を高めること。

また、心理学を始めとして人間の心にスポットを当てるような分野を探求すると、運を開くきっかけになります。物質的なものを追いかけるより、知的財産を求めることで運の根が強く育つはず。

開運コラム❷

運勢がふるわないときは

～知の追求で質の向上を！

「運の勢い」と書くくらいですから、運勢にはよいときがあれば悪いときもある、上がり下がりがあって当たり前です。そして、よいときはともかく、何をやってもダメ……何かアクションを起こせば起こすほど、カラまわりしてしまうというときには、現世利益を追いかければ追いかけるほど、災いが大きくなってしまうものです。

そんなときにおすすめなのが、知的財産の追求です。そのとき持っているエネルギーを、揮身の力を込めて勉強に注ぎ込むことで運の質がよくなり、災いの連鎖が断たれ、好転のサイクルに変わるのです。

また、運勢が悪いときに一心不乱に勉強したことは、不思議とよく身につくものです。

ですから、運勢がふるわないときは「これは、内に眠る本当の自分の才智と、天の時がぴったりそろった好機なのだ」と思い、感謝して勉強に取りかかってみてください。

新しい人生が〝質の向上〟とともに再スタートするはずです。

第5章

本命星で探る おつき合い相性

「自分の本命星」と、
「相性をみたい相手の本命星」の
組み合わせでわかる、おつき合い相性。
それぞれの性質の違いにより、
その力関係や、
起こりがちなトラブルパターンなどを
みることができます。

本命星の性質・行動傾向でわかる周囲の人へのおつき合い対処法

はじめに申し上げてしまいますと、九星気学において人と人との相性というのは、あくまでも補助的なものであり、それほど重要視はされていません。ですから、もしこの章で気になる人との相性がよくないと書かれていたとしても、悲観したり、それほど深刻に考えないようにしてください。

ただ、人と人とがおつき合いしていくうえでは、やはり各本命星の性質や行動傾向といったものが出てくるものです。そういった意味では九星による相性も、周囲とのおつき合いの参考になるでしょう。

ここでは、一般的に言われている相性というよりは、どちらのほうが主導権を取りやすいか、どちらが助ける関係になりやすいか、といった力関係にスポットを当てて解説していきます。

また、トラブルが起こりがちなパターンも紹介してありますので、その本命星の人とおつき合いする際の対処法として、活用してみてください。

本命星が 一白水星の人のおつき合い相性

おつき合い傾向

好き嫌いがハッキリしていて、人間関係をじっくり育てる人

表面はソフトムードでも、好き嫌いはハッキリしています。うわべだけのおつき合いは苦手で、数は少なくても、本当に信頼できる人や感性の合う人と、じっくり丁寧に人間関係を育てていくのが理想。誠実で多少ウェットな感覚を持っている人とならうまくいきます。

自分の本命星が 一白水星 × 相手の本命星が 一白水星

強い個性がぶつかる相手。アタックは情緒的なものが有効

同じ星同士で似ている部分は多く、理解しやすいという利点はありますが、お互いに個性が強いので実際につき合うとなると、ぶつかったりして意外と難しい相手です。趣味など一致するテーマがあれば、その部分で協力し合えるでしょう。また、一白の人は相手が困っていたり、落ち込んでいるときの波長に敏感ですから、そういうシーンでさりげなくフォローしてくれたりして心強い存在。アタックは情緒に訴える作戦が有効です。

仕事関係や友人の場合は、日頃からプライベートな話をして親密になっておくと、何かと力になってもらえます。

自分の本命星が 一白水星 × 相手の本命星が 二黒土星

どちらが主導権を握るかを決め、相手の価値観を理解して

あなたにとって二黒の人は頑固さが目立ち、思った以上に意見が一致しにくい相手です。この人とうまくやっていきたいなら、相手に従うか、あなたがイニシアチブをとるかの選択を。役割分担ができてしまえば、それなりにうまくやっていくことができるでしょう。

また、二黒の人は現実主義的なところがありますから、あまり甘いムードを期待しないように。相手の価値観を理解するように努めると、行動が予測しやすく、さまざまな場面でうまく対処できるようになります。仕事や友人の場合は、相手に有益な情報を提供してあげると良好な関係に。

自分の本命星が 一白水星 × 相手の本命星が 三碧木星

合わないように見えフィーリング◎。相手に花を持たせて吉

表面的には合わないように見える組み合わせですが、話してみると意外にフィーリングがピッタリ。初対面で会話がかみ合わなかったとしても、食事をしたり、お酒を飲みながらプライベートな話をすれば、すぐに打ち解けられるでしょう。

三碧の人は多少、ハメを外しがちなところがありますから、あなたがストッパー役になるとバランスのとれたカップルに。ちょっぴりわがままで何かと手はかかるけれど、放っておけない人です。

仕事、もしくは友人関係の場合は、相手に花を持たせてあげるようにすると、別の形でお返しをしてくれます。

自分の本命星が 一白水星 × 相手の本命星が 四緑木星

話しやすく、無理なくつき合える人。友ならよき相談相手に

社交的な四緑の人は、あなたから見て話しやすく、無理なく合わせられる相手です。共通の趣味やレジャーを通してすぐに意気投合。親しくなるにつれて、お互いの意思を尊重し合える理想的な関係に。ちょっぴり迷いやすいところがある四緑の人にとって、あなたのサポートやアドバイスが支えになることも多いでしょう。

ただ、四緑の人は交友関係が広いため、時々あなたがジェラシーを感じることがあるかも。仕事上ではコミュニケーションがスムーズで働きやすいでしょう。友人が四緑なら愚痴をこぼし合ったり、よき相談相手となります。

自分の本命星が 一白水星 × 相手の本命星が 五黄土星

タイプが違う相手。恋愛では、心理的に一定の距離を置いて

お互いにタイプが違い、なかなか打ち解けられない相手。あなたが五黄の人に対して譲り、合わせているうちはまだよいのですが、交際が進展するに従って違和感を覚えるようになるでしょう。また、五黄の人のわがままが目立ってくると、あなたは振り回されて疲れる結果に。追う立場の恋は不利ですから、心理的に一定の距離を保つのがおつき合いのコツです。

五黄の上司はかなりワンマンですから、よほど尊敬できる部分がないと、その下では働きにくいでしょう。友人の場合はつき合いが長くなるにつれてライバル意識が芽生えてきます。

自分の本命星が 一白水星 × 相手の本命星が 六白金星

互いに信頼が育つ関係。相手を立てると何事もスムーズに

あなたの話を親身に聞いてくれる六白の人は、一緒にいて心が落ち着き、信頼関係が育ちやすい組み合わせです。相手のほうが年上であれば、さらに安心感が。ただし、六白の人はプライドが高いので、あまりわがままを言ったり、振り回したりするとヘソを曲げてしまう心配があります。相手の考えを尊重し、人前では六白の人を立てるなど、ポイントを押えておくことが大切。

職場に六白の人がいたら、時々持ち上げて気分よくさせてあげると仕事がスムーズに。六白の友人とはお互いに助け合う場面が多く、長いおつき合いになりそうです。

自分の本命星が 一白水星 × 相手の本命星が 七赤金星

ないものを補い合える、まずまずの相手。恋では秘密の交際も

相性的にはまずまず。控え目なあなたと華やかなことを好む七赤の人とは、一見うまくいかないように思えますが、話してみると意外に楽しくてお互いに惹かれ合うでしょう。レジャーや飲み会がきっかけとなって恋が芽生えることが多く、秘密の交際で盛り上がるケースも。デートでは七赤の人がイニシアチブを発揮しますが、重要な場面ではあなたの意見が通っていくはず。ただ金品を貢ぐのは、恋の寿命を縮めるモトとなります。

七赤の上司はあなたの能力を引き出してくれそう。また友人とは、お互い自分にない部分をカバーし合える関係です。

自分の本命星が一白水星×相手の本命星が八白土星

価値観が違い、相容れない相手。互いに自分の世界を持って

最初は行動力のある八白の人が頼もしく感じられますが、しだいに価値観の違いが目立つようになり、イライラすることが多くなります。相手はマイペースなうえに現実主義者ですから、情緒的なあなたとは考え方が相容れません。よけいな干渉をしないこと、お互いに自分の世界を持つことがおつき合いのポイントです。

また、親しい関係であっても金銭貸借は避けたほうが無難。仕事上では八白の人は言っていることは正しくても、何となく感覚的に好きになれないでしょう。八白の友人は打算的な感じがして、自分から距離を置くようになっていきそう。

自分の本命星が一白水星×相手の本命星が九紫火星

難しい相性。考え方やペースの違いを念頭に置き、つき合いを

自分にはない魅力を感じますが、考え方も行動ペースも違うため、長時間一緒にいると疲れるかもしれません。ですから、最初から深いおつき合いは難しい相手だという点を頭に入れて接しましょう。そのうえで、九紫の人と意見を交換したり、共通の目標に向かって協力し合うことは有益だといえます。あなたと違う視点からのアドバイスには、目からウロコの気づきがあるはず。

とはいえ、九紫の人との仕事は方針が合わないので、徐々にストレスや不満が募ってきます。友人の場合、お互いの長所を認め合うことができれば、よい関係を築けそう。

本命星が二黒土星の人のおつき合い相性

おつき合い傾向

融通は利かないが、そのまじめさをよしとする人と相性○

本命星が二黒の人は堅実でやるべきことはきちんとクリアしていきますが、今ひとつ融通が利かないのと、ムード作りが下手なのが難点。そんなあなたのことを理解し、まじめな性格を買ってくれる人かどうかがポイントです。サービス精神が旺盛なタイプなら理想的。

自分の本命星が二黒土星×相手の本命星が一白水星

感覚の違いが目立つ。長続きさせるには、共通の趣味を見つけて

最初は親しみが湧いても、相手のことを知るにつれて感覚の違いが際立ってきます。とくに一白の人が独占欲を発揮したり、ベッタリ頼ってきたときに、耐えられなくなることが。逆にあなたが相手の行動にうるさく口を出した場合も、関係がギクシャクしてくるので気をつけましょう。共通の趣味があると、おつき合いが楽しく、長続きします。また、一白の人が甘えたいムードを見せたときは敏感に察知して、優しくしてあげることが大切。

一白の上司は公私混同をしがちなため、その点が不満に。一白の友人は愚痴を聞いてあげるのが大変かも。

自分の本命星が二黒土星×相手の本命星が二黒土星

似た者同士で楽だけれど、刺激が少ない。飽きない工夫が必要

はじめのうちは意見が一致し、一緒にいて楽な相手だと思えるでしょう。ただ、交際の進展はスローテンポで、どちらかがイニシアチブを取らないと、物事が先へ進んでいきません。また、お互いにマイペースでサービス精神が今ひとつのため、だんだん新鮮味がなくなり飽きてしまう心配が。相手に期待しないで、自分からレジャープランを提案したり、変化球を投げていく努力が必要です。

二黒が上司の場合は、安心してついていくことができそう。二黒の友人は、似た者同士で信頼感も生まれやすいのですが、あまり刺激にはならないでしょう。

自分の本命星が二黒土星×相手の本命星が三碧木星

速いテンポや気まぐれに振り回されがち。カバーし合えれば○

堅実なあなたから見ると、三碧の人は浮わついた感じで心を許せない相手。三碧の人の気まぐれに振り回されたり、一緒に行動していてもテンポが合わず、しっくりいきません。ただ、ベタベタするのが苦手な人にとっては、それほど気を遣わなくてよいので、意外と気楽な相手かも。また、お互い自分にはない部分を認め合って、相手をフォローしていく気持ちがあれば、よいカップルになれるでしょう。

三碧の人が上司の場合、言動がスピーディーでついていくのが大変です。三碧の友人はレジャーでは盛り上がっても、肝心な話は肩透かしに。

自分の本命星が 二黒土星 × 相手の本命星が 四緑木星

自由な四緑に合わせる臨機応変さを。友より上司向きの相手

表面上はうまくいっているように見えても、実際には不協和音が生じやすく、交際が深まるにつれて不信感が募ってくる組み合わせです。四緑の人は自由人ですから、自分の思い通りにしようとしても無理。過剰な期待は裏切られる結果になります。あなたが順応性を養い、相手に合わせていくのがおつき合いのポイント。共通の目的があると、協調しやすくなります。

そういった意味、恋人としてよりも、上司やビジネス上のパートナーや友人としてのほうがうまくやっていける相手。契約や約束はきちんと文章の形で残しておくほうが賢明です。

自分の本命星が 二黒土星 × 相手の本命星が 五黄土星

思考が似ていて信頼が育つ相手。リードは任せて

考え方にどこか似たところがあり、惹かれやすい相手です。派手さはありませんが、じっくりと時間をかけて、愛情が育っていくでしょう。五黄の人のほうがイニシアチブを発揮するケースが多いのですが、その代わりに多少のわがままくらいは許してくれます。愛を長続きさせるには、努力して相手の好みに合わせたり、世話を焼くなどサービス精神を発揮することが大切。

ただ、ひとたびモメてしまうと、ドロ沼化しやすい組み合わせです。上司や友人が五黄の場合は、その個性とワンマンぶりについていけるかどうか、がポイントになります。

自分の本命星が 二黒土星 × 相手の本命星が 六白金星 ＝ 感覚ピッタリの相性。交際への進展には、積極性が必要に

フィーリングはピッタリですが、六白の人はプライドが高いため、好きになってもなかなかアクションを起こしません。交際に進展させるには、あなたのほうから積極的にアプローチしていく必要が。力関係としては、あなたが相手に尽くす形になるでしょう。ただ、あまり甘やかすと、だんだん横暴になってきますからご用心。目に余るわがままやリクエストについては、ハッキリとノーの意思表示をすべきです。

六白の上司は厳しくて緊張続きですが、信頼してついていくことができそう。六白の友人は、さりげなく持ち上げてあげると円満に。

自分の本命星が 二黒土星 × 相手の本命星が 七赤金星 ＝ 浪費癖はあるものの楽しくつき合える。深刻な相談は不向き

趣味やレジャーで意気投合、楽しいおつき合いに発展する組み合わせです。やや頼りないところがある七赤の人を、あなたが陰で支えてあげるとうまくいきます。基本的に相性はよいほうですが、七赤の人は経済観念が今ひとつで浪費が目立ち、そういった点で意見が合わないことがあるでしょう。

恋人関係であればともかく、結婚した場合はあなたが財布の紐を握っておく必要がありそう。

また、遊びのシーンでは七赤の人がいると盛り上がりますが、仕事や実務的な話は立ち消えになりがち。深刻なテーマの相談にもあまり向かない相手です。

自分の本命星が 二黒土星 × 相手の本命星が 八白土星

価値観が一致する相手。カップルはムード不足に工夫を

感覚的に似た部分があるため、自然と相手の気持ちを理解することができます。生活スタイルや価値観が一致して、交際へ発展していくケースが多いようです。共通の目的があるとパートナー意識が生まれ、絆が深まりそう。愛情の他に実利面でも結ばれているカップル。八白がリードして、あなたが従う形がスムーズ。ただ、ロマンチックなムードが不足しやすいので、デートや演出には工夫が必要です。

目上の人が八白の場合は、何かと面倒を見てもらえる心強い存在に。八白の友人とはまじめな友情が育ち、長くよい関係でいられるでしょう。

自分の本命星が 二黒土星 × 相手の本命星が 九紫火星

刺激的で楽しませてくれる存在。感謝の心はきちんと伝えて

知的好奇心が旺盛な九紫の人は、あなたにとって何かと刺激になる存在。会話も弾み、徐々に惹かれていきそう。また、九紫の人は意外とサービス精神が旺盛ですから、レジャーではあなたを楽しませてくれますし、それ以外でもいろいろと気を使ってくれるでしょう。ただし、リアクションがなかったり、九紫の人を都合よく利用してプライドを傷つけると、反撃にあいますから気をつけて。感動や感謝の気持ちは、相手にきちんと伝えるのが円満のコツです。

仕事上では九紫の人が、あなたの能力を引き出してくれそう。友人としても頼れる相手。

本命星が三碧木星の人のおつき合い相性

おつき合い傾向

ノリのよい相手を好む個性派。自分から歩み寄る努力が大切

頭の回転が速く、アクティブな三碧の人にとって理想的なのは、打てば響くような対応ができる人。ノリがよくて一緒に盛り上がれるタイプなら言うことなしです。ただ、気分のムラが激しく、個性の強いあなたに合わせられる人は少ないので、自ら歩み寄る努力を。

自分の本命星が三碧木星×相手の本命星が一白水星

タイプは違えど、相性は良好。一白の話はじっくり聞いて

まったく違うタイプのように見えて、意外と相性のよい組み合わせです。順応性があり、尽くし型の一白の人は、あなたにとって貴重なパートナーといえそう。新しい話題、共通の話題を欠かさないようにすることが、交際を長続きさせるコツ。つい自分の話ばかりをしがちなあなたですが、一白の人が話をしたがっているときには、じっくりと耳を傾けてあげることが大切です。また、社交的なのはいいのですが、外にばかり目を向けて一白の人をないがしろにしてはダメ。

上司や友人が一白なら、冷静にアドバイスをしてくれる頼れる存在です。

自分の本命星が 三碧木星 × 相手の本命星が 二黒土星

行動や思考が合わない相手。長所を認め、思いやりを大切に

なぜか波長が合わないふたり。一緒にいても相手の考えていることが分からなかったり、行動ペースの違いにイライラしてケンカ……というパターンが多くなりそうです。一方的に自分の考えをまくしたてて終わり、ではなく、相手の話にも耳を傾けましょう。

二黒の人はややスローペースなところがありますが、その点はあなたのほうが合わせるように努力を。相手の長所を認め、思いやりを持って接していけば、うまくやっていけるはずです。

仕事の場合は、説明を丁寧にすることがトラブル防止のポイント。二黒の友人はよき相談相手に。

自分の本命星が 三碧木星 × 相手の本命星が 三碧木星

衝突しがちな似た者同士。対等な関係が長続きのポイントに

似た者同士でうまくいきそうなものですが、三碧の悪い面がクローズアップしやすく、衝突することもしばしば。派手にケンカをしては、またくっついて、という繰り返しになりそう。同じ方向を向いているときには強力な味方となる人ですが、意見が食い違うと、自我のぶつかり合いになってしまうのです。

恋人にしろ友人にしろ、ギブ・アンド・テイクの対等な関係で、割り切ってやっていくのが長続きのポイント。仕事などで同じ目標を持っているときは波長が合いやすく、一致団結してやっていけるでしょう。ただ、持久戦には弱いのが玉にキズ。

自分の本命星が 三碧木星×相手の本命星が 四緑木星

＝気楽につき合えるが、ともに深く考えず行動するところが心配

自然体で接することができる相手。一緒にいてもお互いに気を使わなくていいので気楽です。ただ、ふたりともアッサリしすぎていて、恋人としてはちょっぴり物足りなさを感じることが。物事を深く考えずに行動する傾向もあり、そういった点が心配なカップルです。結婚して家庭を持つ場合は、経済的な問題はもちろん、将来のことをよく話し合って方針を決めておきましょう。

仕事やレジャーは、企画段階では活発に意見交換をして盛り上がりますが、いざ実行、と面倒な話になってくると、相手に押しつけ合うなどして実現しない可能性が。

自分の本命星が 三碧木星×相手の本命星が 五黄土星

＝気の強さは同じでも相容れないタイプ。得意分野で分担を

お互いに気が強く、しかもそのタイプが違うため、性格的には相容れません。感覚で物事をパッと判断して行動していくあなたに対して、五黄の人はゆっくり確実に物事を進めていくタイプ。イラ立つこともありますが、あなたがあれこれと口出しすれば険悪なムードになります。

お互い突っ張らず、自分の得意な分野で役割分担することが円満の秘訣。ケンカはあなたが折れたほうが、長引かずにすむでしょう。

仕事や友人関係の場合、五黄の人に振り回されてストレスがたまりがち。相手の才能を認める気持ちがないと、うまくいかない暗示です。

自分の本命星が 三碧木星 × 相手の本命星が 六白金星

主導権争いをしがちなふたり。好きなら妥協点を見出して

負けん気が強いあなたと、プライドの高い六白の組み合わせは、とかく主導権争いになりがちです。双方とも「相手のほうが～するべき」という気持ちでいたのでは対立が深まるばかりで、いつまでたっても話がまとまりません。好きだという気持ちがあるならお互いに譲り合って、早く妥協点を見出すようにしましょう。あなたのほうが多少のことは我慢して、相手を立てるようにすれば、さらに円満にいきます。

仕事や友人関係の場合は、六白の人の傲慢さが目立ってくると、あなたの不満が募って衝突。舌戦をすることになりそうです。

自分の本命星が 三碧木星 × 相手の本命星が 七赤金星

華やか好き。飽きっぽさを改め、誠実な愛を育てる努力を

お互いに華やかなことが好き。レジャーや飲み会がきっかけとなって、また、ルックスが好みという理由で、おつき合いがスタートしそうです。ただ、最初は意気投合しても、お互いに飽きっぽくて目移りが激しいのがネックに。三角関係など恋愛トラブルが起きやすい組み合わせですから、誠実な愛を育てるように心がけてください。ケンカになったときは、お互いに歩み寄る姿勢が大切。

七赤の人は遊び仲間としては楽しいのですが、仕事や実際の生活となると意見が合いにくく、難しい相手です。友人は一定の距離を保ってつき合うのが無難。

自分の本命星が 三碧木星 × 相手の本命星が 八白土星

求めるものが違うふたり。合理的な考えで、心地よい関係に

自分にはない面を持っている相手に魅力を感じ、惹かれ合いそうです。ただ、最初は夢中になっても、やがて自分が思っていたものとは本質が違うことに気づいて失望するときが。とくに、八白の人が独占欲を発揮してくると、気持ちが冷めてしまうでしょう。

求めるものが違うふたりですから、合理的に考えて協力し合うこと。そうすれば物事がスムーズに回り、心地よい関係を築くことができます。

仕事や友人の場合は、相手の長所を認めて、割り切って接すること。気持ちが先走りがちなあなたに、現実的な視点からアドバイスしてくれる人です。

自分の本命星が 三碧木星 × 相手の本命星が 九紫火星

刺激し合える好相性。チャレンジ精神で、新鮮な関係をキープ

お互いに好奇心が旺盛で、幅広い分野で会話が弾みます。また、目標に向かっていくあなたのバイタリティーが、九紫の人には魅力的に映るようです。お互いに刺激し合い、成長していける好相性。

ただ、九紫の人はプライドが高く、自分の意見を譲らないことがあります。そんなときは正面から議論するより、別の角度から話をするとスムーズに。常に共通の話題を欠かさず、新しいテーマにチャレンジしていくようにすると、いつまでも新鮮な関係をキープできるでしょう。仕事上や友人としても協力し合える部分が多く、発展的な関係です。

本命星が四緑木星の人のおつき合い相性

おつき合い傾向

社交性があり、交際の幅広さが特徴。束縛されるのは苦手

風の象である四緑の人は社交性に富み、交際の幅が広いのが特徴です。しかし、相手から依存されたり、束縛されるような関係は苦手。また、考え方や感性が合わない人とは、さりげなく距離を置きます。ライフスタイルが似ていて、ライト感覚でつき合える相手が理想的。

自分の本命星が 四緑木星 × 相手の本命星が 一白水星

互いに柔軟な感覚を持ち、好感を抱ける。頼りになる存在

お互いに柔軟な感覚の持ち主。話していて抵抗がなく、好感を抱くでしょう。愚痴をこぼしたり、相談をするうちに信頼感が生まれ、交際に進展していきそう。やや優柔不断なところがあるあなたにとって、一白の人は頼りになる存在。迷ったときには的確なアドバイスや後押しをしてくれます。

これは恋人関係だけでなく、上司や友人であっても同様ですが、相手が悩んでいるときには、聞き役に徹して。また、約束は小さなことでもきちんと果たすように心がけてください。物事の優先順位をつける際に、一白の人を上位にすると信頼度が高まります。

自分の本命星が四緑木星×相手の本命星が二黒土星

まじめで不器用な二黒に求めすぎは禁物。誠実さを認めて○

まじめだけれど不器用な二黒土星。結婚するには無難なタイプですが、スマートなおつき合いを望むあなたにとっては、ときに物足りなさを感じることがある相手です。「もっとおしゃれなデートコースを」、「ムードを演出して」など、あれこれリクエストをするとギクシャクすることに。あまり多くを求めず、相手の誠実さを認めることができれば、いい関係を築くことができるでしょう。

仕事上や友人としては、お互い自分にない部分を補い合って、よいパートナーとなれるはず。二黒の人はいい加減な対応を嫌いますから、その点には注意を。

自分の本命星が四緑木星×相手の本命星が三碧木星

似た感覚のふたり。計画性がないので、進展には時間が必要

感覚的に似ている部分があるため、初対面から打ち解けて話ができるでしょう。何の抵抗もなく、交際へと発展していきそうです。行動力は十分ながら、やや軽はずみなところがある三碧の人を、あなたがフォローしてあげれば、バランスのとれたカップルに。ただ、ふたりともその場が楽しければOKというところがあり、あまり計画性はないので、ゴールインするまでには時間がかかるかもしれません。

仕事上では企画段階では意気投合しても、実務的な話になってくるとまとまりにくい傾向が。友人としては何でも気軽に話せる楽な相手です。

自分の本命星が 四緑木星 × 相手の本命星が 四緑木星

気心が通じ合うふたり。相手任せはやめて、話し合いを

趣味やセンスが一致しやすく、気心が通じ合うふたりです。ただ、自分の好きなことに夢中になっているときは、お互い好き勝手にやっているという感じでバラバラ。また、お互いに優柔不断なところがあるため、いざというときや逆境に立たされると、意外ともろいでしょう。相手任せの態度はやめ、日頃から大切なことはよく話し合って決めるようにして。

仕事上では、企画段階は意見やアイデアを出し合って発展的ですが、具体性に欠けるため、実現しにくい傾向が。友人としては気が合うせいか、調子に乗るとブレーキがかかりません。

自分の本命星が 四緑木星 × 相手の本命星が 五黄土星

頼もしく見えるけれど、理解し合うには時間が必要な相手

迷いがちなあなたの目に、行動力のある五黄の人は頼もしく映りますが、お互いのことを理解するには時間がかかるかも。また、おつき合いがスタートしてしばらくすると、五黄のワンマンで支配的な態度が目立ち始め、だんだん気持ちが冷めていくでしょう。相性に不安を感じているなら、旅行などで長時間一緒に過ごしてみることをおすすめ。

仕事上では、五黄が主導権をとろうとしますから、あなたがそれに合わせていけるかどうかがポイントです。友人としては今ひとつ波長が合いませんが、たまに会って遊ぶくらいなら問題なし。

自分の本命星が四緑木星×相手の本命星が六白金星

価値観が一致しにくいものの、上手に持ち上げて接すると○

それぞれに主張があり、価値観という点ではなかなか一致しにくいふたりです。ただ、あなたのほうが柔軟性がありますから、相手に合わせるコツをつかめばうまくいく可能性が。六白の人は意外と世話好きなところがあるので、相手の得意分野のことで頼み事をしてみるのもいいでしょう。

ポイントは上手に持ち上げて気分よくさせてあげること。仕事関係や目上の人に対しては、さらに礼儀正しく接するように心がけてください。友人関係の場合は意見が合わず、接点が少ないようです。相手を認める気持ちがないと、敬遠し合って終わりに。

自分の本命星が四緑木星×相手の本命星が七赤金星

本質的な違いを感じる相手。不満をためて爆発しないように

お互いに社交的ですから、初対面でもコミュニケーションはスムーズにいくでしょう。ただ、突っ込んだ話をするようになると、本質的な違いに気づいて少し引いてしまうかもしれません。七赤の人は、ときに言葉にトゲがありますから、そういった点でも不信の念を抱くようになりそうです。問題は、その場で解決していかないと不満が蓄積して、ある日突然爆発……ということに。

仕事ではペースが合わなかったり、方針が食い違ってやりにくい相手です。友人関係の場合は、遠慮なく言い合っているうちに、相手の神経を逆撫でして険悪になることが。

自分の本命星が 四緑木星
相手の本命星が 八白土星

気分屋のふたり。ライト感覚でつき合うのが、長続きのコツ

性格的に似ている部分は少なく、初対面ではそれほど魅力や親しみを感じられないでしょう。でも、八白土星にはバイタリティーにあふれ、経済力のある人が多いため、そういった面で惹かれることが。ふたりとも気まぐれなところがあり、おつき合いは気分に支配されそうです。お互いに束縛せず、ライト感覚でおつき合いするのが長続きのポイント。

仕事上では、自分にない能力や感覚をサポートし合って、成果を上げることができます。八白の人は現実主義的なところがあるため、友人関係の場合は自分に利益がないと思えば近寄ってきません。

自分の本命星が 四緑木星
相手の本命星が 九紫火星

感覚は合うがズレると関係は終了。仕事では刺激し合える人

感覚的には合う部分が多く、九紫の人の打てば響くような頭のよさに会話が弾むでしょう。すぐに交際へと発展していきますが、実際につき合うようになると、こだわりの部分で合わなかったり、飽きっぽさが出てマンネリ風が吹き始める暗示。感覚のズレなどでお互いに反発したときは、意外とあっさり関係に終止符を打ってしまいます。

仕事では、上司と部下であっても同僚であっても、刺激し合える相手。ただし、理念や目標が合わない場合には、袂《たもと》を分かつことに。たまに会って遊んだり、情報交換をする友人としてはベストパートナーです。

本命星が五黄土星の人のおつき合い相性

おつき合い傾向

人に従う気持ちが少なく、自分の思うように物事を運ぶ人

後天定位で中央の座にある五黄の人は非常に気が強く、人に従う気持ちが少ないのが特徴。最初は遠慮がちに振る舞っていたとしても、最後は自分の思うように物事を運んでしまいます。あなたの才能にホレ込んで、黙ってついてきてくれる人でないと難しいでしょう。

自分の本命星が五黄土星×相手の本命星が一白水星

深いつき合いでは違和感が。たまには一白の話に耳を傾けて

一白の人は柔軟性があるため、多少のことならあなたに合わせようと努力してくれるでしょう。ただ、本質的な部分で一致しているわけではないので、つき合いが深くなればなるほど、違和感を覚えるように。自己主張するばかりでなく、たまには一白の人の話にじっくり耳を傾けてあげてください。また、共感できるところでは感情移入すると、信頼関係が深まります。

仕事ではペースが合わず、疲れることが多い模様。強引なやり方をするあなたに、一白の人はついていけなくなりそう。共通のライバルや目標があれば、友情が生まれやすい傾向に。

自分の本命星が五黄土星×相手の本命星が二黒土星

気は合うけれど、恋では受け身のふたり。仕事ではよい相棒に

気持ちの面では合いやすいのですが、恋愛に関してては受け身なふたり。出会ってから交際に進むまでには時間がかかります。ただ、趣味が一致すればデートが楽しくなり、愛も順調に育っていくでしょう。どちらも意外性のないタイプですから、マンネリには注意を。モメたときはお互い強情なため、簡単には関係を修復できません。あなたのほうが年上なら、大人の対応でうまく収めること。

仕事では、現実路線を取りながら確実に成果を上げていけるベストパートナーです。友人関係では、あなたがイニシアチブを取ることが多くなりそう。

自分の本命星が五黄土星×相手の本命星が三碧木星

タイプは違っても気の強さは共通。ときには相手に譲って

タイプは違いますが、どちらも気が強いため、出会ったときから反発することが多いでしょう。それでも、相手の才能にホレ込むなど、気になる存在となれば恋愛に発展する可能性が。お互いに特技を発揮しつつ、それぞれマイペースでやっていくことがおつき合いの秘訣です。ケンカになったときは、しばらくやりあった後は三碧の人が折れてくれますが、これがたび重なると相手の不満がうっ積して、いずれ爆発することに。あなたも3回に1回くらいは譲るようにしてください。

仕事や友人関係の場合は、あまり長時間一緒に行動しないほうが無難。

自分の本命星が 五黄土星 × 相手の本命星が 四緑木星

つかみどころのない四緑との交際は、束縛せず友達感覚で

地に足の着いた生き方をしているあなたに対して、四緑の人はつかみどころがない感じ。表面的には合わせてくれても、いざというときには肩透かしに。本心をつかむのが難しく、つき合っていても愛されているかどうか不安になったり、浮気を疑いがちです。イライラして相手を責めたり、束縛しようとすると離れていってしまうことも。もう少し肩の力を抜いて、友人感覚でつき合うのが交際のコツです。

仕事上では、四緑の人が優れた能力を持っている場合は、それを尊重すればよい協力者に。友人関係では、つき合うメリットがなければ長続きしません。

自分の本命星が 五黄土星 × 相手の本命星が 五黄土星

強い個性の似た者同士。共通の目標を見つけて信頼を築いて

お互いに意地っ張りで強い個性の持ち主です。ふたりで主導権争いをすれば、かなり激しいバトルに。ただ、性格的には似た部分がありますから、共通の目標が見つかれば、信頼関係と固い絆が生まれるでしょう。一般的には、女性の側が内助の功を発揮する形にしたほうが円満にいきます。

仕事上では、上下関係や立場がハッキリしていれば、ほとんど問題なし。同い年の同僚だと強引なやり方をしてぶつかったり、頭の押さえつけ合いになり、本来の仕事に集中できなくなりそう。友人はお互い相手に合わせようという気持ちがないと、友情が続きません。

自分の本命星が五黄土星×相手の本命星が六白金星

向上心旺盛で刺激し合える相手。議論では冷静さを忘れずに

自分にない魅力を感じて、初対面で好感を持ちそうです。双方とも向上心が旺盛なため、仕事や将来のことを熱く語り、刺激し合えるでしょう。ただ、どちらもプライドが高いうえに強情。意見が対立すると議論がヒートアップし、そのままケンカ別れということも予想されます。冷静さを忘れず、適当なところで話を切り替えるのがコツ。また、恋人関係であっても、お金の貸し借りはNG。

仕事上では、お互いに意見をハッキリと言うところがあるので、あなたが目下なら立場をわきまえて発言すること。友人としてはつき合いやすい相手です。

自分の本命星が五黄土星×相手の本命星が七赤金星

すぐに意気投合できる人。わがままを通さず相手を尊重して

一緒にいて楽しい相手。会ってすぐに意気投合して、交際がスタートしそう。七赤の人はあなたの言うことを優しく聞いてくれますが、調子に乗ってわがままがエスカレートしていくと、堪忍袋の緒が切れて反撃に。七赤の人は普段はソフトムードでも、怒ったときは厳しい指摘をしてきますから覚悟してください。物事を決めるときは、相手のリクエストも尊重しつつ、妥協点を見つけること。

仕事上では、自分にないものをカバーし合えるので、業務がスムーズに回ります。友人としても好相性ですが、恋愛相談はしないほうが無難かもしれません。

自分の本命星が五黄土星×相手の本命星が八白土星＝感性が似ていて堅実な交際ができる相性。金品を貢ぐのはNG

お互い恋愛に関しては受け身なところがあり、気持ちを確認するまでに時間がかかるでしょう。でもおつき合いがスタートすれば、感性が似ていて、まったく違和感がありません。遊び半分でなく、将来を考えた堅実な交際になりそう。ただ、どちらかが経済力を持っていると、純粋な愛情よりも金銭欲で結ばれるところがあるのが心配。金品を貢ぐような関係は、やがてはトラブルへと発展していきますから、気をつけましょう。

仕事上では山っ気を出して、起業したり、冒険したがる組み合わせです。友人の場合は兄弟のようにに親しいつき合いに。

自分の本命星が五黄土星×相手の本命星が九紫火星＝華やかで魅力的な相手。要望があるときは、おだて通して

華やかなムードがあり、サービス精神が旺盛な九紫の人は、あなたの目には魅力的に映るでしょう。デートも話題のスポットへ出かけたりして、楽しい時間を過ごせるはず。要望があるときはストレートに言うよりも、上手におだてつつ、あなたのペースにのせてしまうのがポイントです。

仕事上では、共通の目的があればうまくいきますが、ときに方針が合わず徹底的に意見を戦わせることに。友人としては話が弾んで楽しい相手ですが、お互いに気が強いため、ライバル関係になるとムキになってしまいそう。同じテーマは選ばないほうが賢明です。

本命星が六白金星の人のおつき合い相性

おつき合い傾向

行動派で、ハッキリものを言う人。友人も敵も多いタイプ

行動力がありますが、気位も高く、思ったことをハッキリ口にするため、友人は多いけれど敵も多い人です。また、人が自分の思うようにならないと、すぐに頭に血が上ってしまうところが。ある程度チヤホヤしてくれる相手なら、おつき合いが楽しく長続きします。

自分の本命星が六白金星×相手の本命星が一白水星

強い信頼感で結ばれる相手。仕事ではカバーし合える関係に

気心が通じやすく、強い信頼感で結ばれるカップルです。プライドの高いところがあるあなたですが、一白の人のためには不思議と世話を焼きたくなり、尽くすことが多くなります。また、相手もそうしたあなたの気持ちに応えてくれるはず。

友人が多いあなたに対して、一白の人は数は少なくても深くつき合うタイプ。そのため、ときにはヤキモチを妬かれることがあるかもしれません。誤解されるような行動は慎んで。

仕事では、お互いに苦手な分野をカバーし合い成果を上げていける、頼りになる相手です。友人としても長いおつき合いに。

自分の本命星が六白金星×相手の本命星が二黒土星

お互いが尽くし合い、強く結ばれる関係。感謝の心は伝えて○

話しやすすく、出会ってすぐに馴染んでしまいます。友情からスタートしても、恋愛に発展するのに時間はかかりません。一般的には二黒が尽くす形になりますが、この組み合わせは六白も二黒に尽くすギブ・アンド・テイクの関係。お互いに頼り合い、時間がたつほどに強い絆で結ばれるでしょう。わがままなあなたにもよく合わせてくれますが、あまりにも身勝手さが目立ってくると、忍耐強い二黒の人でも離れていきますから気をつけて。

仕事であれ友人であれ、お世話になったときは、そのつど、きちんと感謝の気持ちを伝えることが大切です。

自分の本命星が六白金星×相手の本命星が三碧木星

燃え上がるものの感性のズレがストレスに。思いやりが大切

お互いに外向的な性格のため、出会ってすぐは情熱的に燃え上がるでしょう。けれど一緒に過ごす時間が長くなるにつれ、感性や価値観の違いを感じてストレスがつのってきそう。心に余裕がなくなってくると、相手の立場を考えずに自己主張ばかりするようになり、会えばケンカということに。この組み合わせは思いやりを大切にしないと長続きしません。

仕事上でも意見や考え方が違うため、議論は平行線をたどりそうです。ライバルを通り越して犬猿の仲にならないように気をつけて。友人の場合は、生き方や考え方に口を出さないことです。

自分の本命星が 六白金星 × 相手の本命星が 四緑木星

衝突のない大人の関係。本音がつかめずイライラすることも

如才ない四緑の人とは、会話が弾んで楽しい時間を過ごせます。意見が合わないからといって、とくに衝突することもない大人の関係。ただ、あなたにしてみれば、相手の本音がつかめなくてイライラすることも多く、無難にやり過ごそうという四緑特有の態度がだんだん許せなくなってくるでしょう。でも、相手を責めたり、強硬な態度に出ると、スルリと逃げられてしまうことに。

仕事では何かとあなたを立ててくれますが、面倒なことを頼むと体よく断わられます。友人としては楽しい人ですが、四緑の要領のよさがしだいに鼻についてきそう。

自分の本命星が 六白金星 × 相手の本命星が 五黄土星

上昇志向も気の強さも同レベル。アドバイスには耳を傾けて

お互いに上昇志向の強いタイプですから、すぐに意気投合して自然と交際がスタートするでしょう。多少の自己主張は、好意的に受け止めてくれるはず。ただし、気の強さという点でもふたりは同レベル。社会的サクセス度を張り合うようになると、関係がギクシャクしてきます。愛情があるなら温かく相手を見守り、サポートしていくことが大切です。

仕事上では的確なアドバイスに助けられることが多いでしょう。自分の考え方と違うと思っても、素直に耳を傾けてみて。友人関係の場合は、お互いに干渉しすぎないことが、良好な関係を保つポイント。

自分の本命星が六白金星×相手の本命星が六白金星

一緒にいて違和感のない相手。不調時のぶつかり合いに注意

性格的には似ていますから、相手のことを理解しやすく、一緒にいても違和感がありません。交際がスタートすれば長く続く組み合わせです。難点は、いいときと悪いときのバイオリズムが同じだということ。好調なときは何事も強気に進めてしまい、ブレーキ役がいません。賭け事や事業に手を出すと、失敗したときが悲惨です。常に冷静さを忘れないようにしたいもの。また、不調なときはお互いの性格のマイナス点がぶつかりやすいので、気をつけましょう。

仕事上でパートナーを組むのは、大きな賭けといえるかも。友人としてはよき理解者です。

自分の本命星が六白金星×相手の本命星が七赤金星

気楽につき合える人。ともにルーズな金銭感覚には気をつけて

感覚的に似ている部分があり、肩ひじ張らないでおつき合いできる人です。また、七赤の人は流行に敏感で趣味の幅も広いため、デートではあなたを楽しませてくれるでしょう。さて、相性的には良好な組み合わせですが、カギを握るのは金銭感覚。ふたりともお金にルーズでどんぶり勘定をしているようだと、そのことが原因で交際や結婚が破綻する可能性があります。遊びやギャンブル、マネーゲームに熱を上げないように、あなたがブレーキをかけて。

仕事のパートナーや友人としても、合わせやすい相手ですが、お互いに甘えが出やすいのが難点。

自分の本命星が六白金星×相手の本命星が八白土星

努力する姿に魅力を感じ合うふたり。仕事での山っ気はNG

どちらも野心が強く、自己実現に向かって努力する姿に、お互い魅力を感じて急接近します。愛情に加えて共通の目標があれば、助け合いながら歩んでいけるでしょう。ただ、八白の人はムード作りやロマンチックな演出といったことは苦手。デートがマンネリにならないように、あなたが工夫する必要がありそうです。

仕事上では持ちつ持たれつの関係ですが、山っ気を起こしたり、欲を出しすぎると失敗します。六白の人はメンツを、八白の人は実質的な利益を大切にするので、それを頭に入れておくと円満に。友人としても協力関係が長く続きそう。

自分の本命星が六白金星×相手の本命星が九紫火星

徐々に波長が合わなくなる人。ケンカでは冷静さを忘れずに

最初は相手の華やかなムードに魅力を感じても、徐々に波長が合わなくなってきます。九紫の人はサービス精神は旺盛ですが、しもべにされるのは真っ平ごめん。あなたが強気に出たり、わがままがエスカレートすると、サッサと離れてしまうでしょう。ケンカはプライドのぶつかり合いになりやすく、売り言葉に買い言葉で、破局を迎えることも。冷静さを忘れないでください。

仕事上では意見が合わず、いつも平行線になって何かとやりにくい相手です。友人としては表面的なつき合いはうまくいきますが、お互いが自己主張をすると険悪ムードに。

本命星が七赤金星の人のおつき合い相性

おつき合い傾向

社交的に見えて気難し屋。堅実な人のサポートがあると○

社交的で如才ないイメージがありますが、意外と気難しい面があり、言葉にもトゲがあるため、人間関係は思わぬところでつまずいたりします。趣味に走りやすく、ときに詰めが甘くなりがちなあなたを、しっかりサポートしてくれる堅実な人とつき合うと安心です。

自分の本命星が七赤金星×相手の本命星が一白水星

意外と心が和む存在。重要なシーンでは一白の声に耳を傾けて

華やかなことが好きなあなたと物静かな一白の人。一見、合わないような気がしますが、意外と心が和んでしっくりいく相手です。遊びのシーンではあなたがリードしても、重要なことを決める際には冷静な一白の人の意見に耳を傾けたほうが無難。また、相手の気持ちをもて遊ぶようなことは厳禁です。

気持ちが通じやすい相手ですから、仕事で組めば業務がスムーズに回っていきます。ただし、男性と女性の組み合わせは、接近しすぎると不倫関係になることがあるため注意。友人としての一白は、親身に話を聞いてくれて頼りになる存在です。

自分の本命星が 七赤金星 × 相手の本命星が 二黒土星

しだいに存在感が増す相手。堅実さを見習うとよい交際に

初対面ではインパクトが弱くても、思った以上に気を使ってくれますし、あなたの中でどんどん存在感が増していきそう。二黒の人の堅実な考え方を見習って、あなたも地に足を着けた生活を心がければよいカップルに。ただ、基本的に経済観念は合いません。相手のことを地味で面白みがないと感じるようになると、気持ちが冷めてしまうでしょう。

仕事においては現実的な視点からサポートしてくれる二黒の人は、なくてはならない存在です。友人関係の場合も、いろいろな面で支えられることが多いはず。当然のように甘えるのはいけません。

自分の本命星が 七赤金星 × 相手の本命星が 三碧木星

遊びではしっくりいく相性。思いやりで恋トラブルの回避を

華やかなことが好きなふたり。初対面では意気投合しますが、遊び以外では合わない部分のほうが多くて、しっくりいきません。また、三碧の人はカッとなると感情的に攻撃してきますから、そういった点でもついていけないものが。さらに、お互いに異性に対する関心が高く、目移りしやすいのも心配です。浮気や三角関係など恋愛トラブルにご用心。うまくやっていくには、それぞれが思いやりを持つことが大切です。

仕事上では方針が合わず、お互いのことを批判してばかり。友人としては、たまに会って遊ぶだけの関係なら楽しくつき合えます。

自分の本命星が七赤金星×相手の本命星が四緑木星

タイプの違う社交派。共通の目標が見つかれば長いつき合いに

恋が芽生えるパターンは、ルックスが好みなど外見的な理由が多いでしょう。どちらも社交的な性格ですが、タイプとしてはまったく違います。表面上は仲良くやっているように見えても、気持ちは違う方向へ向かっているということが。共通の目標が見つかれば、お互いに協力し合って長くつき合うことができます。

仕事上では、どちらも地味な作業を嫌う傾向があり、面倒なことを相手に押しつけたりしてモメごとになる暗示が。友人関係もレジャーなどその場限りのおつき合いになりやすく、真の友情に発展することなく終わってしまいそう。

自分の本命星が七赤金星×相手の本命星が五黄土星

信頼関係を築きやすい相手。五黄の部下はストレスのモトに

趣味人のあなたに対して、五黄の人は現実路線。合わないように見えますが、頼りがいがあり、信頼関係を築きやすい相手です。多少のわがままくらいなら許してくれる度量の広さもあるため、安心しておつき合いできるでしょう。ただし、あなたに他の異性との噂が立つなど、恋愛関係が派手なのは許してもらえませんから気をつけて。

仕事上では五黄が上司の場合は、スムーズに歯車が回りますが、五黄が部下や後輩の場合は扱いにくくてストレスがたまります。友人関係は感覚的にはあなたがリードしても、実際には五黄の人が主導権を握りそう。

自分の本命星が 七赤金星
×
相手の本命星が 六白金星

感覚の似た者同士。現実感はないが、友情は長続きする相手

似た者同士のカップル。考え方や感覚に一致する部分が多く、出会ってすぐに親しくなれます。共通の趣味があれば、一緒に過ごす時間が充実し、さらにおつき合いが深まるでしょう。ただ、この組み合わせは遊んでばかりいて、現実感や生活感が乏しくなりやすいのが難点。結婚したり、子どもができたときには、もっと人生に計画性を持つようにしてください。

仕事の場合、七赤は企画やアイデアでは才能を発揮しても、実務面では六白が主導権を握ります。友人としては意気がピッタリ。とても居心地のいい関係で、友情が長く続きそうです。

自分の本命星が 七赤金星
×
相手の本命星が 七赤金星

甘い恋愛ができる相性。長いつき合いには忍耐力が必要に

ふたりとも趣味人で社交的、恋愛願望も強いため、出会ってすぐに恋の炎が燃え上がりそうです。交際がスタートすれば次々とデートプランを立てて、甘い時間を過ごせるはず。ただ、周囲の目には"はしゃいでいて落ち着きがなく、危なっかしいカップル"というふうに映るかもしれません。また、気心が知れてくると急にワガママな面が出てきてケンカになることもしばしば。長くつき合うには忍耐力を養う必要があります。

友人や遊びのときは楽しい相手ですが、仕事で組んだ場合は、適当に妥協してしまい、うまくいかないでしょう。

自分の本命星が 七赤金星 × 相手の本命星が 八白土星

無理せずカバーし合えるふたり。価値観のズレには注意して

相性的にはまずまずで、無理して合わせなくても自然体でおつき合いできる相手です。また、あなたに足りない部分を八白の人がカバーしてくれますから、そういった意味での安心感も。ただ、恋人関係のときはいいのですが、結婚したりして共同生活を送るようになると、買い物をするときの価値観や金銭感覚のズレがクローズアップしそう。

仕事上では八白のほうがより現実的で、利益に結びつかないような仕事には手を出しませんし、七赤の甘さを厳しく追及してきます。友人としては気が合う相手ですが、お金の貸し借りは避けてください。

自分の本命星が 七赤金星 × 相手の本命星が 九紫火星

うわべはよくてもしっくりいかない交際。”口は禍《わざわい》の門《もん》“

九紫の人の華やかな雰囲気に惹かれて交際がスタートしそう。ただ、この組み合わせはうわべはよさそうに見えても、しっくりいきません。盛り上がりは一時的なもので、やがて考え方の違いに気づいて心が離れていくでしょう。また、あなたが九紫の人に批判的な発言をしたのが原因で、ケンカ別れする心配も。この人とうまくやっていきたいなら、”口は禍の門“を心すべきです。

仕事上では目指すところが違うため、意見も平行線に。物事をうやむやにすることは許さない九紫の人に息がつまりそう。友人としても気難しい相手です。

本命星が八白土星の人のおつき合い相性

おつき合い傾向

好き嫌いが明確で、メリットになる人とつき合うタイプ

マイペースですが、サクセス願望が強いのでよく働きます。気分にムラがあるうえに、人の好き嫌いもハッキリしていますから、交友の幅はそれほど広くありません。つき合う相手は自分の気まぐれを許してくれる人、一緒にいて自分のメリットになる人に限られそう。

自分の本命星が八白土星×相手の本命星が一白水星

感覚的に合いにくいふたり。相手の不満に気づく心配りを

出会った当初は相手の落ち着いたムードに惹かれますが、現実主義のあなたと、情に左右されやすい一白の人とでは、感覚的に合いにくいでしょう。また、一白の人は順応性が高いため、あなたの気まぐれにもある程度はつき合ってくれますが、不満に思っていないわけではありません。相手のそういった思いに気づかないまま振り回していると、あなたから離れていくことになります。

仕事上では変化や改革を好む八白の人に対して、行動のテンポが合わない一白の人はストレスを募らせることに。友人関係は少し距離を置いてつき合うのがコツ。

自分の本命星が八白土星×相手の本命星が二黒土星

信頼し、助け合えるパートナー。デートはマンネリに注意

愛情というよりは、信頼で結ばれるカップルです。価値観が一致しやすく、人生のさまざまな場面で助け合える相手。そのため、結婚後は一緒に事業を起こすようなこともあるでしょう。ただ、デートは華やかさに欠け、マンネリ傾向がありますから、流行のスポットを研究するなど、活性化の努力が必要です。

仕事では方針がすぐにまとまり、確実に成果を上げていけるベストパートナー。ただ、アイデアやクリエイティブな分野には弱いようです。友人としては最も頼りになる存在。あなたが困ったとき、すぐにアドバイスや助け船を出してくれます。

自分の本命星が八白土星×相手の本命星が三碧木星

合理的に協力できる関係。意見がぶつかったときは折れて○

どちらもハッキリと自己主張をするタイプ。お互いの人間性を認め合い、交際に発展していくパターンが多いようです。ベタベタとした恋愛モードの時間は短く、それぞれの役割分担を決めて合理的に協力し合う関係に変わっていきそう。ただ、意見が対立したときは、双方とも気の強さが前面に出て激しいバトルに。あなたが折れるか、大人の対応をしないと収拾がつかないでしょう。

仕事上では相手の能力が必要と感じたら、ビジネスライクに接して。友情は深まりにくい相手ですが、情報交換などで有意義なおつき合いができます。

自分の本命星が 八白土星×
相手の本命星が 四緑木星

憧れが失望に変わりがちな相手。ライト感覚でつき合って

社交的で如才ない四緑の人は、あなたから見て理想的な人物です。憧れに近い気持ちで交際がスタートしますが、実際につき合ってみると考え方の違いに困惑するように。四緑の人の八方美人的な態度や"ぬかに釘"の対応に、失望することもありそう。あまり相手に期待しすぎないように、ライト感覚でおつき合いするのが長続きのコツ。

仕事上では異なった性格をうまく活かして、それぞれの得意分野を担当すると、成果が上がります。友人としては衝突することもない代わりに、今ひとつ頼りにならない感じ。お互い気の向いたとき一緒に遊ぶ相手です。

自分の本命星が 八白土星×
相手の本命星が 五黄土星

友情の延長のような交際に。仕事では上下関係が明確なら吉

お互いの考えていることが理解しやすく、友情の延長のような関係です。相性はまずまずで、共通の目的があれば、さらに安定感のあるカップルに。ただ、ケンカになったときは双方とも激しく自己主張して、頑として引きません。いつまでも意地を張っていると、仲直りのきっかけを失ってしまいますから、早めに折り合いをつけるようにしてください。

仕事は、上下関係がハッキリしていれば問題ありませんが、ポストや金銭など利害関係が絡んでくると激しい攻防戦になりそう。友人としてはウマが合う相手ですが、お金の貸し借りは避けるべきです。

自分の本命星が八白土星×相手の本命星が六白金星＝感覚が似ていて尊敬できる人。仕事がうまく回る組み合わせ

最初は少しとっつきにくい感じがしても、話してみると感覚が似ていて意気投合しそうです。六白の人は理想が高く、そういった面からも尊敬できる相手。この人のためなら尽くしてもいいと思えるようになるでしょう。共通の目標ができれば、強い絆で結ばれたカップルに。ただ、金銭や物質的な豊かさばかりを求めていると、大切なことを見失いますから、欲張りすぎには注意してください。

仕事上では自然と役割分担が決まり、仕事がうまく回っていく組み合わせ。友人としては何でも相談できて、いざというときは力になってくれる人です。

自分の本命星が八白土星×相手の本命星が七赤金星＝短期間で恋が芽生える相手。生活面での責任感には不信が

恋愛感度の高い七赤は、異性としての魅力十分。レジャーなどで意気投合し、短期間で恋が芽生える組み合わせです。七赤の人と一緒にいると、人生をエンジョイすることを教えてもらえるでしょう。ただ、七赤の人は、結婚を恋愛の延長と考えているところがあり、結婚した場合にはさまざまな問題が。消費することが好きで、生活に対する責任感が希薄な七赤に、不信感を募らせることもありそうです。金銭感覚がルーズで浮気グセがあるなら、結婚は慎重に。

仕事や友人関係の場合は、あなたがリードすると同時に、世話を焼くことが多くなります。

自分の本命星が八白土星×相手の本命星が八白土星

同志のような、本質的に似た関係。気まぐれは許し合って

本質的に似ていて、多くを語らなくてもわかり合える相手です。グループ交際から恋愛へと発展していくことが多く、恋人というよりは同志といった感じのカップルに。ただし、どちらも気まぐれな面があり、お互いにそういった部分を許し合わないと長続きは難しいかもしれません。

仕事の場合はビジネスライクに接して、あまり深入りしないことがポイント。この組み合わせは、共同事業など一緒にいることが自分の利益につながる場合は結束が固いのですが、ギャラの分配などでもめやすいのが心配です。友人関係は頑固な面がぶつかり合うと大変。

自分の本命星が八白土星×相手の本命星が九紫火星

気心が通じる友人に。恋は刺激的だけれど、価値観にズレが

エネルギッシュな九紫の人は、いろいろな面で刺激になる存在です。仕事や夢などを熱く語り合ううちに、信頼感と恋愛感情が生まれてきそう。ただ、最初はいいムードでも、交際が長くなるにつれて価値観にズレが。精神論を大切にする九紫と、現実主義のあなたでは目指す方向性が違ってきます。結婚は将来についてよく話し合った上で決断を。

仕事上では、九紫のプライドの高さを理解することが、いい関係を築くポイントです。友人としては気心が通じ、頼み事もしやすい相手。お世話になったときは、心を込めて感謝の気持ちを伝えましょう。

本命星が九紫火星の人のおつき合い相性

おつき合い傾向

明るく華やかで気が短い人。ベタベタした関係は苦手

九紫火星生まれは、華やかなことが好きで明るい人が多いのですが､気が短くて飽きっぽいのが難点。人間関係もベタベタするのは苦手で、合わないと思ったらあっさり縁を切ってしまいます。知識や話題が豊富で自分の個性を認めてくれる人となら長いおつき合いに。

自分の本命星が九紫火星×相手の本命星が一白水星

火と水で難しい相性。つき合いにはお互いの寛容な心が必要に

火と水の関係ですから、相性的にはあまりよくありません。最初は自分にない面に魅力を感じますが、サバサバしたタイプのあなたと、しっとりと情緒的なおつき合いを好む一白の人とでは、なかなかうまくいかないでしょう。相手にしてみれば感情の起伏が激しく、何でもハッキリと口にするあなたに戸惑いを感じていそう。お互いに寛容さがないと難しい組み合わせ。

仕事上では職場だけならまだ何とかやっていけますが、アフター5などプライベートでもつき合いを求められると負担に。友人ならたまに会って情報交換をすると活性化します。

自分の本命星が
相手の本命星が
九紫火星×二黒土星

馴染みやすいタイプ。仕事では二黒の堅実さから学ぶものが

似ている部分は少ないのですが、意外と相性はよく、馴染みやすい相手です。趣味や勉強など知的な分野で共通の話題があると、会っていても楽しく発展的なおつき合いに。恋人同士の場合、気持ちの上ではあなたのほうがリードしても、実際の行動面では世話を焼いたり、尽くすことが多くなります。二黒の人はサービス精神は今ひとつ。マンネリ化してきたら、あなたのほうが変化球を投げるようにしてください。

仕事では堅実な二黒の人に学ぶ点が多いでしょう。二黒の友人はあなたの個性を認めてくれますから、のびのびと自己表現できそう。

自分の本命星が
相手の本命星が
九紫火星×三碧木星

行動力があり感覚が一致する相手。対立時には冷静さが大切

打てば響くような反応のよさに、出会ってすぐに盛り上がりそう。感覚的にも一致する部分が多く、一目ぼれすることも。どちらも行動力がありますから、交際の進展はスピーディーです。ただ、お互い熱しやすく冷めやすい性格のため、長続きするかどうかは疑問。さらに、意見が対立したときには、九紫はなかなか譲ろうとしません。一方、三碧の人はカッとなりやすいので、議論がエスカレートすると、そのまま破局してしまう心配も。常に冷静さを失わないでください。

仕事や友人の場合は、実益は少ないですが、意見のやりとりは活発。

自分の本命星が 九紫火星 × 相手の本命星が 四緑木星

モチベーションを上げてくれる人。一緒の仕事はスムーズ

社交的で話が楽しい四緑の人は、あなたにとって非常に魅力的な存在でしょう。また、さりげなくあなたのことをほめてくれますから、四緑の人と一緒にいるとモチベーションが上がってくるはず。ただ、言葉とは裏腹に実行力が乏しいのが四緑の人の欠点。最初はいいムードでも、だんだん相手を信頼する気持ちが薄れていきそうです。口約束が守れない人なら、結婚は見合わせたほうが無難。

仕事上ではコミュニケーションがとりやすく、計画をスムーズに進められます。四緑の人はセンスがいい人が多いので、友人ならおしゃれの相談相手に。

自分の本命星が 九紫火星 × 相手の本命星が 五黄土星

個性に惹かれ合う相性。共通の目的があれば長いつき合いに

お互いに相手の個性に惹かれ合い、恋愛関係へと発展していきそう。恋人同士のかわいいわがままくらいは許してもらえますが、基本的にあなたよりも五黄の人のほうが強情。重要な問題に関しては絶対に譲りませんから、対立してバトルになることもしばしばです。人生において共通の目的があれば長くつき合えますし、結婚してもうまくやっていけるでしょう。

仕事上では五黄が上司ならスムーズ。五黄が部下の場合は、何かと反発してくるため、使いにくくてストレスを感じそう。友人はレジャーなど利害関係のないおつき合いがおすすめ。

自分の本命星が九紫火星×相手の本命星が六白金星

プライドが高いふたり。互いに自分を抑え相手を思いやって

どちらもプライドが高いため、最初はなかなか声をかけにくいでしょう。交際がスタートしても、相手の考え方に今ひとつ共感できず、議論は平行線に。どちらかといえば九紫のほうがサービス精神は旺盛ですが、六白の人のわがままと攻撃性に愛想を尽かすことが多いでしょう。うまくやっていきたいなら、それぞれが自分を抑え、相手を思いやる必要が。

仕事では希望のポストを争ったり、成功を自分のものにしようとして対立しがちです。できるだけ、同じ土俵には上がらないのが得策。友人としても当たり障りのないおつき合いが無難です。

自分の本命星が九紫火星×相手の本命星が七赤金星

うわべだけの交際になりがち。お互いに思いやりを持って

お互いに派手好みなところがあり、恋愛はルックスから入っていくパターンが多いでしょう。遊びの恋ならそれでもいいのですが、うわべだけ整えても愛は深まりません。交際が深まるにつれて考え方の違いを感じ、しっくりいかなくなってきます。また、七赤の人はソフトムードに見えて意外と言葉にトゲがあり、それがきっかけで日頃からの不満が爆発することも。お互いに思いやりがないと、一緒に過ごすのがつらくなる組み合わせです。

仕事上では方針が合わず、ブレーキをかけ合う関係に。友人も表面的なおつき合いで終わりがちです。

自分の本命星が九紫火星×相手の本命星が八白土星

共感できるまずまずの相性。仕事面ではサポートに回ると○

息がピッタリ、というほどの名コンビではありませんが、共感できる部分が多いので、まずまず仲良くやっていけそう。あなたがサービス精神を発揮すれば、八白の人も何らかの形で感謝の気持ちを返してくれるでしょう。ただ、人生の最終目標ということになると、お互いに目指すところが違うため、難しい問題が出てきます。結婚するなら将来設計をきちんと話し合っておくこと。

仕事上では八白の人のほうが野心が強く、貪欲に働いて成果を上げていきます。あなたがサポートに回れば円満に。友人は、用事があるときだけ連絡を取り合うあっさりした関係。

自分の本命星が九紫火星×相手の本命星が九紫火星

一気に燃え上がる交際に。プライドが高く、ぶつかり合いも

個性的で情熱的なふたりですから、気が合えば一気に燃え上がります。デートは流行のスポットへ出かけるなど、華やかでアクティブな交際に。ただ、お互いにプライドが高いため、意見が合わないときは激しくぶつかり合います。一時の感情で別れないように注意。結婚生活は子育てや共通の趣味など、一緒に楽しめることがあるとうまくいきそう。

仕事上ではそれぞれにこだわりがあり、なかなか意見がまとまりません。同じ分野には手を出さないほうが無難。友人は、日頃は疎遠にしていても、会えば情報交換や近況報告で盛り上がりそう。

開運コラム❸

浄財と陰徳《いんとく》　～出して増やす運の貯金

得をすることや、ほめられることには積極的に取り組むのに、誰にも知られることのない善行は、避けて通る……。これは大なり小なり誰にもある傾向ですが、魂の向上のためには、陰ながら積み上げてゆく「陰徳」が大切です。

陰徳はいわば運の貯金のようなもので、大禍運がめぐってきたときに、目に見えない大きな力を発揮してあなたを守ってくれるのです。

多くの負のエネルギーを背負いながら、あなたの元にやってくるのが〝お金〟。奪い合うことで、さまざまな邪念がからみ合うので「因縁の紙」とも言われています。お札《ふだ》とお札《さつ》が同じ字であるのも、そのゆえんです。お金は貯め込む一方ではなく、ときには思いきり吐き出すことが大切。浄財をすることで、本当の意味で質のよい金運が身につきます。

集めたお金や社会的地位の使い道がズレると、自己満足の成り金に終わり、大運のレーンを走ることができなくなってしまいます。つまり、一代運で終わる運命の選択をすることになってしまうのです。得たものをどのように、世のため人のために役立たせるか……社会還元をすることにより、高次元のステージが約束されるのです。

第6章

九星気学による開運法

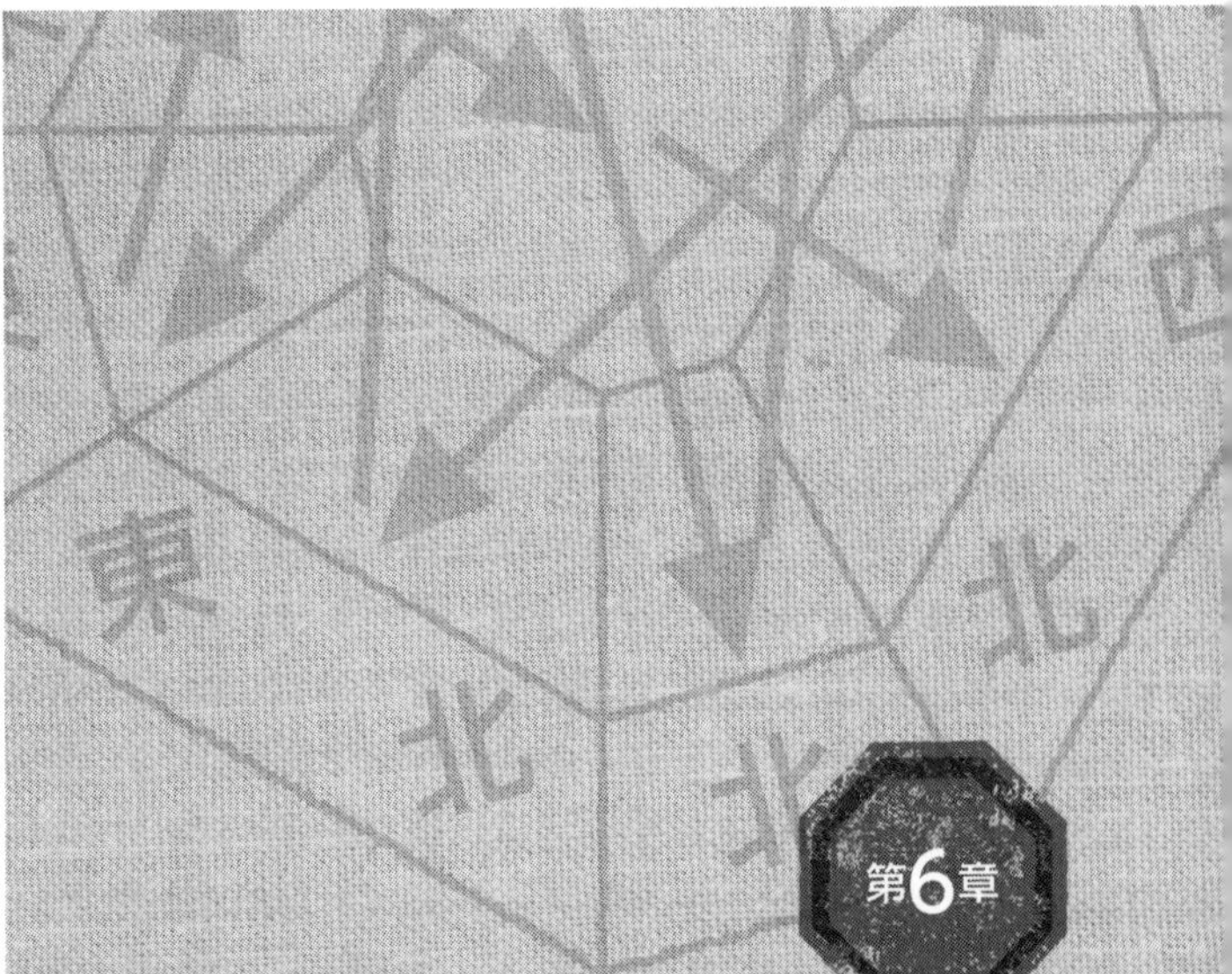

九星気学の学び始めに出会う方位学。気学の真骨頂は、そこにあると言っても過言ではありません。この章では、方位学を有効的に扱うための基本条件を頭に入れ、九星気学による開運法を身につけましょう。

プラスのエネルギーを蓄えられる吉方位の取り入れ方と開運法

九星気学は方位を主軸にして発達した占法で、吉方位と凶方位に区別されます。自分の〝気〟に合った方位（自分の本命星からみて五行の相生《そうしょう》となる方位）＝「吉方」に向かって行動すれば大きな幸福に恵まれ、七大凶殺や自分の〝気〟に合わない方位（自分の本命星からみて五行の相剋《そうこく》となる方位）＝「凶方」に向かって行動すれば悪影響が出ます。

この方位の考え方を住居に応用したのが「気学家相」と呼ばれているもので、最近ではこれを簡単にアレンジした開運法が、インテリア風水として一般に知られるようになりました。

九星気学による開運法の基本は、とにかく凶方位へ向かって行動しないようにすること、吉方があるときは積極的に吉方位へ出かけること、この二点です。

吉方位に出かけますと、自分の中にプラスのエネルギーが蓄えられていきますから、吉方位があるときには、どんどんそちらの方位に出かけるようにしたいものです。

吉方位に出かけてよい”気“を充電し、それを積み重ねることで開運につながるのはもちろん、運勢がよくない時期も比較的無難に過ごせる、という予防注射的な効果が期待できます。過去に凶方を使ってしまった人は、それを相殺《そうさい》することも可能です。

また、世の中には時々、「自分は生まれつき運がよくないから……」などという人がいますが、現在、運勢のよくない人であっても、吉方位を用いることによって運勢が好転し、必ず幸運体質に変わっていくことができるのです。

吉方と小吉方

各本命星の吉方位については３１０ページ～３１８ページの図で示しましたが、実際に用いることができるのは、年盤で吉方位であり、さらに月盤でも自分の本命星に対して吉方位となる方角です。巻末の年盤と月盤を合わせ見て、吉方位を割り出してください。

また、年盤で七大凶殺でない方位で、なおかつ月盤で自分の本命星に対して吉方位であれば、その方角は小吉方として用いることができます。

＊あくまでも年月の吉方位を選んだうえで、さらに選ぶ場合は、後天定位盤でご自身の本命星と相性のよい方位を選んでください。

引っ越しや旅行などの移動で表れる方位の影響

ここでは引っ越しや旅行など移動の際に伴う、方位の影響の表れ方について説明していきます。ある方位に向かって行動する場合、それが引っ越しならば移転して、そのままその土地に住むのですから、戻ってくることは考える必要がありません。しかし、旅行、レジャーの場合は出かけたら自宅に戻ってきますから、帰りの方位という条件が発生することになります。

方位は行きが7割、帰りが3割くらいの影響を受けますので、理想としては行きだけでなく、帰りの方位も見て旅行プランを考えるのがベターです。例えば、気学は東洋の暦を用いますから、方位が変わるのは節入りの日（291ページ参照）です。この少し前に出発する旅行ですと、帰ってくるときには節入りして方位が変わり、凶方位になっていたということがあります。旅行の期間が節入りと重なる場合は注意してください。

例） 11月6日に節が変わり、月盤が三碧中宮から二黒中宮に変わった場合。

例えば、**11月6日**に、吉方として西南の九紫へ旅行したとき。帰りは東北の六白に進むので、よいと思っていたら……

↓

11月7日の節入りで、月盤が変わる

↓

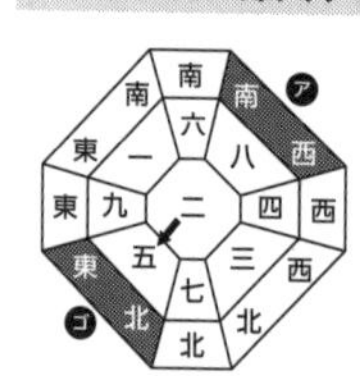

11月7日に、旅行から帰ろうとしたら、東北は五黄殺に。

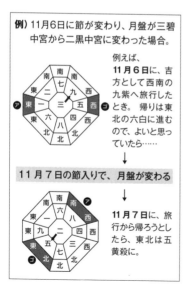

凶方は思った以上に多く、方位盤の上で凶方を消去していきますと、吉方がほんの少ししか残らなかったり、ひどいときには吉方も小吉方もないというシビアな状況に直面します。吉方があったとしても、海辺に住んでいて吉方の方角は海のみ……という場合もあるでしょう。また、自由業でもない限り、好きなときに休暇がとれるわけではありませんし、一緒に出かける人の都合や自分の体調リズムなど、さまざまな事情を考慮すると、実際のところ旅行に出かけられる日は限られてしまうと思います。

さらに、吉方取りの目的で旅行をする場合には、土用期間中を避けます（土用については298ページ参照）。そのうえ、自分にとって最高によい方位を求めたとしても、それがその土地の最もよい季節であったり、お目当てのイベントが開催される時期と一致するとは限りません。このように九星気学を実際に活用する場面では、条件を揃えて実行する難しさと直面することになります。

ですから、年盤、月盤、日盤をすべて揃えて、パーフェクトな吉方位へ旅行をするためには、前もってリサーチをし、早めに休暇を願い出るなど、十分に準備したうえで実行に移す必要があります。開運するのも、それなりに大変なのです。

現実的には、年盤、月盤ともに吉方位となる時期を選び、出発日の行き先の方位が暗剣殺や五黄殺でなく、日破が入らない日を選んで出かける、というのが最善の方法です。誰かに誘われて出かける場合も、この3つの凶方だけは避けてください。それ以外の例えば、本命殺や本命的殺といった方位については、開運の目的としてはもちろん使えないのですが、短期間の旅行くらいでしたらさほど凶意も強くは出ませんから、それほど怖がる必要はないと思います。

本来なら帰りの方位も暗剣殺、五黄殺、日破が入らない日に戻ってくるのが理想ですが、ツアーなどですと、○泊○日という日程が決まってしまっていますから、この場合は行きの方位を優先して、出発日が吉方位に向かう日を選んで出かけるのがよいでしょう。

吉方位に行った際の吉運の取り入れ方

吉方位に出かけたら、その土地で木・火・土・金・水すべての気を体に取り込むようにすると、効率よく吉方位のパワーを受けることができます。木（風）はその土地の空気を深呼吸すること、森林浴がおすすめです。火（太陽）はその土地で太陽の光（できれば朝日）を浴びること、土はその土地の地面を踏みしめる（できれば裸足で）こと、金は神社でお賽銭をあげたり、鈴や鐘を鳴らす音を聴く、といったことになります。水はその土地の温泉（できれば源泉かけ流しの露天風呂）に入る、または、湧き水をいただきます。

その土地の事情や季節などの条件によっては、なかなかこれらのすべてを実行することは難しいのですが、温泉に入ることで、ほぼクリアすることができます。

要はその土地の大気や自然を全身で感じるということが大切なのです。食事はその土地で採れた旬のものをいただくのが最上で、土産物もその土地の特産品や縁起物を買い求めるのがよいでしょう。

また、日本国内であれば、その土地の神社（できれば社務所があるような規模の大きい神社）で参拝することが開運につながります。参拝の仕方は、その神社の作法に従ってください。祈願が成就した暁には、お礼参りに行く心がけが大切です。

ここまで読めば理解していただけると思いますが、九星気学は、自然の恵みを享受することによって開運を願う学問です。自然に対する畏敬の念と感謝の気持ちを持つことを、忘れてはなりません。

吉方位へ旅行に出かける前には、家の中を掃除してきれいにしておくと、持ち帰ったよい気をスムーズに定着させることができます。忙しくて掃除をする時間がない方は、せめて玄関と、出かける方位にあたる場所（西の吉方位に出かけるなら、家の西側の部屋）を掃除しておきましょう。

実行が不可能に近い現在の「お水取り」について

なお、昔から行われている開運法で「お水取り」という方法があります。これは年盤、月盤、日盤、時盤が揃ったとき（用いたい方位の気をできるだけ混じり気なく受けられるように、一般的に初心者はお水取りでは4つの盤をすべて揃えます）に、吉方位の神社に出かけ、湧き水をいただいてきて21日間に分けて（流派によって3日間、9日間など諸説あります）飲むことにより、開運を願うのです。方法については細かな注意点がいくつもあり、これらを厳密に守って実行しなくては効果がありません。

暦と方位盤が読めるようになればわかるのですが、実際にお水取りができる日というのは、年に一、二日程度しかなく、年によっては一度も実行できないという場合もあります。湧き水があってお水取りをさせていただける神社は数えるほどしかないうえに、最近は風水ブームとやらで、年に一度か二度のチャンスに(時盤も見るのですから、お水取りができるのは決められた日の2時間以内です)何百人もの人が大挙して押しかけ、お水取りをするようになりました。こういった状況ですから、お水取りを紹介しても実行は不可能に近いため、本書では省くことにしました。

距離と時間によって変わる効果の強弱と、その表れ方

方位を用いたときのパワーは「距離×時間」に比例しますので、引っ越しが一番強い影響を受けることになります。また、マンションなどでは上の階よりも、地の気を強く受ける1階のほうが影響が大きく出ます。それぞれの方位を用いたときに表れる象意、吉凶現象については後のページで詳しく説明しますが、基本的には「後天定位のその方位の持つ意味＋《プラス》その上に重なった方位の持つ意味」がミックスされて表れます。ですから、九星象意一覧表(40～53ページ)を見て、その象意を掛け合わせて、イマジネーションを働かせれば、大体どん

なことが起きるのか予想することができます。

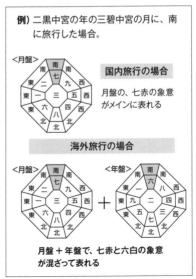

始めのうちは難しいと思いますから、それぞれの方位について、代表的な例を挙げておきましたので（「第7章　各方位を用いたときの吉凶現象」）、そちらを参考になさってください。なお、年盤と月盤が違うときに、ある方位へ引っ越した場合、まずは月盤の象意が表れ、その後で年盤の象意が表れるのが一般的です。ちなみに、国内旅行の場合は月盤のみの象意で終わってしまうことが多いようです。海外旅行の場合は月盤と年盤の象意が混ざって表れることがあります。

また、実際には道路や交通機関の事情でなかなか思うようにはいかないのですが、吉方位へはできるだけ直線コースで向かったほうが、方位のパワーをストレートに感じられます。

例）二黒中宮の年の三碧中宮の月に、南に旅行した場合。

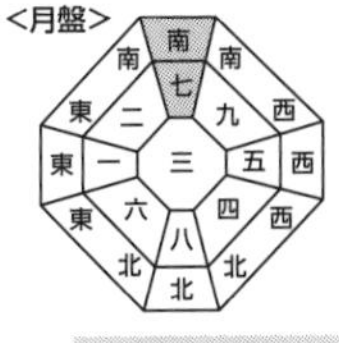

国内旅行の場合

月盤の、七赤の象意がメインに表れる

海外旅行の場合

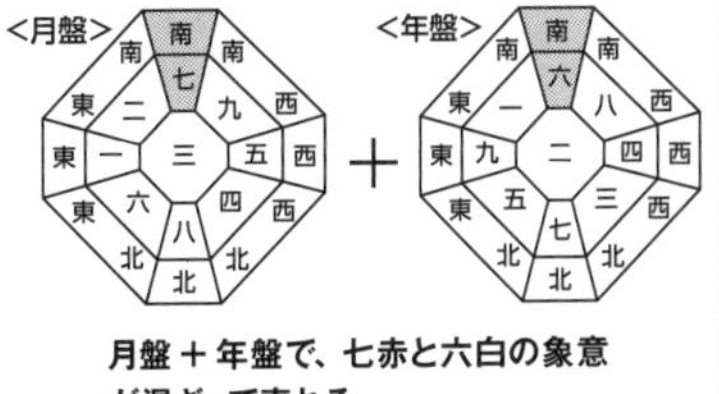

月盤＋年盤で、七赤と六白の象意が混ざって表れる

これらの象意は方位を用いた距離や滞在日数（時間）によっても、表れる現象の程度が違ってきます。例えば、「学問や芸術で名誉なことがある」という方位を吉方として用いた場合、引っ越しや海外旅行でしたら、文字通りの大きな吉現象が表れるでしょう。それが80～120キロ程度の距離で宿泊を伴う旅行であれば、もう少し内容がカジュアルになり、「趣味やカルチャーでレベルがワンランクアップした」くらいの吉現象、20～30キロ程度の距離の日帰り旅行ですと、「頭が冴えて趣味やカルチャーに集中できた、あなたの能力が目上の人にほめられた」程度の吉現象に。

また、「投資して利益が得られる」という方位を吉方として用いた場合、引っ越しや海外旅行であれば、この目的は達せられるでしょう。

それが中距離の国内旅行ですと、「ギャンブルで少し得をした、懸賞や福引きでちょっとしたものが当たった」程度になり、日帰り旅行では「ゲームで思いがけない高得点が出た」程度の現象となります。

「それなら、少しでも遠くへ……」と考えるのが人情ですが、これから吉方取りを始めようとしている人は、いきなり欲張らないことです。吉方取りは最初は近距離からトライして、徐々に距離を遠くしていくのがよいとされています。

初めて出かける場所では、その土地の気を強く受けますから、少しずつ体を慣らしていったほうが安全です。また、近距離の吉方取りをして、その方位を用いるとどんな事象が起きるのか、その方位が本当に自分に合っているのかを確認しておけば、遠方の吉方取りや引っ越しも安心して実行することができます。

また、小吉方の場合、得られる福運は小さいものですから、近場の旅行やレジャーで用いるのがよいでしょう。近距離では大した効果もないから意味がない、と思われるかもしれませんが、何事も小さな積み重ねが大切です。自宅から20~30キロ程度の距離にある温泉でも、吉方位で月盤と日盤が揃っている日に出かければ（その土地に到着して2時間以上滞在することがポイント）、日常の中で小さな吉兆が表れたり、生活によい変化があって心身ともに活性化します。

方位を用いたとき、その効果の表れ方は近い距離を用いた場合は早い時期にパッと出て終わり、遠い距離を用いた場合はジワジワと表れて（用いた方位の性質によっては早い時期に、明確に表れる場合もあります）、その効果も長く続きます。

気学の法則では、次のようになります。

一、用いた方位の九星が中宮に回座したときに吉現象が表れます。凶方を用いた場合も同じく、その九星が中宮に入るときに凶現象がめぐってきます。

例)（三碧木星生まれの人が）西南の一白を、吉方として用いた場合。

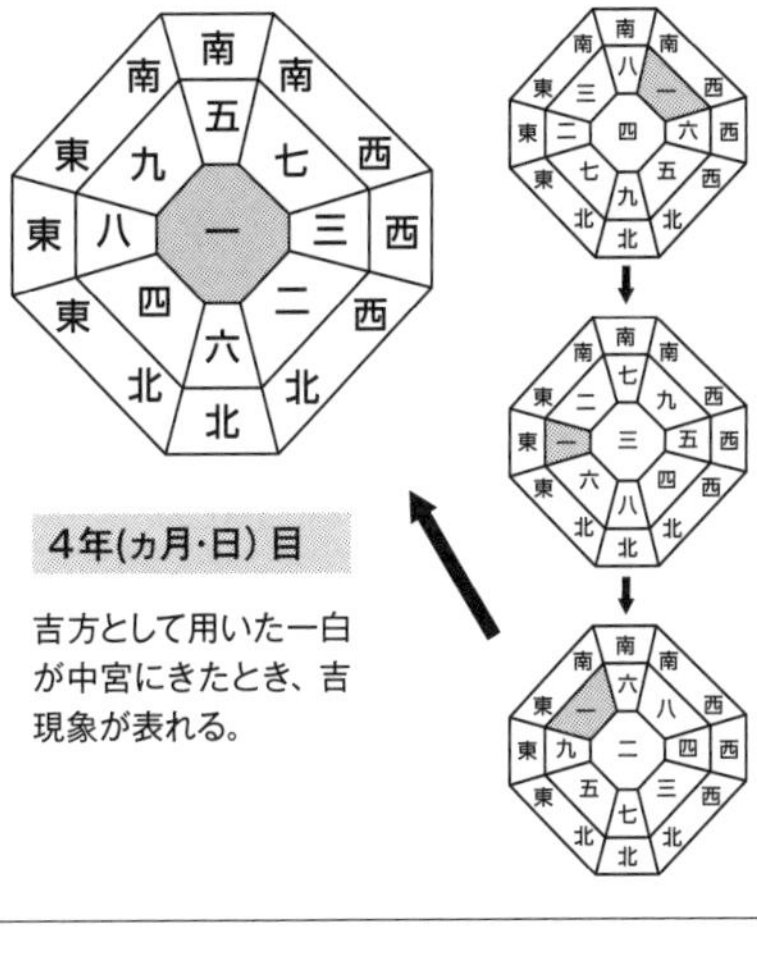

4年(ヵ月・日)目

吉方として用いた一白が中宮にきたとき、吉現象が表れる。

二、用いた方位の九星の本来の座に自分の本命星が回座したときに、用いた方位の現象が表れます。

例）（三碧木星生まれの人が、吉方として西南の一白を用いた場合。

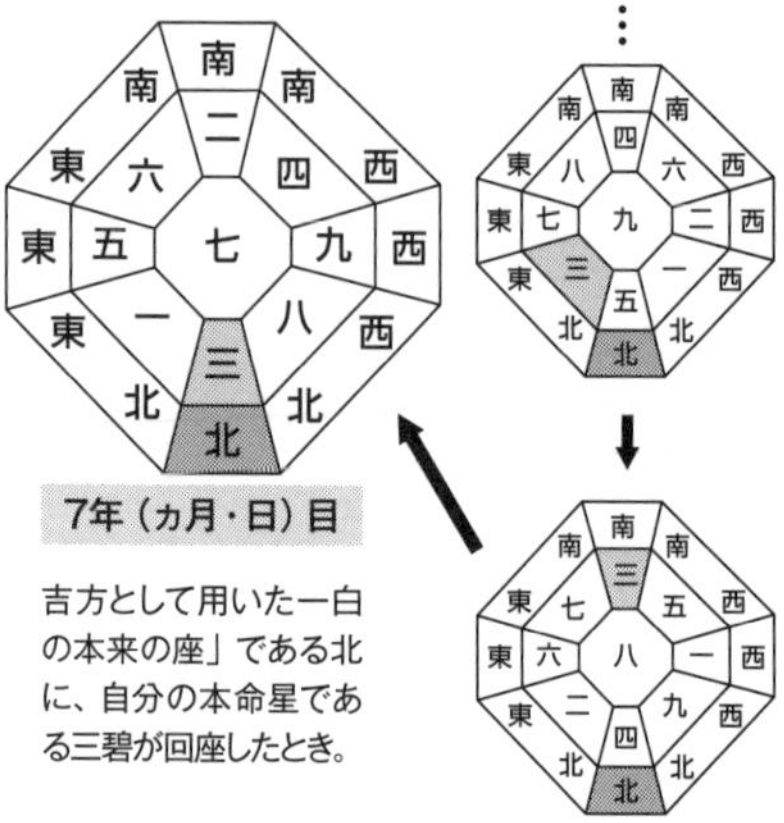
7年（ヵ月・日）目
吉方として用いた一白の本来の座」である北に、自分の本命星である三碧が回座したとき。

三、九星が一巡して、元の盤に戻ったときに、現象が表れます。

例） 三碧木星生まれの人が、吉方として西南の一白を用いた場合。

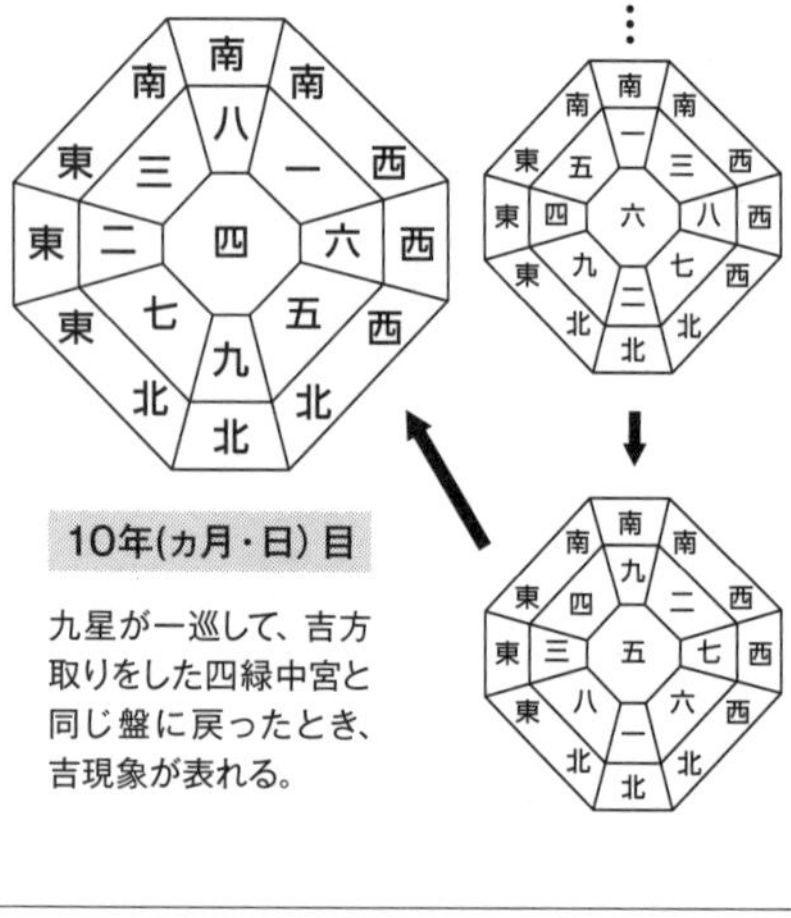
10年(ヵ月・日）目
九星が一巡して、吉方取りをした四緑中宮と同じ盤に戻ったとき、吉現象が表れる。

これを簡単に表しますと、日の吉方を用いた場合は4日目（移動した最初の日も含めます）、7

日目、10日目に表れて60日間の効果が持続し、月の吉方を用いた場合は4ヵ月目、7ヵ月目、10ヵ月目に表れて60ヵ月間の効果が持続し、年の吉方を用いた場合には、4年目、7年目、10年目に表れて60年の効果が持続する、ということになります。ここまでロジック通りに、正確に表れなかったとしても、大体1ヵ月くらいのうちには、その方位を用いた効果を実感できるような出来事があるでしょう。

各方位を用いたときの効果の表れ方と持続期間

4年（ヵ月・日）目
7年（ヵ月・日）目
10年（ヵ月・日）目
に表れて
60年（ヵ月・日）間持続。

九星気学の素晴らしさは、用いた方位の象意が確実に表れることにあります。うまく活用すれば難を逃れ、運勢を好転させ、望む開運ができるのです。それだけにロジックをきちんと勉強して、正しく用いることが大切です。

吉方を用いたり、凶方を用いても、すぐに現象が表れる人と、なかなか出ない人があります。また、同じ人であっても、そのときによって吉凶の作用の出方が違ったり、期待通りに表れなかったりします。それでも注意していれば、必ずその現象は知らない間に出ているのです。用いた方位の作用から、現象が表れるのが遅くなったり、緩やかに出たりすることがあります。よくない現象などは本人に出る前に、家族の中の運勢の弱った人に出ることもあるため、引っ越しや不動産購入はとくに気をつける必要があります。

その他、吉方位を用いたときの現象として、例えば三碧（または東）の吉方位へ旅行した後で失言をしてしまったとか、恥をかいたとか、九紫（または南）の吉方位へ出かけた後でケンカをしている人達に遭遇するなど、一見、矛盾するような出来事が起きる場合があります。「正しい方法で吉方位へ出かけたのになぜ？」と思うかもしれませんが、これは運勢のよどんでいた部分が表面化して、大掃除をしているような状態と考えるとわかりやすいと思います。

悪い要素がリセットされた後、確実に開運に向かいますので心配しないでください。

また、吉方位を用いた後はのんびり待っているだけで、棚ボタ式にチャンスが舞い込んでくると思っているとアテが外れます。吉方位を用い、しかるべき努力をした後に、真の開運が訪れるのだと心しておきましょう。

ここで、吉方位を用いた後で、どういった心構えで、どういう点を努力したらよいのかを、各方位別に記しておきます。

各方位を吉方として用いたときの効果の表れ方と心構え

●**一白水星の方位**……最初はなかなか効果が表れません。吉方であっても、悩んだり、苦しんだりした後に、徐々に喜びに変わっていきます。気長に、辛抱強く努力することが大切です。

●**二黒土星の方位**……効果はゆっくりと表れて内容的にも地味ですが、功を焦らないことです。仕事や勉強など自分に与えられた課題にまじめにとり組み、コツコツと働いたり、勉強することで開運していく方位です。

●**三碧木星の方位**……比較的早く、ハッキリ効果が表れます。しかし表面的には華やかな話が舞い込んできても、実体が伴わないことがあるため、浮足立って失敗しないようにしてください。計画は詰めをしっかりと。

●**四緑木星の方位**……効果が穏やかに表れます。人からチャンスがもたらされて開運につながっていきますから、人との連絡やおつき合いを大切にしてください。金銭や物質的なことを期待するとアテが外れます。

●**五黄土星の方位**……この方位は吉方になることがありません。

●**六白金星の方位**……効果の表れ方はスピーディー。受け身でいないで自分から働きかけたり、自主的に動くことが大切です。また、この方位を用いると傲慢になりやすいので、謙虚さを忘れないようにしてください。

●**七赤金星の方位**……効果の出方は緩やかですが、金銭や物質に恵まれるなど目に見える形で幸運がもたらされます。ただ、この方位を用いると楽しみ事が増えて、気の緩みが目立ってきますから注意が必要です。

●**八白土星の方位**……効果が比較的早い時期に、〝変化〟という形で表れます。今までやっていたことがいったん終了し、別のことがスタートしていくでしょう。変わることや改革を恐れずに何事もプラスに考えてください。

●**九紫火星の方位**……効果が早い時期にハッキリとした形で表れます。今までのよくない縁が切れて離れていきますが、一方で新たな出会いも。「去る者は追わず」の心がけが大切です。積極的に自己アピールすることが開運のカギ。書類の取り扱い、契約事は慎重にしてください。

同じ時期に吉方位が複数ある場合には、第2章「九星気学の基礎」で紹介しました吉方位の母と子の関係を利用し、〝母〟の方位を選ぶと比較的楽に開運することができます。〝子〟の方位は努力が必要になりますが、その分、あなた自身が成長し、さらに開運することができます。若い頃は積極的に〝子〟の方位を用いて、あえて苦労をすることも大切です。また、方位の吉凶現象を理解して、自分が望む運が得られる方位を選ぶのもよいでしょう。私が実践してきた感触としては、後天定位盤で自分の本命星と相生の方位を選んだほうが、よりスムーズに、ラッキーな出来事に恵まれます（吉意が自分の期待する形で表れやすいため）。

その他、東洋の暦を勉強していろいろとしくみがわかってきたら、その年の恵方（歳徳方位）や天道、生気といった吉神のついている方位を選ぶと、さらに高いパワーを得ることができます（こうしてこだわればこだわるほど、吉方位が少なくなってしまうのですが……）。

さて、これらの吉方位を用いて効果が期待できるのは、「一定の住居に45日以上住み続けている人」という前提条件があります。年がら年中、仕事で海外や日本各地を飛び回っているような生活をしている人や、アドレスホッパーなど住居の定まらない人の場合は、いろいろな方位を使いすぎて相殺されてしまうため、象意がどの時期に、どのように表れるのか、推測できないのです。また、最近は豪華客船で世界一周といった旅行が流行っていますが、これも同じような理由で、あちこちの都市を経由していきますので、どの方位を用いたのかハッキリと見定めることができません。

その他、よく質問されるのが、「家族で引っ越しや旅行をする場合は、全員が同じ九星ではないので、どうやって吉方位を見たらよいでしょうか？」ということです。この場合は、基本的にその家の主人の本命星で吉方位を見ます。

吉方取りをするにあたって、もうひとつ注意しておきたいのが、方位を用いる本人の運勢です。運勢のよいときに吉方に出かければ、楽しい旅になりますすし、旅先でもストレートに吉方の象意を実感することがあるでしょう。

しかし、本人の九星に暗剣殺と月破がついているような、運勢が非常によくない時期に吉方へ行くと、方位の強いエネルギーを受けたことが引き金となり、旅先で体調を崩してしまったり、バッドハプニングが起きやすいのです。吉方ですから、思いがけない救いの神が現れたりして、最終的には無事におさまる場合が多いのですが、たとえ大吉方へ向かうのであっても、運勢が要注意の時期なら国内で、近場の旅行やレジャーを選択するのが無難です。

最近は女性の間でパワースポットめぐりというのが流行っているようですが、どんなにすばらしい気が満ちている場所だからといって、また、その方位のその時間帯が大吉方だからといって、海外や夜間の神社や山間部など、危険な場所に女性ひとりで出かけるようなことは慎みたいものです。開運を願う気持ちはわかりますが、やはり常識は大切にしましょう。

また、南の方位は象意として「離反」の作用が出ます。ギクシャクしているカップルが南の方位に旅行したりすると、その後であっさり破局してしまったりします。既婚者の方、勤め人で現在の職業を変わりたくない方は、この方位を用いる際は十分な注意が必要です。

凶方へ行ってしまったときの対策

第2章で七大凶殺について説明しましたが、凶方の中でも最も注意し、避けなくてはならないのは、暗剣殺と五黄殺、歳破、月破の方位です。旅行やレジャーなど、自分のお金を使って出かけるのであれば、吉方を選べばよいのですし、何も好き好んでわざわざ凶方へ出かける人はいないでしょう。でも、出張など、仕事やおつき合いでやむをえず凶方へ出かけなくてはならないこともあります。

また、出張や旅行に出かけた後で、その方位が凶方だったと気づく場合もあるかもしれません。

昔から九星気学では「方違《かたたが》え」といって、悪い方角に向かう場合は前もって吉方になるような場所に移動しておき、凶意を避けるという方法が行われていましたが、スピード社会の現代においては、時間や費用の面からいっても、方違えを実践するのは難しいと思われます。

そこで、現代において実践しやすい方位除けの方法を紹介します。凶方へ行くことが分かっているのであれば、事前に神社（吉方位にあるか、または方災を除けてくれる神社）で旅行安全や方位除けの祈願をしてから出かけるのが安心です。大難が小難に、小難が無難に変わります。

もしも、知らない間に凶方へ行ってしまい、後で気づいた場合は、できるだけその節《せつ》の内に神社（この場合も吉方位にあるか、または方災を除けてくれる神社）にお参りし、祈願を行い、お札やお砂や清めの塩をお迎えして帰ります。

お札は定められた場所にお奉りし、お砂や清めの塩は自宅の四隅に撒くか、マンションの場合は小皿に盛って部屋の四隅に置いてください。お守りをいただいた場合は、出張や旅行に行く際に身につけていきましょう。前出のように日頃から吉方位へ旅行しておくのも、悪い作用を減らす効果があります。出張や旅行から帰ってきて、大体1ヵ月くらいたちましたら、お札やお守りはお迎えした神社に納めます。小皿に盛ったお清めの塩はお水に流してください。お砂やお土の場合は自宅の庭の、お迎えした方角の地面（庭がない場合は家の近所で人の迷惑にならない場所、アスファルトやコンクリートではなく、水が染みていくような地面）に返します。

凶方へ引っ越してしまった場合、一番よいのはできるだけ早い時期に吉方へ引っ越すことです。

さまざまな事情でこれが難しいときには、神社で方位除けの祈願をする他に、前出の「一定の住居に45日以上住み続ける」、という条件を逆に利用して、「45日以上連続してその住居に住まない」ことで凶意を弱くするという方法があります。

凶方に向かって行動すると、さまざまな障害に遭って物事がスムーズに運ばないことが多いものです。予約などの手配を万全にし、交通機関や現地の事情を事前にしっかりとリサーチをして出かけることが大切。車で出かけるのであれば、安全運転を心がけてください。

また、その方位の性質を調べて、例えば「胃腸病に注意」の方位であれば、生ものを口にしない、胃腸薬や保険証を携帯する、海外旅行であれば海外傷害保険に入っておくなど、考えつく限りの対策をとっておきましょう。凶方に向かっていくと、嫌なものを見てしまったり、対応が悪いなどで不愉快な思いをすることもあります。こうしたことも、事前に予測していれば落ち着いて対処することができるはずです。

凶方に出かけたとき、悪い気をできるだけ受けないようにするためには、前出の吉方位で効率よくパワーを取り入れる方法の逆を行えばよいのです。できるだけ自然に触れないようにし、お酒や食事は控え目にしましょう。

吉方を用いたときのパワーが距離×時間に比例することは前に述べた通りですが、凶方の場合も同様で、移動の距離と時間が長ければ起きる作用は重くなり、移動の距離と時間が短ければ起きる作用は軽くなっていきます。

九星気学の本で、出張や転勤など自分の意思でなく凶方へ行った場合は凶意が出にくいと書かれているものがありますが、私の研究データでは凶意が出ているケースが多く見られますので、やはり用心するに越したことはないでしょう。なお、Uターン就職などで故郷（幼い頃から自分の生まれ育った土地）に戻る場合は、たとえ凶方であっても凶意は少ないとされています。

手続きをしたとき？　実際動いたとき？　方位が発生するタイミング

ここで吉方位、凶方位、ともに方位が発生するときは「いつ」なのか、ということについて述べておきたいと思います。例えば、引っ越しをする場合、現地へ出かけて、物件を見て、気に入った場合は手付けを打ち、契約を交わし、引っ越し、という流れが一般的です。気学では「その土地と最初に縁ができたとき」を方位が発生し始めたときとみなします。ですからこの場合は、最初に現地へ出かけたときの方位が重要ということになります。

海外留学やホームステイなど、現地に出かけることなくインターネットや電話で住む場所を決めることもあるでしょう。この場合は、留学をすると決めて相手先と最初に連絡をとったときが、方位の発生し始めたときとなります。

旅行の場合、普通は旅行出発日の1ヵ月前からキャンセル料が発生しますから、その前に手配をすることが多いと思います。旅行は長くても10日くらいでしょうから、引っ越しほど厳密に考えなくてもよいと思いますが、できれば、予約の段階から(年盤で)吉方であることが望ましいでしょう。

実際の生活においては、家を建て直す場合、親が住んでいた家に引っ越す場合、引っ越さないけれど別荘を購入する場合、自分は住まないけれど投資目的でマンションを購入する場合、など、ここに書かれている以外の複雑なケースも起きてくると思います。

そういうときは、気学を習得したプロの占術士に、事前に相談されることをおすすめします。不動産は費用も高額になりますし、簡単に買い替えたりできないものですから、時間をかけて慎重に検討したいものです。

旅行やレジャーに出かけたとき、現地で表れる象意

方位を用いたとき後に起きる現象については、この後の「第7章　各方位を用いたときの吉凶現象」で述べますが、ある方位に向かっていくと、現地でその九星の象意が表れます。

「第2章　九星気学の基礎」で九星象意一覧を載せましたので、どこかへ出かけるときは行く先に何の九星が回っているかと、その九星の象意を頭に入れておくと、その象意に関する出来事や物事を体験したり、目にして「なるほど」と納得することになります。

「九星気学は迷信だ」などと言う人もいますが、

この象意を目の当たりにすると、九星気学が自然の仕組みを生かした、素晴らしい学問であることが理解できると思います。

象意については、あらかじめ意図していたことではなく、現地で自然に発生した出来事や、偶然に出会ったり、見かけたりしたもので判断します。

例えば、九紫の方位へ「火山を見学するツアー」という目的で出かけたのであれば、現地で火山を見るのは当たり前のことです。ですから、この場合に「火山を見たので、九紫火星の象意が表れた」などというのはナンセンスです。

しかし、この方位に出かけて「滅多に出ない虹を見ることができた」というのは、まさに九紫の象意が表れたことになります。

また、私は仕事柄、全国各地に出張しますが、八白土星がまわっている方位に出かけると、なぜか現地で急にスケジュールが変わるなど、予定変更を余儀なくされる事態となります。こんな思いがけない形で象意が表れることもあります。

ここで、月盤や日盤で各方位に出かけたとき、どんな出来事に遭いやすいか、よくあるパターンを記しておきます。

この象意については、吉方や凶方に関係なく表れますが、吉方であれば、楽しい出来事が多く、凶方であれば、不愉快な思いをすることが多くなります。

◇一白水星の方位

この方位に遊びに出かけると、行った先がさびれていたり、いつもは人が多い場所なのに、その時期（日）に限って閑散としていたりします。レジャーでは釣りをしたり、泳いだり、温泉に入ったりします。それほど高級な物を食べるわけではないのですが、お酒を飲んだり、食事をして、思ったより散財してしまう方位です。この方位では急に雨模様になったり、冷房が効きすぎて冷えるということがありますから、雨具や上着を忘れずに。

一白暗剣殺や破の入っている方位ですと、飲み物をこぼして洋服にシミをつけてしまったり、妙な客引きや悪い異性の誘いにのってだまされます。お酒のうえでの失敗に気をつけて。

◇二黒土星の方位

この方位に遊びに出かけると、ファミリー向けのプランやカジュアルな旅行・レジャーになります。お弁当を持ってのピクニックや、とくに目的もなくブラブラしたり、下町や地元の土産物屋さんを見て歩いたりします。一緒に出かけた人の趣味につき合わされたり、旅行ですと団体客と一緒になることも。自分より年上の女性やおばあさんに縁がある方位です。食べ物は地元の郷土料理やB級グルメ、駄菓子など安上がりですむでしょう。

二黒暗剣殺や破の入っている方位ですと、お腹をこわしやすいのでご用心。店では長く待たされたり、ひどく甘い物が出されたりします。落とし物や忘れ物にも注意が必要です。

◇三碧木星の方位

この方位に遊びに出かけると、お祭りや地元のイベントに遭遇したり、音楽の演奏を聴いたり、カラオケやダンスで盛り上がります。現地で友人ができて、おしゃべりが弾んで楽しく過ごせるでしょう。ツアーなどではよくしゃべる人たちと一緒になったりして、ずっとにぎやかです。とくに内容はないのですが、ワイワイ騒いでいるうちに終わってしまったという感じの方位です。とれたての新鮮な野菜や果物、酸味のあるものを食べます。

三碧暗剣殺や破の入っている方位ですと、議論がヒートアップして口論になりやすいので、気をつけましょう。また、勢いで衝動買いをしがちな方位ですから用心してください。

◇四緑木星の方位

この方位に遊びに出かけると、目的地に到着するまでに寄り道をしたり、遠回りをすることになります。ぶらぶらと散歩して、自然や景色を楽しむ方位です。恋人と一緒のデートでは、いいムードになり、楽しい時間を過ごせるでしょう。お店や宿泊先では、愛想よく歓迎してもらえます。遠方から来た人と友人になることも。食事は麺類や行列のできる店で食べます。

四緑暗剣殺や破の入っている方位ですと、風邪を引きやすいので用心を。初めて出かける場所では道に迷いやすく、目的地に到着するまでに疲れてしまいます。子どもを連れて行く場合は、迷子に注意を。強風や嫌な臭いに悩まされたりします。

◇五黄土星の方位

この方位に遊びに出かけると、渋滞にはまったり、乗り物のトラブルなどで現地までスムーズに到着することができません。無事に着いたとしても、施設の閉鎖や臨時休業などでガッカリさせられます。行列に長時間並んだのに、目的を達成できないということも。また、行く先々で無愛想な対応をされて、不愉快な思いをするでしょう。

食運にも恵まれず、あまりおいしくない物を食べるハメに。下痢など急に体調を崩すこともあります。買い物は欲しい物が売り切れていたり、粗悪品を買わされます。偶然に嫌なものや汚いものを目撃したり、延々と愚痴を聞かされるなど疲れることが続いて、ひどく消耗します。

◇六白金星の方位

この方位に遊びに出かけると、リッチでゴージャスな旅になりますが、予算オーバーになりがちです。また、いろいろと予定が多くて忙しいスケジュールに。サイクリングやゴルフなどスポーツをしたり、スポーツ観戦、ギャンブルを楽しむ方位です。社会的地位の高い人と出会ったり、神社・仏閣めぐりをします。なぜか、犬をよく目にするでしょう。高級レストランや料亭で料理を食べたり、ブランド品、高級な品物を買うことになります。

六白暗剣殺や破の入っている方位ですと、まず交通事故やスポーツ中のケガに注意しなくてはなりません。神社や仏閣が修復中だったりします。賭け事で大損することも。

◇七赤金星の方位

この方位に遊びに出かけると、遊園地などのレジャー施設で遊んだり、カラオケや趣味に関したことで楽しみます。レジャー三昧をして華やかなのに、なぜかちょっぴり不足を感じる方位です。飲んだり食べたりする機会も多いのですが、それほど高級な料理とは縁がありません。食事に鶏料理や卵料理が出たり、思わぬ場所でニワトリを見かけたりします。お酒はつい飲みすぎる傾向に。宿泊先の近くに繁華街があったり、風俗産業の看板を目にします。

七赤暗剣殺や破の入っている方位ですと、夜遊びをして女性にだまされたり、金銭トラブル、口論やケンカが発生します。暴飲暴食、食中毒のほか、乾燥した空気でノドを痛める心配が。

◇八白土星の方位

この方位に遊びに出かけると、乗り物の乗り継ぎをしたり、予定を変更することが多くなります。途中で気が変わって目的地を変えたり、標高の高いところや展望台へ行くことがあるでしょう。ニューオープンの施設、または閉店セールを目にする方位です。知人や同郷の人と一緒になったりします。食事は牛肉がメインの料理を食べます。お天気はコロコロと変わりやすいので、晴れても雨でも対応できる装備をしていくのが安心。セットになった物を買います。

八白暗剣殺や破の入っている方位ですと、乗り物が遅れたりして、乗り継ぎがうまくいきません。手や足をケガしたりします。登山は遭難しやすいので、十分に注意してください。

◇九紫火星の方位

この方位に遊びに出かけると、観光地を巡ったり、展覧会、美術館や博物館を見て回ることがメインの旅行となります。宿泊先や飲食店では感じのよい人が応対してくれるでしょう。天候には恵まれることが多く、たとえ雨でも晴れ間が出たりします。晴天なら日差しが強くなりますから、帽子や日傘、日焼け止めを持っていくことをおすすめ。一緒に行った人とはぐれたり、別行動をとることがあります。食事は洋食やカニ料理を食べます。

九紫暗剣殺や破の入っている方位ですと、意見の違いから一緒に行った人とケンカになります。しかも二度、繰り返すことに。食事は火が通りすぎていて、味覚に合いません。

九星気学の健康への上手な活用法

九星気学では病気は凶方を用いたり、凶相の家に住むことで起きると考えます。ですから、健康で過ごしたい人は日頃から吉方を用い、吉相の家に住むようにするのが最善の方法といえます。ここでは九星気学を健康に活用する方法を紹介します。

九星象意一覧をご覧いただくと、お気づきになる方もいらっしゃるかと思いますが、九星気学の健康に対する考え方は東洋医学がベースになっています。一白水星に耳と腎臓が分類されているのは、東洋医学では、これらがつながっていると考えられているからです。同じ「めまい」でも、メニエール病は耳や腎臓に関連して起きますから一白水星の症状で、偏頭痛から起きる「めまい」は六白金星の症状で、脳に疾患があって起きる「めまい」は九紫火星の症状とみます。

先に述べたように、九星にはそれぞれ身体の部位と病気に関する象意が決まっています。ですから、その象意をよく理解して、例えば胃腸の調子がよくない人は、二黒土星が吉方位になるときに、その方位を用いればよいのです。ただ、二黒土星の方位を吉方位として用いることができるのは、本命星が五黄土星、六白金星、七赤金星、八白土星、九紫火星の人で、一白水星、二黒土星、三碧木星、四緑木星、の人は吉方位になりません。

この場合には二黒土星の後天定位（本来の位置）である西南方位に吉方が回ったときに、この方位を用いれば同じ効果が期待できます。

ただ、方位は万能ではありません。吉方位へ出かけたからといって、それだけで病気が全快するというものではないので、吉方位を用いると同時に、きちんと病院で治療を受けることが大切です。

症状がなかなか改善しない人は、吉方位を用いることにより名医とめぐり会うことができたり、よい薬や自分に合った健康法が見つかります。基本的な気力や体力を高めつつ、環境など、側面からサポートしてくれるのが方位の効果なのです。

凶方を用いたとき、暗剣殺の場合はケガや痛み、炎症を伴う病気などハッキリとした形で表れ、五黄殺の場合は、ジワジワと症状が進行していく病気になります。

ここで、代表的な病気や症状によい方位を紹介します。詳しい病名や身体の部位については九星象意一覧（40～53ページ）をご覧ください。

◆一白水星（または北）の方位

この方位の吉方を用いると、血行がよくなりますから、冷え性や血行障害の人におすすめです。また、不眠症の人はよく眠れようになります。婦人科系、痔、耳の病、貧血や糖尿病、腎臓の病気によい方位です。

◆二黒土星（または西南）の方位

この方位の吉方を用いると、胃腸など消化器全般の病気に効果があります。また、神経が休まるので血圧も安定します。病後で体力の落ちている人、やせている人は食欲が出て、徐々に体力が戻ってきます。

◆三碧木星（または東）の方位

この方位の吉方を用いると、まず気力が回復します。ストレスがたまってイライラしている人にもおすすめ。また、喘息や呼吸器系の病気に効果があります。肝臓の病気や神経痛の改善も期待できます。

◆四緑木星（または東南）の方位

この方位の吉方を用いると、腸の働きがよくなり、身体全体の調子が整ってきます。よく風邪を引く人は、この方位を用いると風邪を引きにくくなります。

◆五黄土星の方位

この方位は五黄殺で、吉方になることがありません。

◆六白金星（または西北）の方位

この方位の吉方を用いると、頭痛やめまいが改善されて頭がスッキリします。また、六白金星にはもともと「健康」という意味がありますから、特に病気ではないけれど何となく不調を感じている人や体力アップを望む人におすすめの方位です。

◆七赤金星（または西）の方位

この方位の吉方を用いると、肺に関する病気、女性の生理不順に効果があります。また、これから歯の治療をしようと考えている人や、口腔疾患にもよい方位です。

◆八白土星（または東北）の方位

この方位の吉方を用いると、腰痛や関節炎、リウマチや肩こりが改善されます。また、病気の進行が止まり、徐々に快方へと向かっていき、転地療養にもよい方位です。やせていて太りたい人は、この方位を用いると健康的に太ってきます。

◆九紫火星（または南）の方位

この方位の吉方を用いると、目の病気、心臓疾患や脳疾患に効果があります。また、頭痛が軽くなり、高血圧の人は血圧が安定します。病気の治療に薬を飲んでいる人は、薬がよく効いて症状が改善に向かいます。美容目的にもおすすめの方位です。

体調を崩したときや、診断や治療、入院をする場合は、吉方位の病院を選ぶと適切な診断や治療を受けることができ、回復が早まります。軽い症状であれば、月盤の吉方位を選べばよいのですが、重い症状の場合は年盤、月盤ともに吉方位となる病院を選んだほうがいいでしょう。病院へ行く場合、一番最初に予約をしたり、診察に行く日が吉方位となるように選んでください。

以前からかかりつけのお医者さんが決まっている場合は、診察に行くときに凶方位であっても、問題ないとされています。急病の場合は、あれこれとこだわっていては、時間がたって症状が悪化してしまいますから、この場合は年盤、月盤、日盤で暗剣殺や五黄殺の方位だけは避けて、病院を選んでください。

他のテーマに九星気学を応用して開運する

九星気学は健康だけでなく、他のテーマにも応用することができます。恋愛のチャンスを得たい人は、四緑木星（または東南）か七赤金星（または西）の吉方位を用いればよいですし、金運アップを願う人は、七赤金星（または西）か八白土星（または東北）の吉方位を用いると増収や臨時収入が期待できます。

また日常生活の中では、訪問すると歓迎してもらえる方位というものがあります。友人宅へ行く場合は、その友人の家が自宅から見て、四緑木星、八白土星、九紫火星の方位が回っている日に訪問すると（この場合は「歓迎」という象意として表れるので、本人の本命星にとって吉方かどうかは関係ありません）、非常に気持ちよくもてなしてもらえます。

例）友人宅が自宅から見て西北にある場合。

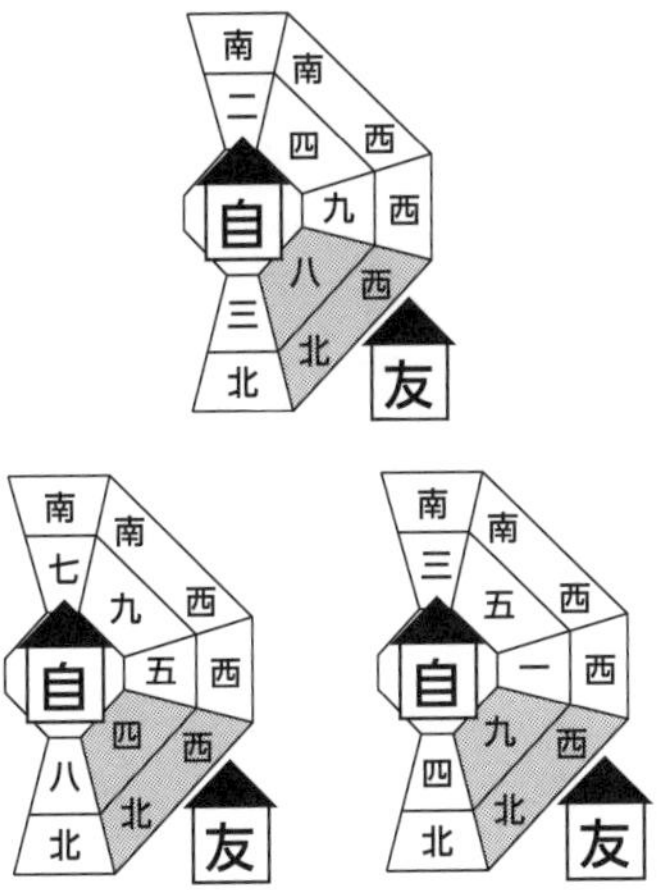

暗剣殺や五黄殺、日破など凶方が回っている日に訪問すると、いつもは歓迎してくれる人であっても、その日に限ってタイミングが悪くて留守だったり、ちょうど外出するところだったりします。忙しそうにしていたり、愚痴や悩みやトラブルに関する話を聞かされるなど、あまり歓迎ムードではないでしょう。

ショッピングは暗剣殺や五黄殺、破の入っている方位を避けたうえで買うようにすれば、失敗がありません。「同じメーカーの同じ商品であれば、どの方位で買っても同じじゃないの？」と思われるかもしれませんが、九星気学では凶方位で購入した物とは縁がないとみます。せっかく買っても、すぐに汚したり壊れてダメになってしまうので、同じ品物であっても吉方位で購入することをおすすめします。

車など何年も使用するものは年盤、月盤、ともに吉方を選び、ワンシーズンもってくれればよいようなものでしたら、月盤の吉方を、食べ物や消耗品は、日盤の吉方を選べばよいでしょう。

また、通信販売やネットショッピングでは、受付センターと配送センターの2ヵ所の方位が発しますが、この場合は、主に配送センターの方位を重視します。


方位を見て行動するようになると、失敗や無駄な動きが減りますから、精神的なストレスも軽減されます。もっとも、方位にこだわりすぎると、誘われても「方位が悪いから行かない」などと言うようになり、友達をなくしてしまう心配もありますが……。実際の生活の中では、仕事や先方の予定などで、方位や日を選ぶことができないという場合のほうが多いと思います。

だからこそレジャーや旅行など、自分で行き先を決めることができるときには、できるだけ吉方に出かけて、よい気をチャージしておくことが大切なのです。

第7章

各方位を用いたときの吉凶現象

各方位を用いたときに起こる、
吉凶現象をまとめました。
自分の望む吉意を持つ方位を取り入れ、
開運してください。
もし凶方として使ってしまったら、
起こりうる凶現象を予測して、
態勢を整えましょう。

方位を用いたときに表れる吉運・凶運

「方位を用いたとき」というのは、引っ越しや旅行、出張、入院など、自分の体がある方位に向かって移動したときや、家屋新築、マンション購入、会社や事務所の移転や開設など、不動産を取得したときのことを指します。

そして、文中で「吉方として用いた場合」とあるのは、本命星にとって相生の方位（相性のよい方位）を使用したということで、「凶方として用いた場合」とあるのは、第2章で解説した「七大凶殺」の中の五黄殺と暗剣殺以外の凶方位や、本命星にとって相剋の方位（相性のよくない方位）を使用したということを意味しています。

これらの吉凶現象が起きる時期については、第6章の中で説明していますので、そちらをご覧ください。また、凶意の強さについては第2章（33ページ）に記述があります。

この章で取り上げている、誰にでも・いつでも凶になる方位について

●五黄殺・暗剣殺の方位は、誰にとっても凶方位です。

●本書において、対冲殺は、「北の九紫」「南の一白」が、よい作用を期待できない凶方位とし、「東の七赤」「東南の六白」「西北の四緑」「西の三碧」が、吉方として用いたとしても、よい作用は一時的なものだとしています。

なお、五黄土星が中宮する（中央の座に入る）年・月・日については、たとえ吉方位を選んでいても、引っ越しや建築は避けたほうが無難でしょう（コラム239ページ参照）。

一白水星の方位を用いたときの吉凶現象

北の一白

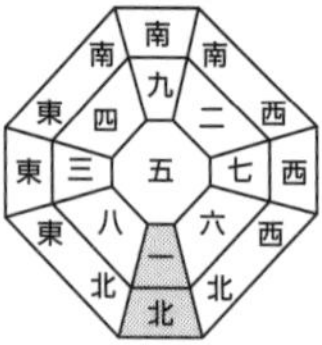

五黄中宮の年・月に吉方として北を用いた場合

知恵が働くようになり、秘密の交際や取引で利益を得ます。友情の復活があり、また、子宝に恵まれるなど、子孫繁栄が望める方位でもあります。ただ、凶方として用いた場合は、足元をすくわれて苦境に陥ることに。盗難や詐欺、失恋や水難にも注意が必要です。

西南の一白

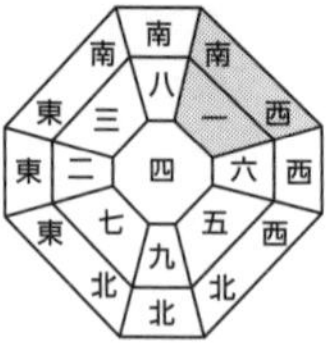

四緑中宮の年・月に吉方として西南を用いた場合

仕事が見つかったり、内助の功で仕事がうまくいきます。たとえ苦労があっても、後には幸福を得られる方位です。ただ、凶方として用いた場合は怠けがちになり、失業する暗示が。経営者や管理職の人は部下が働かなくなります。夫婦の不和も心配。

東の一白

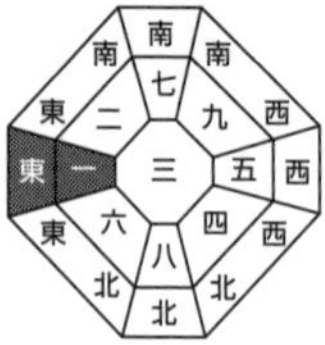

三碧中宮の年・月に東を用いた場合

●東の一白は暗剣殺がつき、誰にとっても凶方位となります。この方位を用いると、不純な交際が生まれたり、恋愛トラブルやストーカー被害で悩むことに。失言が信用問題に発展したり、口約束を信じた失敗、雇用主とのもめ事も。火難やネット詐欺にも注意。

東南の一白

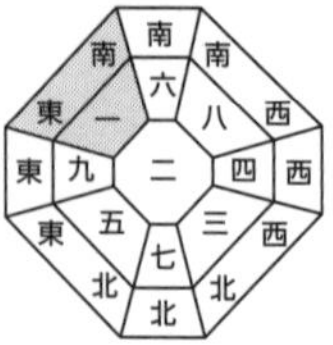

二黒中宮の年・月に吉方として東南を用いた場合

信用がアップして新しいビジネスチャンスが生まれたり、取引きが成立します。遠方の友人が訪ねてくるなど交友関係が活発になり、未婚者には縁談や紹介の話があるでしょう。凶方として用いた場合は、妬まれたり、異性問題で窮地に立たされます。

西北の一白

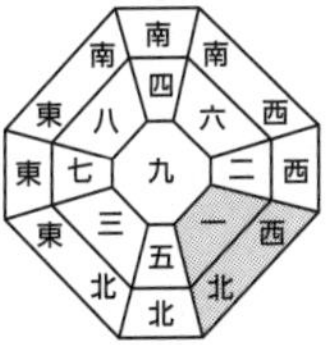

九紫中宮の年・月に吉方として西北を用いた場合

アイデアが湧いてきます。目上の目に留まり、いい仕事に恵まれたり、基盤を作ることができる方位です。凶方として用いた場合は変に自信がつき、大きな事業や相場に手を出して失敗します。

また、仕事で重責を負わされることも。事故やケガにも注意。

西の一白

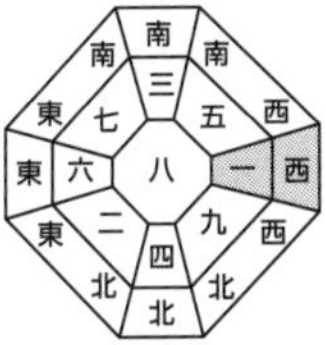

八白中宮の年・月に吉方として西を用いた場合

金銭面の融通がスムーズになります。また、男女関係が深まり、愛情が育まれる方位でもあります。趣味で交友の輪が広がり、飲食の機会が増えることも。凶方として用いた場合は資金繰りに苦労したり、遊びすぎて浪費することに。誤解や口論、失恋が心配です。

東北の一白

七赤中宮の年・月に吉方として東北を用いた場合

親しい人からの援助や協力が期待できます。副業で貯蓄が増えるでしょう。方針転換をはかることで、事態が好転します。ただ、凶方として用いた場合は、改革や裏工作をして失敗することが。また、面倒な世話事を頼まれたり、親族のもめ事に巻き込まれます。

南の一白

六白中宮の年・月に南を用いた場合

●**南の一白は対冲となるため、よい作用は期待できません。**一時的に慶事があったり、名誉を得たとしても、後になって秘密が露見するなどで窮地に陥ります。わがままや気まぐれで親しい人と争いを起こし、人が離れていく暗示も。なくし物にも注意が必要です。

二黒土星の方位を用いたときの吉凶現象

北の二黒

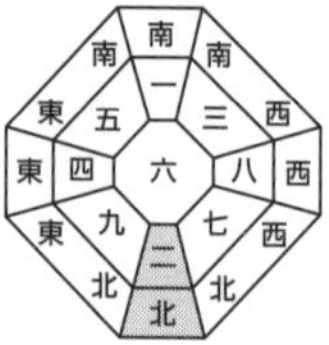

六白中宮の年・月に吉方として北を用いた場合

よい部下に恵まれて仕事の効率がアップします。また、古い知人に会って旧交を温めることがあるでしょう。副業で収入が増えたり、計画の準備が順調に進みます。凶方として用いた場合、計画は頓挫し、労多くして功少なしの結果に。持病の再発にも注意。

西南の二黒

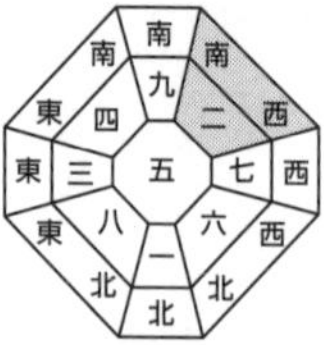

五黄中宮の年・月に吉方として西南を用いた場合

就職が決まります。気力が出てきて、目標が定まり、勤勉になる方位です。また、古い問題や人間関係からチャンスが生まれるでしょう。目的は着実に実行できます。ただ、凶方として用いた場合は、怠け癖がついて評価がダウンしたり、営業成績が下がります。

東の二黒

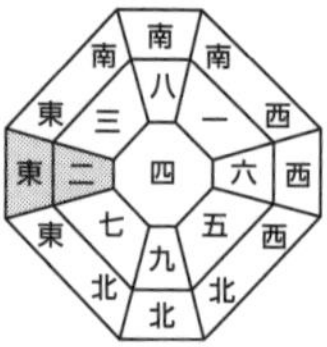

四緑中宮の年・月に吉方として東を用いた場合

努力が報われて目的を達成することができます。自分の能力や才能を伸ばすのによい方位です。宣伝や広告がうまくいったり、目上の女性の援助を得られるでしょう。凶方として用いた場合は、勇み足や失言で失敗します。約束は破られてしまう暗示があります。

東南の二黒

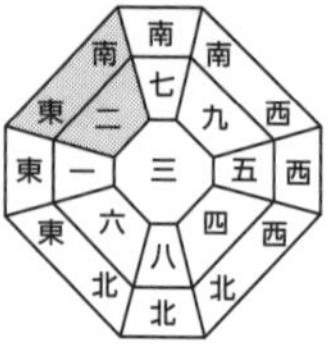

三碧中宮の年・月に東南を用いた場合

まじめに働いて信用を得られます。目上の女性が力になってくれるなど、協力者に恵まれる方位です。就職活動がうまくいき、男性はよいパートナーが見つかるでしょう。一方、凶方として用いた場合は、交渉事が不調に終わったり、決まっていた話が破談に。

西北の二黒

一白中宮の年・月に吉方
として西北を用いた場合

活動的になり、大きな仕事やチャンスに恵まれます。目上の人や先輩の援助で仕事が順調に進むでしょう。スポーツの試合で勝利したり、記録が伸びることもあります。凶方として用いた場合は企画がボツに。目上の人ともめたり、ギャンブルで損をします。

西の二黒

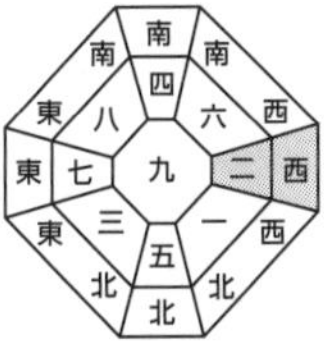

九紫中宮の年・月に吉方
として西を用いた場合

堅実的な方針をとり、金融面がよくなります。まじめな人と恋愛のチャンスが生まれたり、同窓会などで旧交を温める機会が。凶方として用いた場合は出費がかさみ、金銭的に苦しくなります。部下の不満が表面に出たり、孤立する暗示も。疲労に注意。

東北の二黒

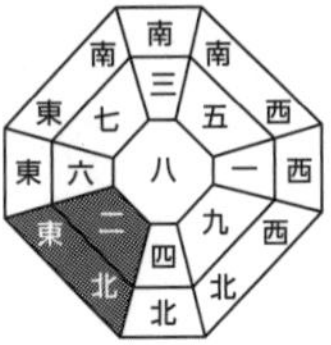

八白中宮の年・月に東北
を用いた場合

●東北の二黒は暗剣殺がつき、誰にとっても凶方位となります。離職することになったり、商売の不振から転業する暗示が。また、家族や親族に関した悩みや遺産相続などのトラブルが発生します。古い事件が蒸し返され困惑することも。登山をする人は遭難が心配。

南の二黒

七赤中宮の年・月に吉方
として南を用いた場合

精神的に安定して、学問や研究が進みます。また、古い書籍や資料からの発見も。宣伝の効果が出てきたり、芸術で認められることがあるでしょう。昔買った株や証券で利益を得られます。凶方として用いた場合は、仕事でリストラにあいます。書類の不備で損失する可能性も。

三碧木星の方位を用いたときの吉凶現象

北の三碧

七赤中宮の年・月に吉方として北を用いた場合

裏工作や秘密の交渉事が成功します。予想外の出来事をチャンスにつなげることが可能になります。また、部下の協力を得やすくなります。凶方として用いた場合は、不純な交際が生まれたり、詐欺に引っかかる暗示が。計画は途中で中止になるでしょう。

西南の三碧

六白中宮の年・月に吉方として西南を用いた場合

堅実性が出てきて、方針が定まります。歴史や昔のものに学ぶとヒントを得られそう。また古い知人と再会することがあるでしょう。ただ、凶方として用いた場合は仕事が忙しいのに収入が増えず、やる気をなくす暗示が。騒音問題に悩まされることもあります。

東の三碧

五黄中宮の年・月に吉方として東を用いた場合

アイデアが浮かんだり、忘れていたことを思い出します。また、自己アピールやトークがうまくなり、注目されたり、人気が上がるでしょう。楽しい出会いに恵まれる方位です。凶方として用いた場合は、虚言にあい、損失を被ることが。軽率な言動で失敗します。

東南の三碧

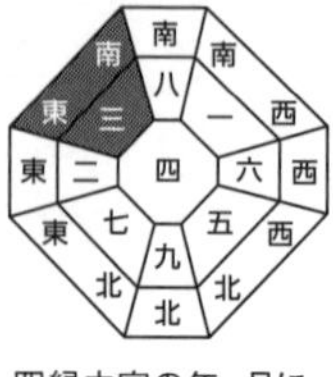

四緑中宮の年・月に東南を用いた場合

●東南の三碧は暗剣殺がつき、誰にとっても凶方位となります。口論やもめ事が起きて信用を落としたり、悪い噂が立つ心配もあります。また、人の口車に乗せられて失敗することが。破局を迎えることも。恋愛や縁談に思わぬ障害が表れ、火事やヤケドに注意が必要。

西北の三碧

二黒中宮の年・月に吉方として西北を用いた場合

積極性が出て活動的になります。時代感覚が優れて、いい仕事ができるでしょう。目上の人の引立てで重要なポストに抜擢されます。また、スポーツでは記録更新も。ただ、凶方として用いた場合は大勝負に出て失敗します。失言をして、目上の人からの信用がダウンすることも。

西の三碧

一白中宮の年・月に吉方として西を用いた場合

西の三碧は対冲殺となるため、よい作用は一時的なものになります。吉方として用いた場合は、音楽に関してラッキーが。また、社交的になり会話が弾みます。凶方として用いた場合は、言葉の行き違いから友人と不仲に。約束が破られたり、金銭トラブルの発生も。

東北の三碧

九紫中宮の年・月に吉方として東北を用いた場合

話術が巧みになり、話し合いがスムーズにいきます。改革が成功したり、行きづまった事態が好転する起死回生の方位です。親族からのアドバイスが役立ちます。凶方として用いた場合は、何事も後手に回って物事が停滞する暗示が。親族との不和も心配です。

南の三碧

八白中宮の年・月に吉方として南を用いた場合

勘が冴えて、よいアイデアが浮かびます。才能が認められたり、発明や発見をして評価を得られるでしょう。また、疎遠になっていた友人から連絡があります。凶方として用いた場合は、隠し事が発覚して苦しい立場に。訴訟問題やもめ事に巻き込まれます。火難に注意。

四緑木星の方位を用いたときの吉凶

北の四緑

八白中宮の年・月に吉方として北を用いた場合

社交性がアップしたり、ネットを通じて人脈が広がります。努力の末に信用を得られる方位です。部下のよいフォローで仕事がうまくいくでしょう。秘密の恋愛のスタートも。凶方として用いた場合は、個人情報が漏洩したり、決断力不足でチャンスがフイに。

西南の四緑

七赤中宮の年・月に吉方として西南を用いた場合

まじめに働いて信用がアップ。よい仕事に恵まれたり、営業成績が上がります。また、目上の女性から異性を紹介されたり、懐かしい友人と旧交を温める機会もありそう。凶方として用いた場合は信用を失い、仕事に支障をきたします。面倒な世話事を頼まれることも。

東の四緑

六白中宮の年・月に吉方として東を用いた場合

人気や信用が高まります。また、情報力がアップして新たなチャンスをつかむことができそう。遠方からは発展的な話が。縁談や恋愛は順調で、進展が望めます。凶方として用いた場合は、焦りから迷いが出る暗示。謀略にかかって苦境に陥ります。

東南の四緑

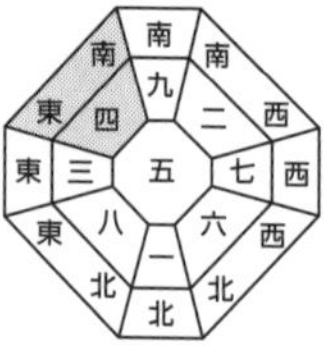

五黄中宮の年・月に東南を用いた場合

信用が増して、取り引きや仕事の依頼が増えます。営業がスムーズにいき、商談が成立。紹介で良縁にも恵まれるでしょう。ただ、凶方として用いた場合は、物事が話だけで終わったり、約束が果たされません。迷いからの判断ミスも。恋愛は不信感が芽生えて破局します。

西北の四緑

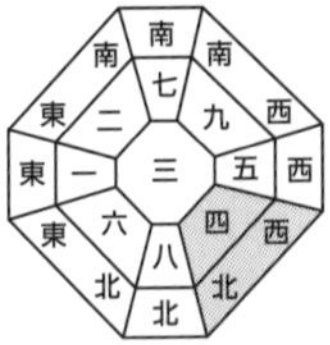

三碧中宮の年・月に吉方として西北を用いた場合

西北の四緑は対冲殺となるため、よい作用は一時的なものになります。吉方として用いた場合は新しい企画がスタートしたり、遠方から大きな取引が舞い込みますが、その勢いはしだいに先細りに。凶方として用いた場合は、ライバルが出現したり、計画が頓挫します。

西の四緑

二黒中宮の年・月に吉方として西を用いた場合

財運に恵まれ、資金繰りがスムーズになります。遠方からお祝い事のニュースがもたらされるでしょう。趣味の充実もあります。また、恋愛が成就したり、結婚話が具体化しそう。凶方として用いた場合は、恋愛問題で信用が低下したり、浪費癖がつきます。

東北の四緑

一白中宮の年・月に吉方として東北を用いた場合

方針を転換したり、改革を断行してよい結果を得られる、起死回生の方位です。親族からは縁談が持ち込まれそう。一方、財テクに励むことで、貯蓄が増えます。凶方として用いた場合は改革で失敗が。信じていた人に裏切られたり、契約が破談に。貯蓄は目減りします。

南の四緑

九紫中宮の年・月に南を用いた場合

●南の四緑は暗剣殺がつき、誰にとっても凶方位となります。文書や契約書の不備からトラブルになる暗示。株で損をしたり、隠し事が発覚します。訴訟問題や警察沙汰の心配も。噂話で人間関係に不協和音が生じます。失恋や離別の悲しみ、火難やガス中毒にも注意。

五黄土星の方位を用いたときの凶運現象

五黄土星が回っている方位は、誰にとっても五黄殺の大凶方位となります。五黄殺の凶意は内部からジワジワと崩壊するように作用し、自ら災いを招いて自滅に向かいます。暗剣殺とともに、五黄殺の方位は絶対に用いないことです。

北の五黄

九紫中宮の年・月に北を用いた場合

北の五黄殺を用いると、信じていた人に裏切られたり、物事が足元から崩れていきます。悪縁や悲恋で苦しむ方位です。

西南の五黄

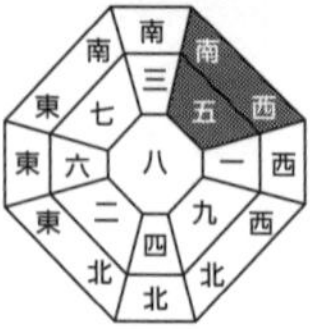

八白中宮の年・月に西南を用いた場合

西南の五黄殺を用いると、営業成績が落ち、失業する暗示。よき相談相手を失ったり、家庭内のことで心労が増えます。

東の五黄

七赤中宮の年・月に東を用いた場合

東の五黄殺を用いると、計画に挫折、目的を失って自暴自棄になります。若い人は非行に走る暗示。火難にあいます。

東南の五黄

六白中宮の年・月に東南を用いた場合

東南の五黄殺を用いると、不名誉な噂が立ち、信用を失います。商談や縁談はこじれて不成立に。親友と絶交します。

西北の五黄

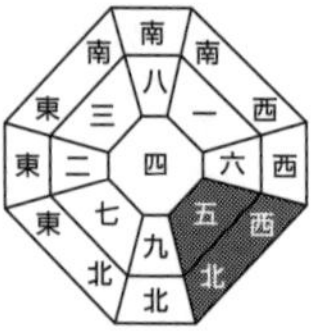

四緑中宮の年・月に西北を用いた場合

西北の五黄殺を用いると、後ろ盾を失います。予算超過で赤字財政に。過労で倒れたり、病気をします。事故にも注意。

西の五黄

三碧三碧中宮の年・月に西を用いた場合

西の五黄殺を用いると、金銭トラブルが起きます。浪費や盗難にも注意。夜遊びや情事に溺れて身を滅ぼす方位です。

東北の五黄

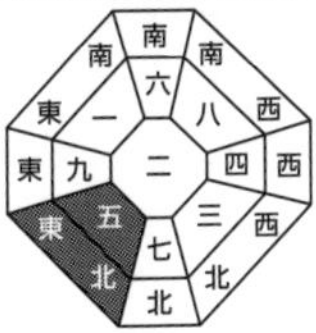

二黒中宮の年・月に東北を用いた場合

東北の五黄殺を用いると、すべての面で行きづまります。家族が反目し合ったり、遺産相続や不動産問題が起きる方位。

南の五黄

一白中宮の年・月に南を用いた場合

南の五黄殺を用いると、訴訟問題が起きて、不利な立場に。秘密が暴露されて名誉が傷ついたり、人が離れていきます。

最盛と退気を合わせ持つ特殊な星・五黄土星

五黄土星は、八方位中央の座に位置する土性星で、八方を他の星で囲まれています。その作用は余りにも強烈で性情も特殊なため、他の八つの星とは異なる特別な星として考えられることもあります。それは、いくつかの理由が挙げられますが、まず五黄土星はすべての星の要素を複合的に持っている、運気においては最強の星である、何事も中心となることが暗示される……など、他の星とは別格の意味を持っているのです。

しかし、最強・支配・中央……であることの裏に隠れているものは、「満つれば欠ける」という言葉です。最盛を迎えたものは、そのときから退気が始まっているということを知らなければなりません。治にあって乱を忘れずともいえるでしょう。

五黄土星には、五黄殺も暗剣殺もありません。それだけ、運勢が強いからです。しかし、この両刃の剣的要素があるために、自分自身の星が中央に座し、元来の五黄土星に支配される年には、転居や建築は見合わせるべき、と伝えられているのです。

六白金星の方位を用いたときの吉凶現象

北の六白

一白中宮の年・月に北を用いた場合

●北の六白は暗剣殺がつき、誰にとっても凶方位となります。目上の人や部下と衝突して孤立しそう。事業は失敗します。品行が悪くなったり、ギャンブルに夢中になり財産を失う暗示。不倫が元で人生がメチャクチャになることも。水難、飲酒運転による事故に注意。

西南の六白

九紫中宮の年・月に吉方として西南を用いた場合

就職活動がスムーズにいきます。努力が目上の人に認められ、いい仕事や重要なポストを得られるでしょう。商売は商品の動きが活発になり、売上げがアップ。また、よい土地や住居が見つかります。凶方として用いた場合は、苦労ばかりで収穫が見込めません。

東の六白

八白中宮の年・月に吉方として東を用いた場合

仕事で結果を出すなど、注目度が高まり、昇給や昇格があります。また、問題が無事解決し、新しいことがスタートするでしょう。有名人に出会うなど、思いがけない幸運に恵まれます。凶方として用いた場合は、何をしても空回りに。ドタキャンにあうことも。

東南の六白

七赤中宮の年・月に吉方として東南を用いた場合

東南の六白は対冲殺となるため、よい作用は一時的なものになります。吉方として用いた場合は、目上の理解を得て計画が進展したり、よい投資話や縁談が舞い込みます。凶方として用いた場合は、強気に出て失敗。気位の高さから人間関係が壊れたり、話がこじれます。

西北の六白

五黄中宮の年・月に吉方として西北を用いた場合

仕事で成功して、トップとしての風格が出てきます。投資で利益が上がったり、仕事で高収入を得られるでしょう。目上の人の支援で、ワンランクアップのチャンスも。しかし、凶方として用いた場合は、実力以上のことに手を出して失敗します。事故や過労には注意を。

西の六白

四緑中宮の年・月に吉方として西を用いた場合

資金繰りがスムーズで仕事の業績が順調に伸びていきます。新規事業では成功をつかむでしょう。ブランド品や高級品が手に入ることも。また、恋愛に進展がありそう。凶方として用いた場合は、金融難で事業が行きづまります。遊び癖がつき、火遊びをして失敗する暗示。

東北の六白

三碧中宮の年・月に吉方として東北を用いた場合

行きづまった事態が打開できます。再起をはかりたい人には、援助者が現れるでしょう。人間としても成長し、風格が出てきます。有力者と縁ができて、大きな仕事のチャンスに恵まれます。一方、凶方として用いた場合は、不本意な人事異動で失脚する暗示。

南の六白

二黒中宮の年・月に吉方として南を用いた場合

発明や発見、芸術的なことで名誉を得ます。勘が冴えてアイデアに恵まれる方位です。スポーツで勝利したり、記録を出せるでしょう。株や投資で利益が上がります。凶方として用いた場合は、抱いていた不安が現実のものに。見込み違いでの失敗もありそう。

七赤金星の方位を用いたときの吉凶現象

北の七赤

二黒中宮の年・月に吉方として北を用いた場合

楽しい交友が生まれて飲食の機会が増えます。男女関係が深まり、ムードが盛り上がるでしょう。また、臨時収入に恵まれる方位でもあります。凶方として用いた場合は、口論が起きる暗示。夜遊びで悪縁が生まれたり、恋愛では信頼関係が失われてギクシャクします。

西南の七赤

一白中宮の年・月に吉方として西南を用いた場合

営業センスが磨かれて、成績や収入がアップします。不動産の売買で利益を得られるでしょう。また、家族と楽しい時間を過ごすことができ、家庭内がいいムードに。凶方として用いた場合は、気力が低下して怠け癖がつきます。散財が増えて赤字財政になりそう。

東の七赤

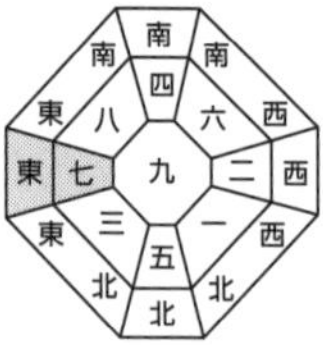

九紫中宮の年・月に吉方として東を用いた場合

東の七赤は対冲殺となるため、よい作用は一時的なものです。吉方として用いれば金運がアップしますが、レジャーチャンスも増えて散財する結果に。IT関連の仕事では発展が望めます。凶方として用いると、騒音問題や近隣トラブルが発生。ハメを外した失敗も。

東南の七赤

八白中宮の年・月に吉方として東南を用いた場合

信用が増して営業がスムーズに。遠方との取引が成立します。また、友人の紹介やレジャーを通じて恋愛のチャンスが生まれそう。凶方として用いた場合は、口論をして信用を失います。恋愛スキャンダルで評判を落としたり、金銭の損失、紛失が心配です。

西北の七赤

六白中宮の年・月に西北を用いた場合

●西北の七赤は暗剣殺がつき、誰にとっても凶方位となります。目上の人と意見が衝突して孤立する暗示。投資やギャンブルで大損したり、金銭トラブルに巻き込まれての資金難も。また、愛人に金品を貢ぐなど、酒色に溺れて浪費します。交通事故や刃傷沙汰も心配。

西の七赤

五黄中宮の年・月に吉方として西を用いた場合

社交性がアップし交友関係が広がります。レジャーや合コンで異性と知り合う機会が増え、良縁が成就しそう。融資や借金はスムーズにいきますが、お金の出入りは激しいでしょう。凶方として用いた場合は、怠け心が出たり、悪友が増えます。

東北の七赤

四緑中宮の年・月に吉方として東北を用いた場合

不運な状態にあった人は運気回復が望めます。遺産相続など、意外な形で資産を手にする方位です。また、財テクに励み、貯蓄が増えることも。恋愛では腐れ縁を断ち切り、新たな出会いを求めて幸せに。凶方として用いた場合は、舌禍や金銭問題で悩みます。

南の七赤

三碧中宮の年・月に吉方として南を用いた場合

クリエイティブな分野で才能を発揮できます。先見の明で仕事が成功したり、研究の成果が出てきます。また、魅力がアップして、異性関係が華やかに。株で利益を得ることも。凶方として用いた場合は、金銭や異性のスキャンダルが発覚。訴訟問題が起きます。

八白土星の方位を用いたときの吉凶現象

北の八白

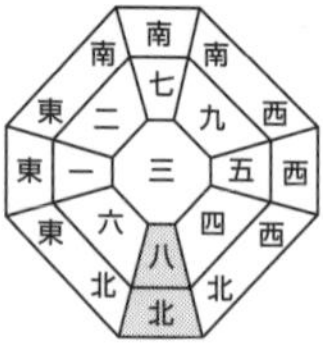

三碧中宮の年・月に吉方として北を用いた場合

古い友人に会ったり、親族と交流の機会が増えます。悩み事によい相談相手が見つかったり、頼み事がうまくいくでしょう。また、アルバイト収入や臨時収入がありそう。凶方として用いた場合は、相続問題が起きます。減収で経済的に困窮することも。

西南の八白

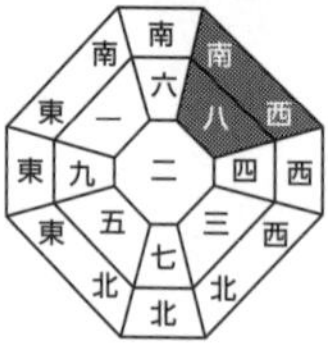

二黒中宮の年・月に西南を用いた場合

●西南の八白は暗剣殺がつき、誰にとっても凶方位となります。土地や住居に関してトラブルが起きたり、家庭内にもめ事が発生する暗示。仕事は予想外の異動があったり、引継ぎのミスから大きな事件に発展。リストラや給与削減などで減収し、貯蓄が底をつきそう。

東の八白

一白中宮の年・月に吉方として東を用いた場合

心身が活性化して意欲が出てきます。方針を変えることで発展があるでしょう。才能が認められ、新しい仕事を任されたり、昇格や昇給で注目されます。また、不動産に関する好情報がありそう。凶方として用いた場合は、変化を求めたり、欲張りすぎて失敗します。

東南の八白

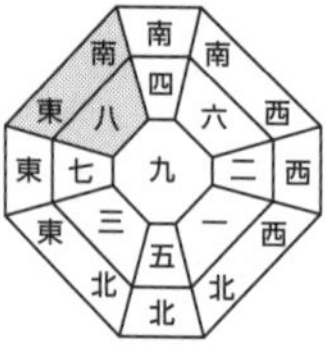

九紫中宮の年・月に東南を用いた場合

社交運が活発になり、人からいろいろと世話をしてもらえます。就職や縁談は知人の紹介でとんとん拍子に話がまとまるでしょう。また、遠方と大きな取引きが成立しそうです。一方、凶方として用いた場合は、物事に行きづまって途中で投げ出してしまう暗示。

西北の八白

七赤中宮の年・月に吉方
として西北を用いた場合

目上の人の助力を得て計画が実現します。仕事の成果が昇格や昇給に結びつく方位です。ひとまず整理をして、再びチャレンジするとよい結果が。また、健康になり体が太ってきます。凶方として用いた場合は上司と対立したり、投資や事業に失敗することが。

西の八白

六白中宮の年・月に吉方
として西を用いた場合

外柔内剛の交渉力が身につき、話し合いがスムーズに進められます。周囲の人の協力で予想以上の成果が上がるでしょう。親族からは、金銭や物質等の援助が得られます。ただ、凶方として用いた場合は、金銭トラブルで人間関係にヒビが入りそう。話し合いは物別れに。

東北の八白

五黄中宮の年・月に吉方
として東北を用いた場合

改革の効果が出てきます。仕事や技術を引継いでくれる人など、跡継ぎに恵まれる方位です。また、財テクに成功し、貯蓄や不動産など資産を増やすことができます。凶方として用いた場合は、相続やポストをめぐって争いが起きます。貸したお金は回収不能に。

南の八白

四緑中宮の年・月に吉方
として南を用いた場合

勉強や研究で発見があります。発想の転換をして成功する方位です。栄転があったり、不動産連に恵まれるでしょう。また、人間関係や住居など環境がよくなります。凶方として用いた場合は、遺産相続などで親族と争いに。保証人になって、借金を背負わされることも。

北の九紫

四緑中宮の年・月に北を用いた場合

●北の九紫は対冲殺となるため、よい作用は期待できません。ルックスのよい人と知り合うチャンスはあるものの、交際が深まると意外な面が見えて悩むことに。せっかくの意欲を途中で削がれます。徐々に凶意が表れて生活がすさみそう。ネット関連のトラブルに注意。

西南の九紫

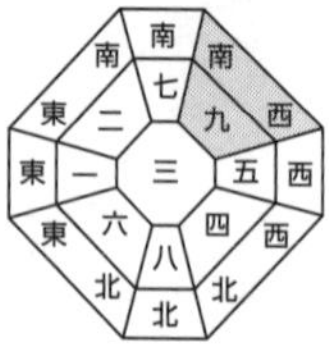

三碧中宮の年・月に吉方として西南を用いた場合

地道に積み重ねてきた仕事や勉強、趣味に成果が表れます。歴史や古い学問に学ぶと思いがけないヒントが見つかるでしょう。また、共同事業がうまくいきます。凶方として用いた場合は、嫁姑問題など家庭内に不和が。契約や保証問題では心労がありそう。

東の九紫

二黒中宮の年・月に吉方として東を用いた場合

自己アピールや商品の宣伝に成功します。才能が認められたり、クリエイティブな分野では調子が上がってくるでしょう。また、友人と電話やメールのやりとりが活発になります。凶方として用いた場合は、虚栄心から失敗することに。軽率な言動で誤解を招きそう。

東南の九紫

一白中宮の年・月に東南を用いた場合

遠方からいいニュースが舞い込むなど、精神的な喜びがあります。パーティーやカルチャーがきっかけで異性との出会いが。また、栄転や昇給、昇格があるでしょう。凶方として用いた場合は、信用を落とす事件が発生。恋は遠距離などの障害で破局しそう。

西北の九紫

八白中宮の年・月に吉方として西北を用いた場合

目上の引き立てで重要な仕事を任されたり、昇進します。株や投資で利益を得られる方位です。資格試験に合格したり、スポーツで活躍して、勝利をおさめます。凶方として用いた場合は、自信過剰で失敗を招くことに。協調精神を欠き、職場の和を乱します。

西の九紫

七赤中宮の年・月に西を用いた場合

●西の九紫は暗剣殺がつき、誰にとっても凶方位となります。お酒の席で口論となりケンカ別れをしたり、悪友に誘われて、遊興費がかさみます。また、予想外の散財が続いて財政が厳しくなるでしょう。口約束が守られずに、計画が頓挫しそう。ケガや手術の暗示も。

東北の九紫

六白中宮の年・月に吉方として東北を用いた場合

身上に変化が起きて開運できます。リセットやデトックスの効果がよい形で表れ、心の中の曇りや迷いが晴れていくでしょう。また、相続などで思わぬ資産を手にします。凶方として用いた場合は、不動産や証券で損をする暗示。計画が大幅に狂います。

南の九紫

五黄中宮の年・月に吉方として南を用いた場合

学問や研究、趣味に関して進歩があります。試験に合格したり、表彰されることも。契約事が無事に成立します。また、セレブな人と縁ができそう。凶方として用いた場合は、隠し事が発覚します。内部情報が漏れたり、訴訟問題が起きたり、税務調査が入ります。

開運コラム❹

吉方位で開運　～「木」で「気」を回復させる

気学における開運法のひとつに、「吉方位に出かける」という方法があります。なぜ吉方位に出かけることがよいかというと、吉方位に宿るよい「気」が、出かけた人の運を励まし、なぐさめ、質のよいエネルギーをチャージしてくれる力を持っているからです。

そして、よい方位に出かけたときは、その土地に生えている大木にもたれかかり、木と一緒に呼吸をしてみましょう。木は、五行（木・火・土・金・水）の中で唯一、生命を宿している存在で、邪気を吸収してくれると言われています。太陽の力が一番強い正午であれば、陽の気を借りられるため、浄化の効果はさらに強くなります。

この、吉方位の「木」で「気」を回復させる方法は、トラブル続きで心身が疲れきっているときには、ぜひ試してみたいことのひとつです。

※ご神木など囲いがされていたり、私有地の大木には、触れないようにしましょう。

第8章

九星でみる運勢の流れ

自分の本命星が
後天定位盤のどの宮に入るのかで、
その年の運気は大きく変わります。
本命星ごとの各年の運勢と、
9年周期でめぐる運勢の
バイオリズムを参考にして、
計画的に吉運を取り入れましょう。

後天定位盤《こうてんじょういばん》と年盤を照らし合わせ、各本命星の運勢を読む

九星は毎年、節分を境に一白水星から九紫火星までの星が一定の運動法則によって循環します（28ページ「後天定位と九星のめぐり方」参照）。そして気学では、それぞれの本命星が年盤の上で後天定位のどの宮に在宮しているかを見て（九星同会法）、その年の運勢を占います。

例えば、本命星が北に入っている年は後天定位の一白水星と同会していますから、一白水星の「悩む、物事の始まり、孤独、考える、冷える」といった象意や作用が働いて、物事の始まる苦しみを味わう……と運勢を読んでいくのです。

どの星もその宮に入れば、同じ象意・作用が働きますが、九星それぞれに相性のよい宮、よくない宮がありますし、五黄土星以外の星は暗剣殺がつく場合があります。

暗剣殺がつくときは、仕事、人間関係、健康にトラブルが発生しやすく、災いにあったり、反対に自分が他人に迷惑をかけてしまうなど、運勢は波乱含みとなります。

また、歳破《さいは》の入っている年は運勢の足を引っ張

る要素があり、物事がスムーズに運ばない傾向があります（歳破については、「七大凶殺」34〜35ページを参照）。

ここでは、それぞれの星が持つ本来の性質と、各宮との相性も考慮しつつ、9年ごとにめぐる運勢のバイオリズムを解説します。

長期計画を立てる際には、この運勢を参考にしながら進めると、リスクを減らせるだけでなく、成功率がグッと高まりますから、ぜひ活用してください。

例　本命星が二黒土星の人の場合

北（一白水星の宮）に入った年の**二黒土星の人**の運勢には、

一白水星の象意や作用が働く

後天定位盤

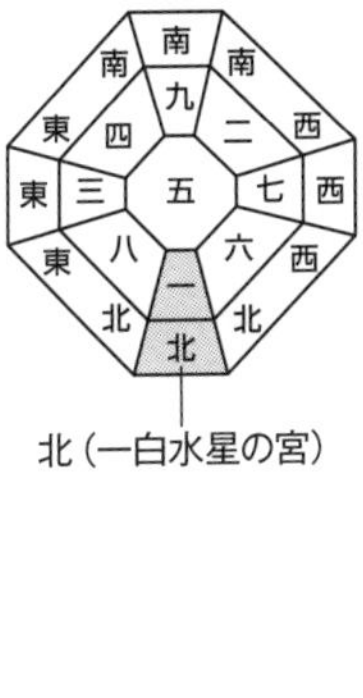

北（一白水星の宮）

北に二黒土星が入った年盤

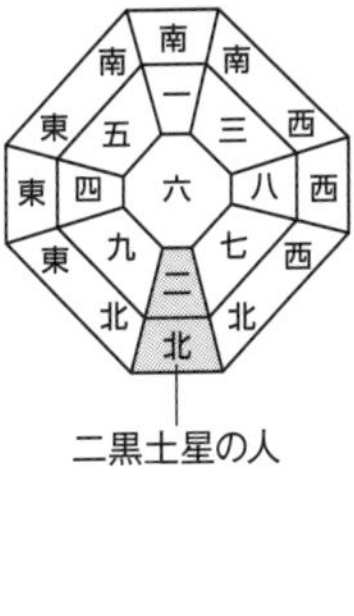

二黒土星の人

一白水星の人の運勢

暗剣殺の年を慎重に過ごすことが、翌年のチャンスに

北に入る年は一般的に運勢が不安定になりますが、一白にとっては本来の座であり、意外と心穏やかに過ごせるでしょう。一白は、発展の座である東に入ったときに暗剣殺がつき、運勢が大きく乱れます。この年を慎重無事に過ごすことが、次の年のチャンスをつかむカギに。南に入る年は気持ちと行動がチグハグになりやすいので注意が必要です。

※一白に歳破のつく年は、運勢がこのグラフの位置より3割程度、低下します。

一白水星の人の運勢バイオリズム

北、西南……というのは、「北に一白が入る年」、「西南に一白が入る年」という意味で、9年でひとまわりします。運勢はプラスにいくほどよく、マイナスにいくほどよくありません。

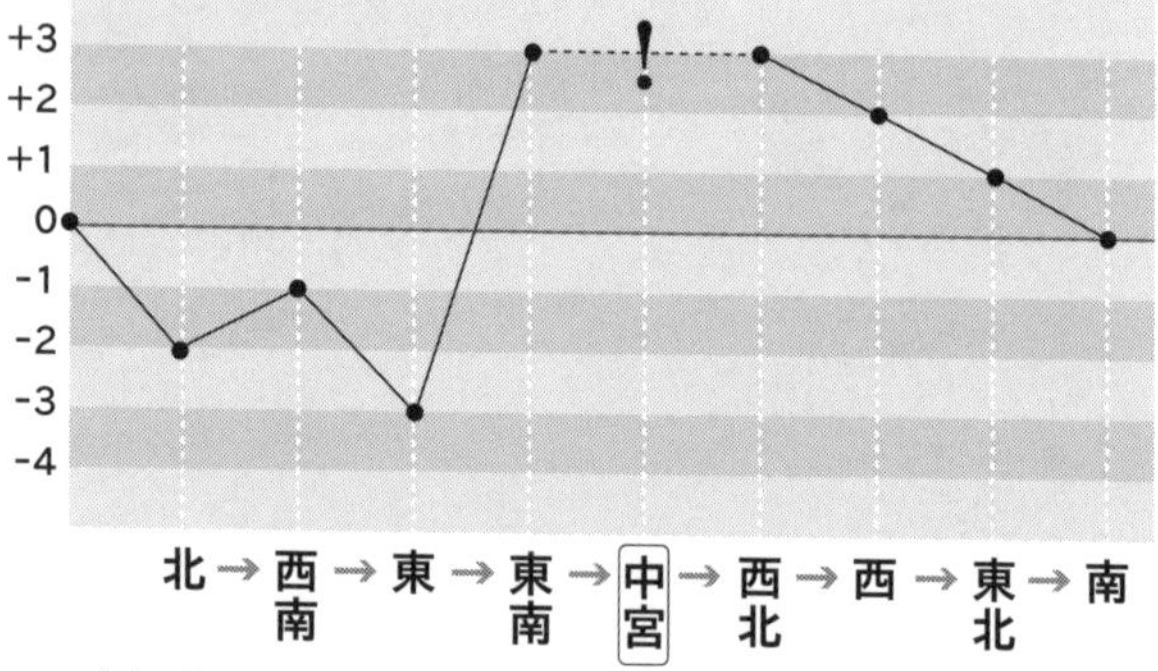

※中央に「！」がついているのは、自分の星が中宮に入る年です。
この年の運気は、前年までの過ごし方しだいです。

一白が北の年の運勢

△五黄中宮の年▽

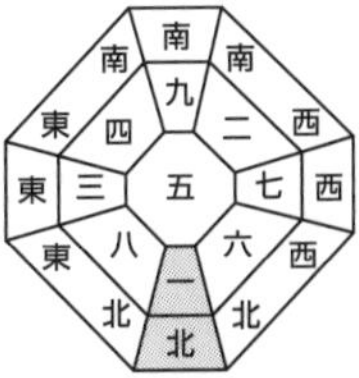

2022年（令和4年）
2031年（令和13年）
2040年（令和22年）
以降9年周期

エネルギー的には低めですが、それほどダメージはないでしょう。勉強や趣味に打ち込むことで精神的に安定し、実力が養われる年です。プライベートでは密かな楽しみが見つかりそう。インターネットで好情報を得たり、交友が広がる予感も。健康面では睡眠を大切に。

一白が西南の年の運勢

△四緑中宮の年▽

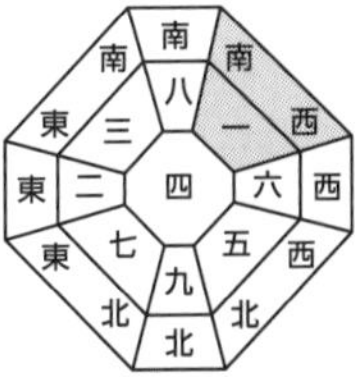

2023年（令和5年）
2032年（令和14年）
2041年（令和23年）
以降9年周期

地固めの年。家族や自分の生活の基盤となる場所を大切にすることで運勢が安定します。仕事は何もかも一人で背負い込まないように、周囲と連携して進めましょう。計画は実行に移す前にリサーチと準備をしっかりと。機が熟していない場合は、長期戦を覚悟すること。

一白が東の年の運勢

△三碧中宮の年▽

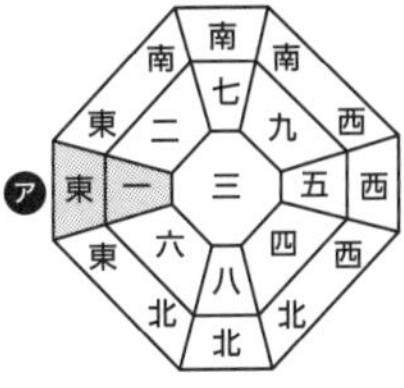

2024年（令和6年）
2033年（令和15年）
2042年（令和24年）
以降9年周期

発展や進出の気を受けますが、この年の一白は暗剣殺がついて、アクシデント運がつきまといます。派手な言動をするとバッシングにあう可能性が。目立つ行動は控えて、慎重に物事を運ぶこと。健康はストレス解消をこまめに。ケガや事故にも注意してください。

一白が東南の年の運勢

△二黒中宮の年▽

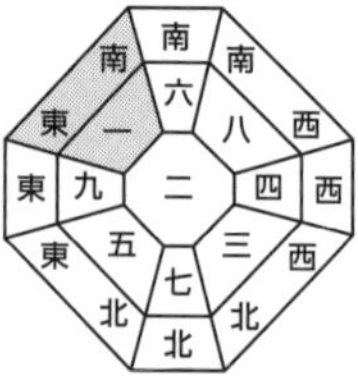

2025年（令和7年）
2034年（令和16年）
2043年（令和25年）
以降9年周期

地道な努力が実を結び、物事全般が整ってきます。頼み事はスムーズにいきやすく、計画は周囲の人の協力を得て実現する兆し。また、信用がアップして、新たな人脈やチャンスが生まれます。旅行など遠方に出かける機会に恵まれ、心身ともに活性化するでしょう。

一白が中央の年の運勢

△一白中宮の年▽

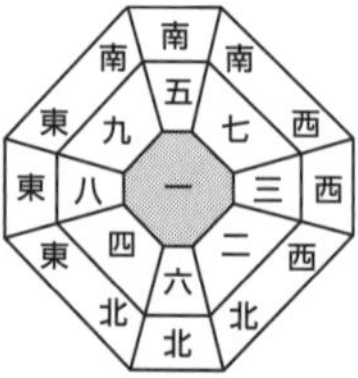

2026年（令和8年）
2035年（令和17年）
2044年（令和26年）
以降9年周期

中央の座に入り、ここ数年間の行動が結果となって表れます。よくも悪くも注目されやすい年。また、生活環境が変化する可能性も。新たに物事をスタートさせるのには向きません。

とくに周囲の反対を押し切って行動すると、後にそのことが元でトラブルになる暗示。

一白が西北の年の運勢

△九紫中宮の年▽

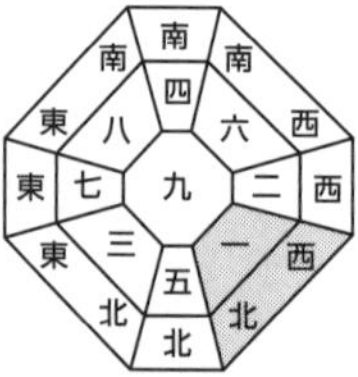

2027年（令和9年）
2036年（令和18年）
2045年（令和27年）
以降9年周期

運勢のエネルギーが上昇。仕事や対外的な用事で多忙になります。充実感はありますが、何事もやりすぎになる傾向が。身の丈に合った計画を立て、体力に応じたスケジュールで行動することが大切です。金銭面では山っ気を起こしやすいとき。資産は堅実に運用すること。

一白が西の年の運勢

△八白中宮の年▽

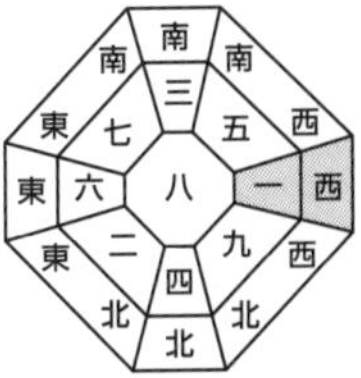

2028年（令和10年）
2037年（令和19年）
2046年（令和28年）
以降9年周期

勢いは衰えるものの、プライベートでお祝い事があり、華やかな年です。趣味やレジャーを楽しむ機会が増え、シングルの人は恋愛のチャンスに恵まれるでしょう。ただ、交際費がかさみますから、計画的な出費を心がけてください。仕事に関しては不完全燃焼の傾向が。

一白が東北の年の運勢

△七赤中宮の年▽

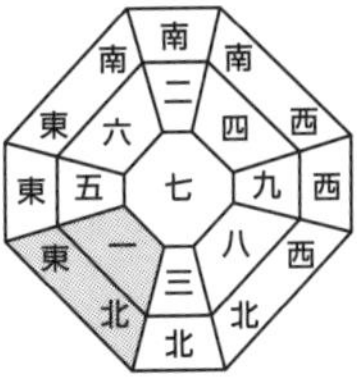

2029年（令和11年）
2038年（令和20年）
2047年（令和29年）
以降9年周期

環境や人間関係に変化がありますが、一白は順応性が高いため、とくに苦労はないでしょう。ただし、無茶な改革は自分で自分の首を絞める結果に。

財テク熱が高まりますが、貯蓄は安全性を重視して。親族に連絡したり、会う用事が増えます。体調の変化には敏感でいること。

一白が南の年の運勢

△六白中宮の年▽

2021年（令和3年）
2030年（令和12年）
2039年（令和21年）
2048年（令和30年）
以降9年周期

南の座は一白にとってあまり相性がよくありません。あちこちに引っ張り出されて忙しく、気持ちが落ち着かない一年に。集中力を欠いて判断ミスをしやすいので注意しましょう。

以前から苦手だった人と、ついに衝突してしまう暗示も。一時の感情に走らないように。

二黒土星の人の運勢

本来の座である西南に二黒が回座する年から、運気は好転

二黒の本来の座は西南。北の座から西南に移ると運勢はかなり好転します。実際には忍耐を強いられる地味な年ですが、本来、努力型の二黒の人にとっては、それほどつらく感じないでしょう。注意したいのは東北に入ったとき。この年は、変化や改革の気を帯びながらの暗剣殺ですから、自分では思ってもみなかった事件が起こりがちです。

※二黒に歳破のつく年は、運勢がこのグラフの位置より3割程度、低下します。

二黒土星の人の運勢バイオリズム

北、西南……というのは、「北に二黒が入る年」、「西南に二黒が入る年」……という意味で、9年でひとまわりします。運勢はプラスにいくほどよく、マイナスにいくほどよくありません。

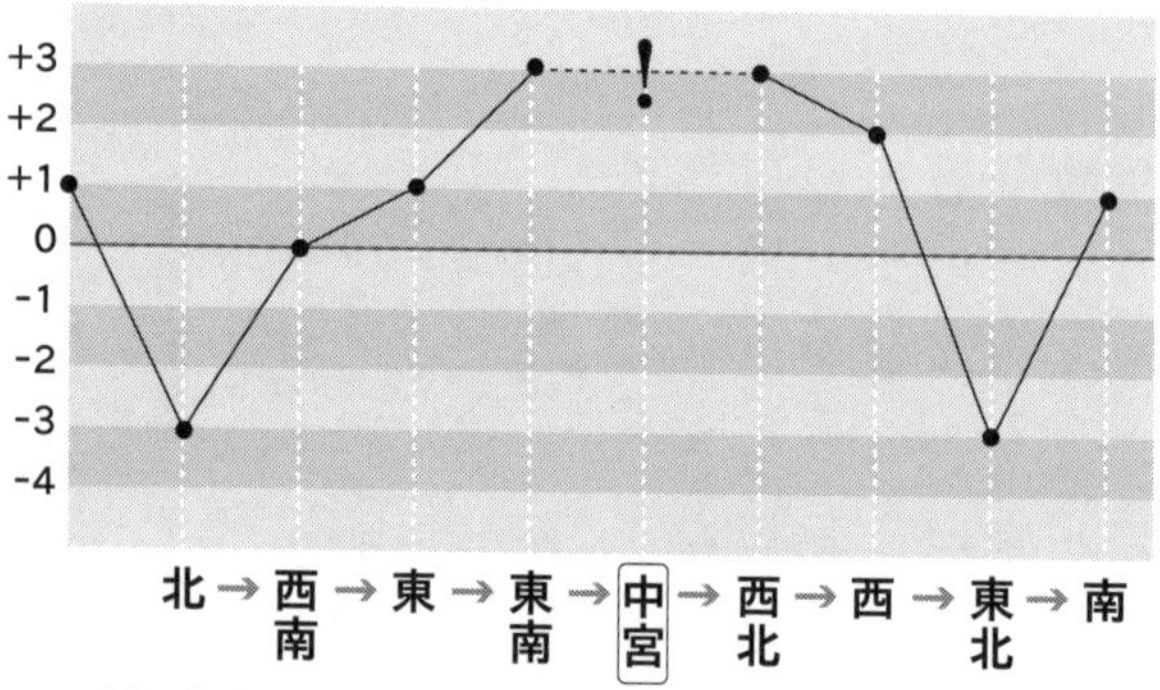

※中央に「！」がついているのは、自分の星が中宮に入る年です。この年の運気は、前年までの過ごし方しだいです。

二黒が北の年の運勢

△六白中宮の年▽

2021年（令和3年）
2030年（令和12年）
2039年（令和21年）
2048年（令和30年）
以降9年周期

運勢は低迷し、仕事、対人関係、家庭や健康など、さまざまなテーマで悩みを抱えることに。全般的に余力がありませんから、新しいことへの手出しは見合わせましょう。現状維持を心がけつつ、起きてしまった問題については慎重に処理を。

勉強や技術の習得は吉。

二黒が西南の年の運勢

△五黄中宮の年▽

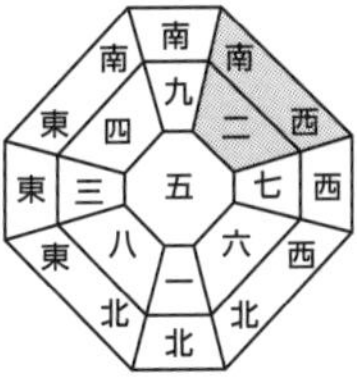

2022年（令和4年）
2031年（令和13年）
2040年（令和22年）
以降9年周期

まだ本調子とはいきませんが、運勢は底を脱して先の見通しが立つようになります。コツコツと努力してきたことには確かな手応えがあるでしょう。

ただ、計画を実行に移すには時期尚早です。地道に経験を積みながら、機が熟すのを待つこと。持病がある人はケアを怠らないで。

二黒が東の年の運勢

△四緑中宮の年▽

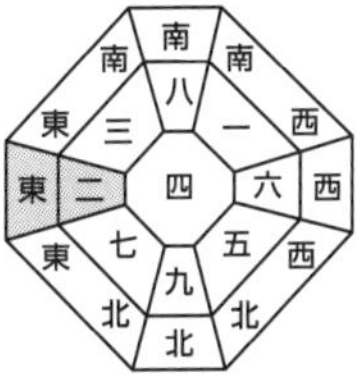

2023年（令和5年）
2032年（令和14年）
2041年（令和23年）
以降9年周

東の座に入って運勢は上り調子のはずですが、二黒の人にとっては妙に気忙しくて落ち着かない年になりそう。チャンスと思ったことも、話ばかりで実質が伴わない傾向が。こういうときこそ気を引き締めて、堅実な方針を守ることが大切です。

おしゃれは、心身を活性化します。

二黒が東南の年の運勢

△三碧中宮の年▽

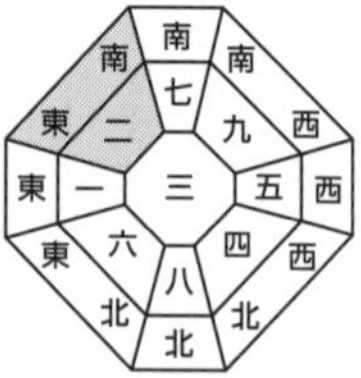

2024年（令和6年）
2033年（令和15年）
2042年（令和24年）
以降9年周期

安定運。頭の中で描いていた計画が、ようやく形になってきます。今までに築いてきた人脈を活かし、実力を発揮することでステップアップが狙える年。

ただ、遠方に出かける機会が増えたり、頼まれ事が多くて忙しいため、力の配分が重要です。シングルの人には紹介や縁談あり。

二黒が中央の年の運勢

△二黒中宮の年▽

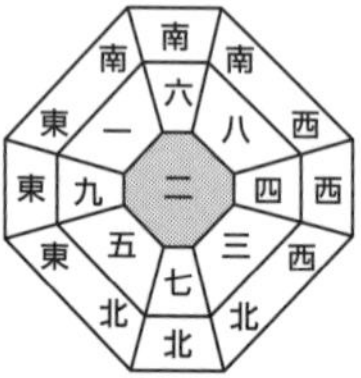

2025年（令和7年）
2034年（令和16年）
2043年（令和25年）
以降9年周期

物事が決着する年。地道に努力してきた人は、大きな仕事や結果を手に入れることができるでしょう。怠慢に暮らしてきた人は、八方塞がりの状況に。新規に物事をスタートさせるのは、後が続きませんから避けたほうが無難です。

健康面では生活習慣を見直す必要がありそう。

二黒が西北の年の運勢

△一白中宮の年▽

2026年（令和8年）
2035年（令和17年）
2044年（令和26年）
以降9年周期

再び運勢のエネルギーが上昇し、心身ともに活気が出てきます。ただ、順調だからと欲を出し、何事もやりすぎる傾向が。自信過剰は戒めて、何事も腹八分目のバランスを守ることが大切です。

新規事業や投資にチャレンジしたくなるときですが、慎重に。健康のため運動を習慣にすると吉。

二黒が西の年の運勢

△九紫中宮の年▽

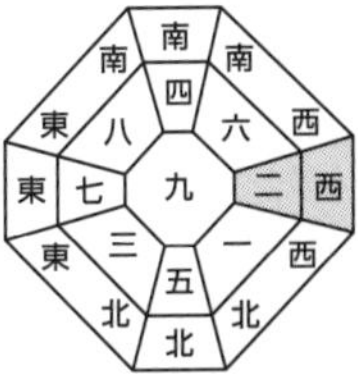

2027年（令和9年）
2036年（令和18年）
2045年（令和27年）
以降9年周期

物事が一段落し、気持ちにゆとりが出てきます。会食やレジャーの機会が増えて華やかな一年に。恋のチャンスにも恵まれそう。ただ、気の緩みが生じて、仕事がおろそかになったり、散財しがちな点には注意してください。

この年に生じた問題は翌年にトラブルへと発展します。

二黒が東北の年の運勢

△八白中宮の年▽

2028年（令和10年）
2037年（令和19年）
2046年（令和28年）
以降9年周期

二黒に暗剣殺がつき、要注意の年です。環境や人間関係に変化があり、現状維持が難しい状態に。それでも、自ら積極的に動くべきではありません。この一年は受け身に徹して、変化にうまく対処して乗りきってください。

トラブルの芽は早めに摘んでおくこと。健康面では無理は禁物です。

二黒が南の年の運勢

△七赤中宮の年▽

2029年（令和11年）
2038年（令和20年）
2047年（令和29年）
以降9年周期

前年のトラブルは収束に向かい、物事の結果がハッキリとしてきます。今まで取ってきた方針や選択によって明暗が分かれるでしょう。対人関係は出会いと別れが入り混じって不安定。

向学心は旺盛で、勉強や芸術的なことにはツキが。ただ、焦りは裏目に出るので平常心を心がけて。

三碧木星の人の運勢

他の星と違い、ドラマチックな運勢。忍耐力を養い開運を

通常、東南に入ると物事が整い、盛運となるのですが、三碧はこの位置に入ると暗剣殺がつきます。そのため9年間のバイオリズムが他の星と違い、東や南に入ったときが運勢のピークに。この座は物事がハッキリするのが特徴ですから、三碧の人の運勢はドラマチックで浮き沈みが激しいといえるでしょう。忍耐力を養うことが開運のカギ。

※三碧に歳破のつく年は、運勢がこのグラフの位置より3割程度、低下します。

三碧木星の人の運勢バイオリズム

北、西南……というのは、「北に三碧が入る年」、「西南に三碧が入る年」という意味で、9年でひとまわりします。運勢はプラスにいくほどよく、マイナスにいくほどよくありません。

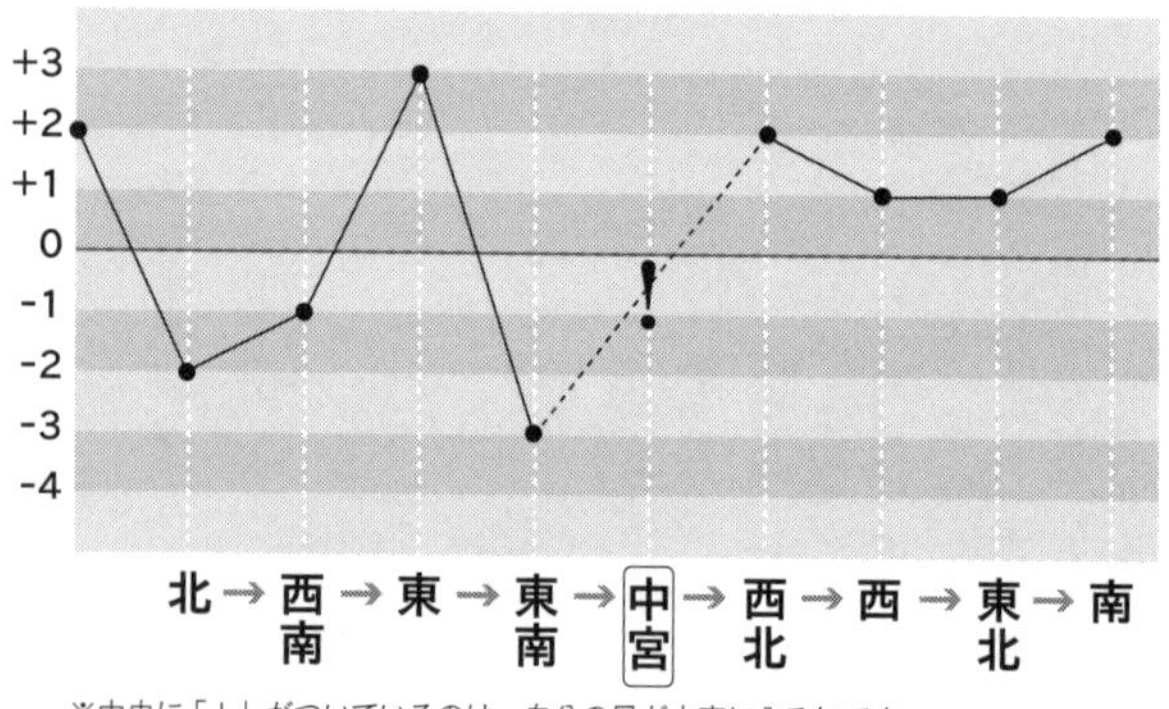

※中央に「！」がついているのは、自分の星が中宮に入る年です。この年の運気は、前年までの過ごし方しだいです。

三碧が北の年の運勢

△七赤中宮の年▽

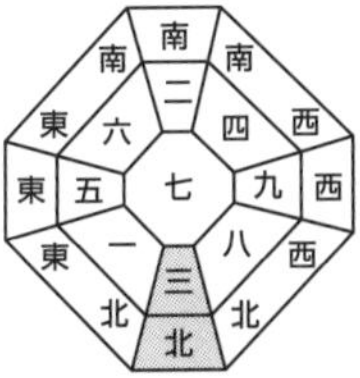

2029年（令和11年）
2038年（令和20年）
2047年（令和29年）
以降9年周期

不安材料が多く、思うようにならないときです。現実から逃避しても問題は解決しません。この一年は我慢の年。不平不満はグッとこらえて、目の前の課題をクリアにしてください。苦労はありますが、同じ悩みを持つ友人ができるなど、心の支えとなる出来事も。

趣味がスランプ脱出のカギ。

三碧が西南の年の運勢

△六白中宮の年▽

2021年（令和3年）
2030年（令和12年）
2039年（令和21年）
2048年（令和30年）
以降9年周期

前年に比べれば運勢は確実に回復していますが、まだパワーは低め。計画は一進一退でなかなか実現しないでしょう。結果を早く出そうと焦ったり、物事を打算的に考えると空回りする結果に。

手堅く、ゆっくりと歩みを進めてください。健康面では疲れをためないこと。

三碧が東の年の運勢

△五黄中宮の年▽

2022年（令和4年）
2031年（令和13年）
2040年（令和22年）
以降9年周期

三碧の本来の座に入り、運勢は活気づいてきます。準備を進めていたことは実現する兆し。チャンスと見たら、スピーディーに行動を起こしてください。

ただし、思いつきの計画は失敗に終わる暗示。露出が増えて注目される年ですから、言動には注意しましょう。

三碧が東南の年の運勢

△四緑中宮の年▽

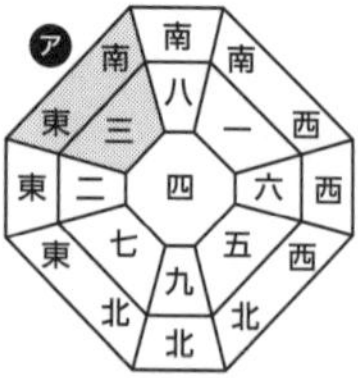

2023年（令和5年）
2032年（令和14年）
2041年（令和23年）
以降9年周期

暗剣殺がつき、運勢は大きく乱れます。チャンスと思えるようなことの裏に、問題が潜んでいるのがこの年の特徴。人間関係が広がる一方で、その出会いがトラブルを生む暗示も。おつき合いする相手は慎重に選んでください。

健康面では、ストレスから体調を崩しがちに。

三碧が中央の年の運勢

△三碧中宮の年▽

2024年（令和6年）
2033年（令和15年）
2042年（令和24年）
以降9年周期

吉凶の波が大きい年。前年を慎重に過ごした人は問題が収束していきますが、不用意に行動を起こした人は、失敗に終わって後処理に苦労しそう。うまくいかないからとヤケを起こせば、状況はさらに悪化します。

この年は冷静さを忘れず、物事を丸くおさめる努力を。

三碧が西北の年の運勢

△二黒中宮の年▽

2025年（令和7年）
2034年（令和16年）
2043年（令和25年）
以降9年周期

運勢は好調に転じます。身辺に新しい動きがあったり、よい話が持ち上がる兆し。ただ、ここぞとばかりに自己アピールをしたり、周囲の反対を押しきると不協和音が。あちこちに気配りして、円満な形で物事を進めていくことが大切です。金銭面では何かと物入りな年。

三碧が西の年の運勢

△一白中宮の年▽

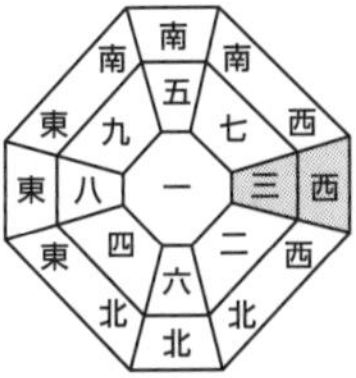

2026年（令和8年）
2035年（令和17年）
2044年（令和26年）
以降9年周期

趣味が充実し、友人からレジャーに誘われる機会が増えます。人生を楽しむのはよいのですが、遊びグセがついて仕事や勉強がおろそかになりやすいのが心配。

また、遊びや買い物で散財しても、借金は禁物です。対人関係では舌禍を招きやすいので、緊張感を忘れずに。

三碧が東北の年の運勢

△九紫中宮の年▽

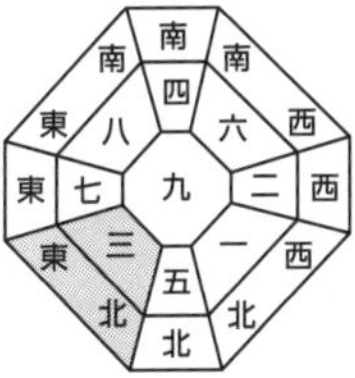

2027年（令和9年）
2036年（令和18年）
2045年（令和27年）
以降9年周期

変化の気を受けて、自分でも現状からの脱却を考えるようになります。自分が置かれている状況をしっかり見極めて、上手な選択をすれば翌年に発展が。

ただし、一時の感情で決断をしたり、資金不足の場合はよい結果を招きません。慎重な舵取りが求められる年です。

三碧が南の年の運勢

△八白中宮の年▽

2028年（令和10年）
2037年（令和19年）
2046年（令和28年）
以降9年周期

いろいろなことの結論が出る年ですから、物事を白黒ハッキリさせたい三碧の人にとっては有意義な一年になるでしょう。また、向学心が旺盛になり、芸術や勉強面ではステップアップが望めます。

仕事には新しい動きがあって多忙ですが、対人関係は入れ替わりが激しく不安定。

四緑木星の人の運勢

世渡り上手で、浮き沈みの少ない運勢。暗剣殺の年は清算を

四緑の人は如才なく、世渡り上手ですから、運勢の浮き沈みはそれほど激しくありません。しかし、南の座に入って暗剣殺がつく年は、注意が必要です。場当り的な対応をしてきた人、いい加減にすませてきた問題は、この年に清算をすることに。また、西北の座に入った年は、後の衰運を招くようなアクションを起こしやすいので気をつけましょう。

※四緑に歳破のつく年は、運勢がこのグラフの位置より3割程度、低下します。

四緑木星の人の運勢バイオリズム

北、西南……というのは、「北に四緑が入る年」、「西南に四緑が入る年」という意味で、9年でひとまわりします。運勢はプラスにいくほどよく、マイナスにいくほどよくありません。

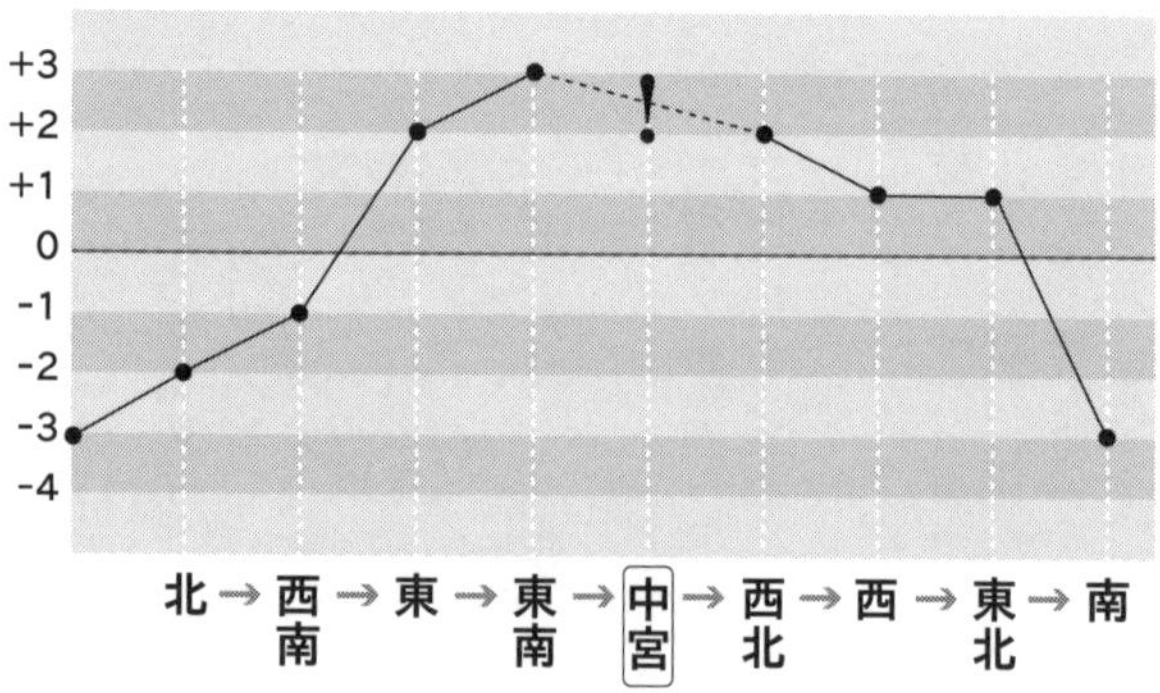

※中央に「！」がついているのは、自分の星が中宮に入る年です。この年の運気は、前年までの過ごし方しだいです。

四緑が北の年の運勢

△八白中宮の年▽

2028年（令和10年）
2037年（令和19年）
2046年（令和28年）
以降9年周期

エネルギーは低めですが、四緑と北の座は相性的に悪くないため、地味ながらも穏やかな運勢です。行動するより、思案することにツキがある年。勉強や研究、読書に打ち込むと、充実するでしょう。

また、家族と過ごす時間を大切に。健康面は定期検査を欠かさないで。

四緑が西南の年の運勢

△七赤中宮の年▽

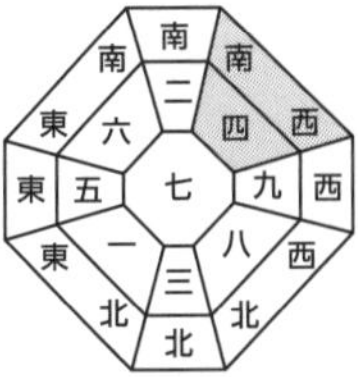

2029年（令和11年）
2038年（令和20年）
2047年（令和29年）
以降9年周期

運勢はいく分上昇しますが、全般的にパッとしません。自分のやりたいことよりも、与えられた課題をこなす年です。すぐに結果が出ないからといって、怠け心を起こさないように。

仕事上ではでしゃばらず、脇役に回るのが正解です。計画はまず根回しをしっかりと。

四緑が東の年の運勢

△六白中宮の年▽

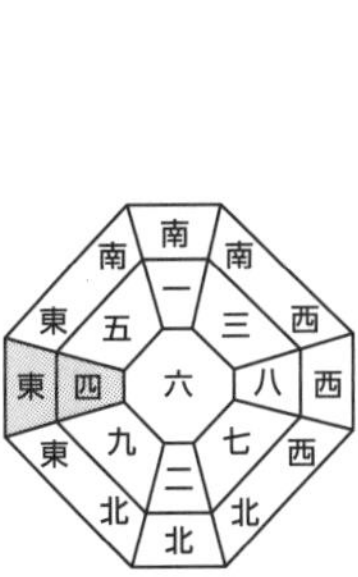

2021年（令和3年）
2030年（令和12年）
2039年（令和21年）
2048年（令和30年）
以降9年周期

新しい動きが起きて多忙に。注目される立場になるなど表面的には華やかですが、実質は伴わないでしょう。上昇志向が強まる一方で、目移りしやすく、物事が中途半端になりがちなのが難点。

対人関係は、コミュニケーションが活発で、広く浅く交友が広がっていきそう。

四緑が東南 の年の運勢

△五黄中宮の年▽

2022年（令和4年）
2031年（令和13年）
2040年（令和22年）
以降9年周期

　四緑の本来の座に入り、運勢は大きく盛り上がります。人からチャンスがもたらされる年ですから、社交の場に顔を出したり、友人とこまめに連絡を取り合うと吉。よい仕事の他、シングルの人には結婚話もありそう。決断力が大切です。

　頼まれ事は安請け合いに注意。

四緑が中央 の年の運勢

△四緑中宮の年▽

2023年（令和5年）
2032年（令和14年）
2041年（令和23年）
以降9年周期

　順調そうに見えても、運勢は下降に向かっています。昨年の好調に気をよくして、さらに手を広げようとすると、つまずく結果に。あまり欲張らず、何事も腹八分目にしておきましょう。

　対人関係では、相手の人間性や相性がハッキリしてきます。悪い縁は早めに清算して正解です。

四緑が西北 の年の運勢

△三碧中宮の年▽

2024年（令和6年）
2033年（令和15年）
2042年（令和24年）
以降9年周期

　運勢のエネルギーは高めですが、そのために自信過剰になり、無茶をしやすいのが心配。よく考えないで新しいことに着手すると、後で収拾がつかなくなることに。

　また、わがままから人間関係に亀裂が生じやすいので注意しましょう。金銭面は予想外の出費があります。

四緑が西の年の運勢

△二黒中宮の年▽

2025年（令和7年）
2034年（令和16年）
2043年（令和25年）
以降9年周期

気力・体力ともに低下して、面倒な現実から逃避したくなってきます。ただ、無責任な態度が目立つと、信用を失いますから気をつけて。飲食やレジャーのチャンスに恵まれる一方で、肝心なことが思うようにならず不完全燃焼に。

恋愛は誠実な交際であれば、成就するでしょう。

四緑が東北の年の運勢

△一白中宮の年▽

2026年（令和8年）
2035年（令和17年）
2044年（令和26年）
以降9年周期

変化運に支配されますが、四緑の人は順応性がありますから、臨機応変に対応できるでしょう。注意したいのは、翌年に不安定運が控えているということ。

変に山っ気を起こし、一攫千金を狙って投資などに手を出すと後悔する暗示です。この年は何事も手堅くいくことが大切。

四緑が南の年の運勢

△九紫中宮の年▽

2027年（令和9年）
2036年（令和18年）
2045年（令和27年）
以降9年周期

離反の作用がある南の座で暗剣殺に。予想外の展開があり、思わぬ損失に見舞われます。隠し事が明るみに出たり、周囲でくすぶっていた不満が噴出して、争いに発展する気配も。

投げやりになってリセットを考えたりしますが、人に迷惑をかけると評判を落とすので、慎重に。

五黄土星の人の運勢

どの年にも暗剣殺はつかないものの、波乱含みの人生

五黄は、どの位置に入っても暗剣殺がつきませんから、他の星よりラッキーに思えますが、実際は運勢の読みが難しく一筋縄ではいきません。五黄の人は、自分中心でないと気がすまないところがあり、物事を強引に進めるため、トラブルが起きやすいのです。そういった意味で、五黄土星生まれの人生は波乱含みで、コントロールしにくいといえそう。

※五黄に歳破のつく年は、運勢がこのグラフの位置より3割程度、低下します。

五黄土星の人の運勢バイオリズム

北、西南……というのは、「北に五黄が入る年」、「西南に五黄が入る年」という意味で、9年でひとまわりします。運勢はプラスにいくほどよく、マイナスにいくほどよくありません。

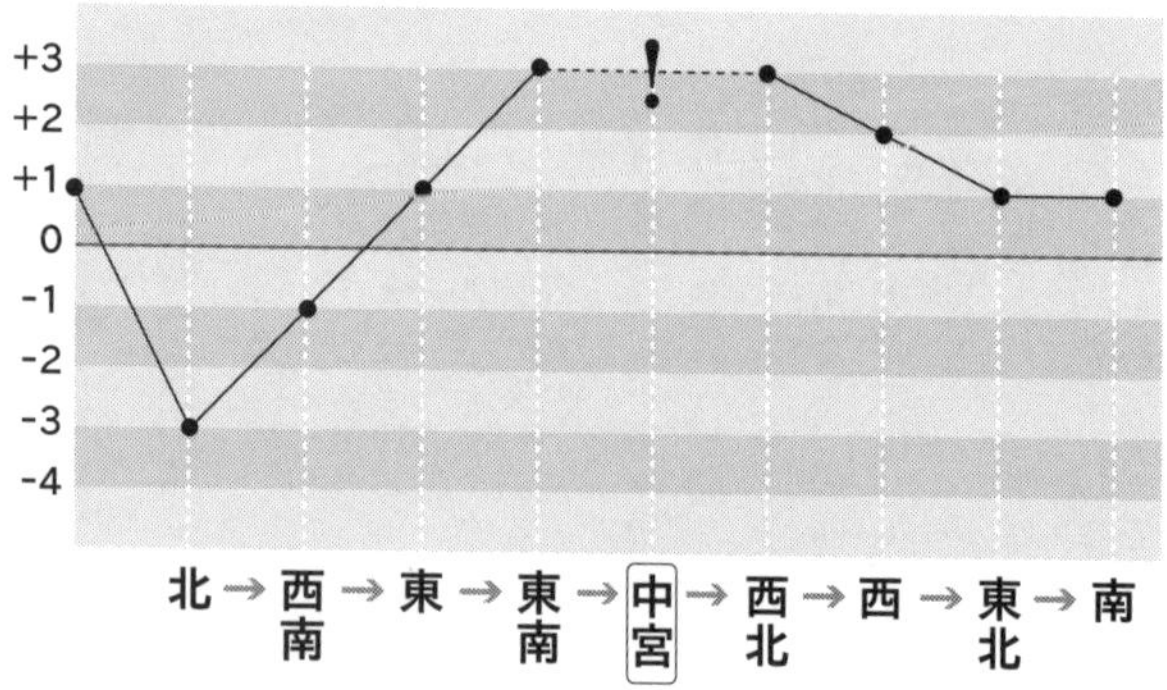

※中央に「！」がついているのは、自分の星が中宮に入る年です。
この年の運気は、前年までの過ごし方しだいです。

五黄が北の年の運勢

△九紫中宮の年▽

2027年（令和9年）
2036年（令和18年）
2045年（令和27年）
以降9年周期

低迷ムード。自分の主張が通らなかったり、計画に妨害が入るなど、思うに任せないときです。この年は焦ってジタバタするより、状況分析と地固めが必要。目的があるなら、まずはそれを達成するだけの実力を養うことです。

趣味やプライベートの充実をはかるのは吉。

五黄が西南の年の運勢

△八白中宮の年▽

2028年（令和10年）
2037年（令和19年）
2046年（令和28年）
以降9年周期

運勢はわずかながら上昇の兆し。行きづまっていたことにも一歩前進が見られます。まだ考えていることの半分も実現しませんが、あまり欲張らず堅実にいくこと。人の助けを借りたいなら、自分も協調精神を発揮しましょう。

仕事は選ばず、地道に経験を積むことが大切です。

五黄が東の年の運勢

△七赤中宮の年▽

2029年（令和11年）
2038年（令和20年）
2047年（令和29年）
以降9年周期

テンションが上がり、新しいことに挑戦したり、思い切った手段を取りたくなります。ただ、準備不足のものは失敗に終わる暗示。十分に計画を練って、確実性があると判断した場合のみ行動を起こすようにしてください。

自己主張はほどほどにしないと、悪目立ちすることに。

五黄が東南の年の運勢

△六白中宮の年▽

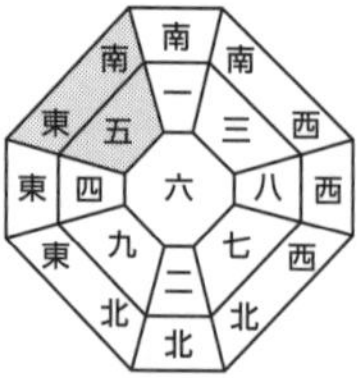

2021年（令和3年）
2030年（令和12年）
2039年（令和21年）
以降9年周期

これまでの努力が実り、目的を達成することができるでしょう。仕事は信用と実績で、新たなチャンスが舞い込みます。また、公私ともに人脈が広がり、交流が楽しいとき。一方で、頼まれ事も多く、他人の世話事で奔走するはめに。

あまり大風呂敷を広げないようにしましょう。

五黄が中央の年の運勢

△五黄中宮の年▽

2022年（令和4年）
2031年（令和13年）
2040年（令和22年）
以降9年周期

五黄の性格が顕著になる年です。自信過剰になり、周囲の反対にあっても強引に物事を進める傾向があります。自分の野望を達成するためには手段を選ばないところがあり、結果的に多くの敵を作ってしまう心配が。

自分の運や能力を過信しないで、謙虚になることが大切です。

五黄が西北の年の運勢

△四緑中宮の年▽

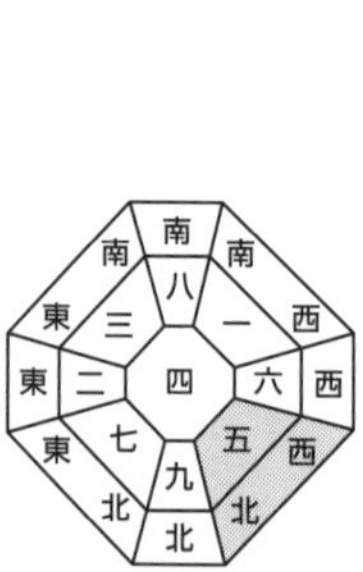

2023年（令和5年）
2032年（令和14年）
2041年（令和23年）
以降9年周期

表面的には好調なため、強気でさらに拡大路線をとろうとします。しかし、この年は目に見えないところに衰運の影が。慢心はトラブルを生む元ですから、仕事も対人関係も慎重に運ぶこと。

また、射幸心が高まりマネーゲームやギャンブルに熱中しやすいので注意してください。

五黄が西の年の運勢

△三碧中宮の年▽

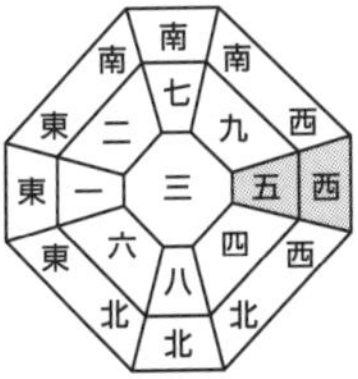

2024年（令和6年）
2033年（令和15年）
2042年（令和24年）
以降9年周期

運勢は大きくパワーダウン。脇の甘さを突かれ、窮地に陥ることがありそう。失言にはくれぐれもご用心。プライベートには楽しみが多い年です。趣味やレジャーの機会が増え、そうした活動を通して恋のチャンスも生まれそう。

金銭面は物入りなときですから、やりくりに工夫を。

五黄が東北の年の運勢

△二黒中宮の年▽

2025年（令和7年）
2034年（令和16年）
2043年（令和25年）
以降9年周期

よくも悪くも環境や対人関係が変化していきます。自分から改革するのは好きでも、他動的な変化は好まない五黄の人にとって、この年は人生の分岐点になりそう。

相続や金銭に関する問題が起きやすいので、冷静に対処を。また、体調の変化には敏感になりましょう。ヘルスチェックはこまめに。

五黄が南の年の運勢

△一白中宮の年▽

2026年（令和8年）
2035年（令和17年）
2044年（令和26年）
以降9年周期

ここ数年間の結果が出る、締めくくりの年です。地道に努力をしてきた人は、地位や名声を得られそう。わがままな生き方や間違った選択をしてきた人は、孤立したり、名誉が傷つく結果に。

健康面では、無理や不摂生がたたって思わぬ症状が顔を出しそうですから、注意してください。

六白金星の人の運勢

北の六白の年に訪れる、大きな不調を乗り切ることが大切

六白は北に入った年に暗剣殺がつき、衰運と波乱運が一気に訪れます。その影響は決して軽くありませんが、考えようによっては不調な年が一度ですんで、ラッキーといえるかもしれません。とにかく、この年を無事に乗り切ることが、六白の人にとっての最重要課題です。運勢の下降は前年の後半からすでに始まっていますから、早めに心構えを。

※六白に歳破のつく年は、運勢がこのグラフの位置より3割程度、低下します。

六白金星の人の運勢バイオリズム

北、西南……というのは、「北に六白が入る年」、「西南に六白が入る年」という意味で、9年でひとまわりします。運勢はプラスにいくほどよく、マイナスにいくほどよくありません。

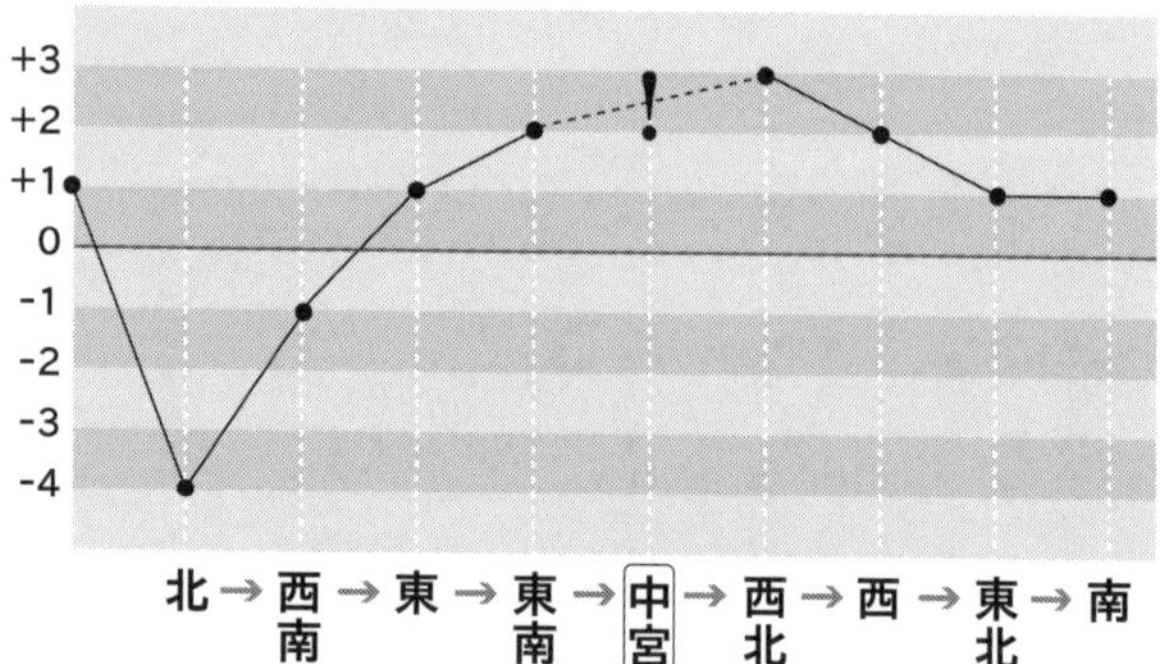

※中央に「！」がついているのは、自分の星が中宮に入る年です。この年の運気は、前年までの過ごし方しだいです。

六白が北の年の運勢

△一白中宮の年▽

2026年（令和8年）
2035年（令和17年）
2044年（令和26年）
以降9年周期

アクシデント運があり、健康運を中心に要警戒の一年です。冒険や新しい計画などはいっさい考えず、現状維持でいくこと。

対人関係は受け身に徹して、トラブルの芽は早めに摘んでおきましょう。金銭面では予定外の出費がありますが、これは必要経費と考えて割り切ること。

六白が西南の年の運勢

△九紫中宮の年▽

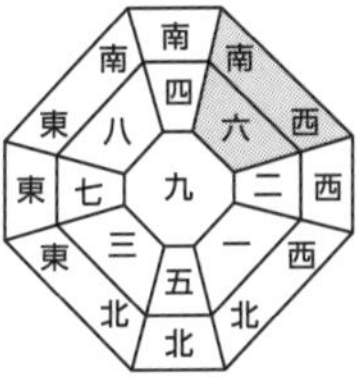

2027年（令和9年）
2036年（令和18年）
2045年（令和27年）
以降9年周期

スランプ運を脱出。トラブルは収束の兆しですが、前年に受けたダメージは思った以上に大きいようです。リカバリーには時間が必要。焦らず、ゆっくりと歩みを進めてください。

自己実現に向けて頑張っている人は、粘りやガッツが大切。金銭面は節約で立て直しをはかること。

六白が東の年の運勢

△八白中宮の年▽

2028年（令和10年）
2037年（令和19年）
2046年（令和28年）
以降9年周期

運勢は上昇気流に乗り、現状からのステップアップを考える年です。新しいことにチャレンジしたり、実力を試そうとする人も。十分に準備してきたことには手応えがありますが、そうでないことは頓挫する暗示。

仕事上では思いがけないポストへの抜擢があり、注目を集めそう。

六白が東南の年の運勢

△七赤中宮の年▽

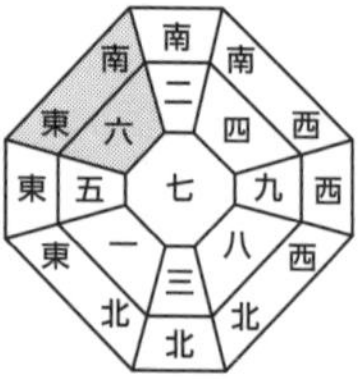

2029年（令和11年）
2038年（令和20年）
2047年（令和29年）
以降9年周期

物事が整い、待っていたチャンスが訪れます。旅行の誘いや縁談も。ただ、ぐずぐずと迷っていると、機を逃してしまいますから、決断と行動はスピーディーに。

交友の輪が広がり、仕事も順調ですが、何かと気疲れすることが多いでしょう。上手にストレス解消してコンディションを整えること。

六白が中央の年の運勢

△六白中宮の年▽

2021年（令和3年）
2030年（令和12年）
2039年（令和21年）
2048年（令和30年）
以降9年周期

運勢は吉凶混合。自分の考えていることは予定通りにいきませんが、思いがけない形でチャンスを得ることがありそう。

仕事上でも、誰かの代役などの形でポストがめぐってくる可能性が。プレッシャーをバネに頑張ってください。健康は定期的な検査とメンテナンスが必要です。

六白が西北の年の運勢

△五黄中宮の年▽

2022年（令和4年）
2031年（令和13年）
2040年（令和22年）
以降9年周期

前年以上に責任が増して、多忙になります。スケジュールをうまく調整して、効率よく動くことが大切。また、目上の人と信頼関係を築くことでチャンスが増えるでしょう。

計画は実現しやすい年ですが、金銭的には予算オーバーとなりがち。軍資金は十分に用意しておいて。

六白が西の年の運勢

△四緑中宮の年▽

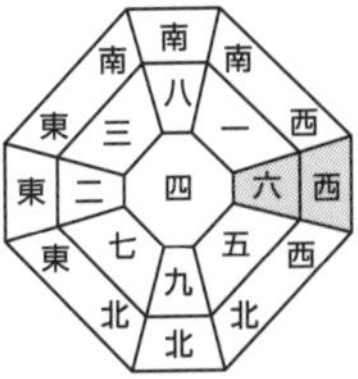

2023年（令和5年）
2032年（令和14年）
2041年（令和23年）
以降9年周期

心と時間にゆとりが生まれ、仕事よりもプライベートに意識が向いていきます。趣味やレジャー、ショッピングに投資して、楽しい時間を過ごせるとき。ただし、贅沢グセをつけると後が大変ですから自己コントロールを。

恋愛のチャンスに恵まれ、まじめな交際は結婚につながるでしょう。

六白が東北の年の運勢

△三碧中宮の年▽

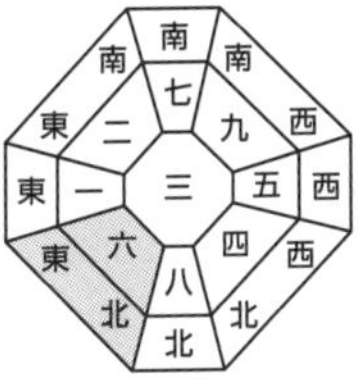

2024年（令和6年）
2033年（令和15年）
2042年（令和24年）
以降9年周期

現状に不満を感じ、改革を考えるようになります。転居や転職を計画する人も。ただ、やみくもに行動を起こせば今よりもよくない状況を招くことに。信頼できる人に相談するなど、冷静に結論を出してください。

財テク熱が高まりますが、投機的なものへの手出しは禁物です。

六白が南の年の運勢

△二黒中宮の年▽

2025年（令和7年）
2034年（令和16年）
2043年（令和25年）
以降9年周期

これまでの環境と決別したり、仕事の切り替えがあるなど、何となく気持ちが落ち着かないときです。多忙なこともあり、心の余裕をなくしやすいので注意。

対人関係は短気を起こすと、相手が離れていってしまいます。年の後半からは、徐々に運勢が失速。冒険は控えましょう。

七赤金星の人の運勢

浮き沈みはゆるやか、怠けず努力することが開運のカギ

七赤の人はとかく趣味や道楽に走りやすく、実質的な面に欠けるところが。それゆえ、運勢の波は激しくない代わりに、サクセスのチャンスをつかむのが下手なようです。甘え心、怠け心を起こさず、努力するべきときにしっかり自分を鍛えることが開運のカギに。西北に入った年は七赤暗剣となりますから、慎重に物事を運んでください。

※七赤に歳破のつく年は、運勢がこのグラフの位置より3割程度、低下します。

七赤金星の人の運勢バイオリズム

北、西南……というのは、「北に七赤が入る年」、「西南に七赤が入る年」という意味で、9年でひとまわりします。運勢はプラスにいくほどよく、マイナスにいくほどよくありません。

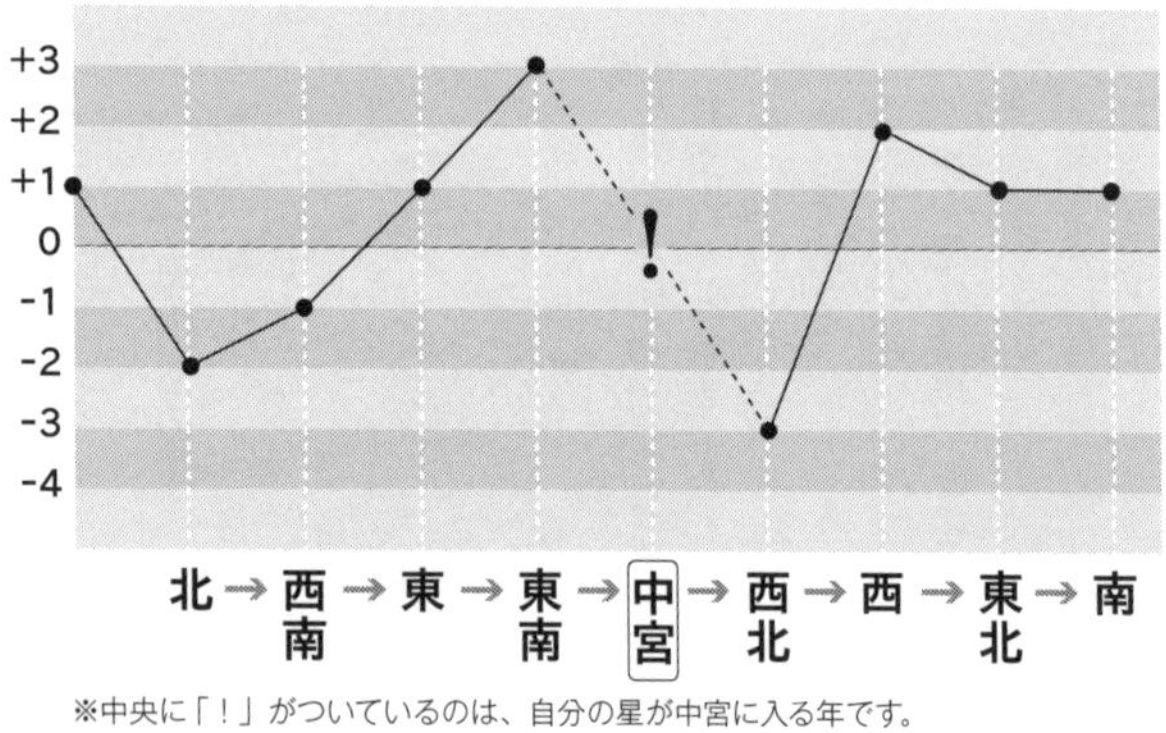

※中央に「！」がついているのは、自分の星が中宮に入る年です。
この年の運気は、前年までの過ごし方しだいです。

七赤が北の年の運勢

△二黒中宮の年▽

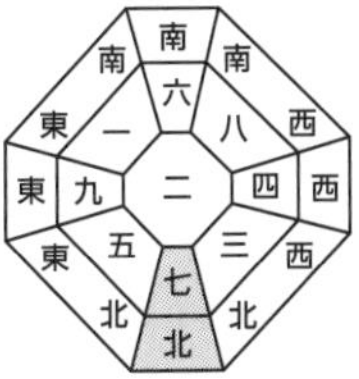

2025年（令和7年）
2034年（令和16年）
2043年（令和25年）
以降9年周期

運勢は低空飛行で、壁に突き当たるときです。仕事は最低限のノルマをこなせればよしとして。対人関係も味方が少なく寂しいムード。目下の人とのコミュニケーションを大切にすること。

趣味やプライベートな楽しみには事欠きませんが、健康には不安が。ハードスケジュールは禁物。

七赤が西南の年の運勢

△一白中宮の年▽

2026年（令和8年）
2035年（令和17年）
2044年（令和26年）
以降9年周期

前年よりは上昇しますが、行動の成果が出にくく、仕事面もパッとしません。楽なことばかり選んでいては浮上のチャンスを失うことに。安易な方向に流されず、あえて苦労や努力をすることが後の開運につながります。

勉強や技術の習得に好機。対人関係は相手を立てる気持ちが大切。

七赤が東の年の運勢

△九紫中宮の年▽

2027年（令和9年）
2036年（令和18年）
2045年（令和27年）
以降9年周期

運勢に活気が出てきます。やりたいことも見つかり、あちこちに手を広げてはみるものの、計画性のなさが目立って空振りになりがち。この年は移り気な傾向もあり、物事を最後までやり遂げることが難しいので注意が必要です。

金銭面は衝動買い、対人関係は失言に気をつけてください。

七赤が東南の年の運勢

△八白中宮の年▽

2028年（令和10年）
2037年（令和19年）
2046年（令和28年）
以降9年周期

安定運の年を迎え、物事がスムーズに運ぶようになります。きちんと努力や準備をしてきた人には、活躍のチャンスが到来。

人と人のつながりを大切にすることで、さらに可能性が広がっていきそう。旅行やレジャーの機会も急増します。ただ、恋愛は八方美人的な態度に注意して。

七赤が中央の年の運勢

△七赤中宮の年▽

2029年（令和11年）
2038年（令和20年）
2047年（令和29年）
以降9年周期

自信がついて、強気の行動が目立つようになってきます。一方で、思い込みが強く、頑固になりがちな点が心配。独断専行をすれば、判断を誤り、大きな失敗を招く暗示です。謙虚になって周囲のアドバイスに耳を傾けることが大切。

頑張ったことには成果が表れるでしょう。

七赤が西北の年の運勢

△六白中宮の年▽

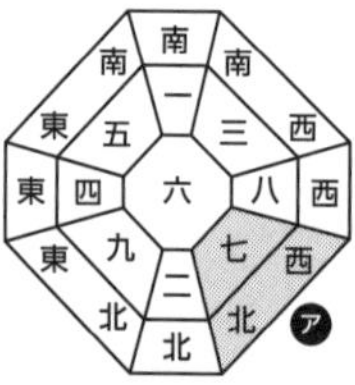

2021年（令和3年）
2030年（令和12年）
2039年（令和21年）
2048年（令和30年）
以降9年周期

七赤に暗剣殺がつき、運勢は波乱含み。それなのにこの年は慢心しやすく、努力を怠ったり、積極策をとろうとするので心配です。

お金に糸目をつけず、自己投資をする傾向も。予想外の出費がありますから、無駄遣いはセーブすること。健康面はケガや事故に用心しましょう。

七赤が西の年の運勢

△五黄中宮の年▽

2022年（令和4年）
2031年（令和13年）
2040年（令和22年）
以降9年周期

運勢は前年より持ち直します。七赤にとって西は本来の座。居心地はよいのですが、緊張感がなくなり、楽をしたくなるのが難点です。仕事で手抜きは厳禁。

交友が活発になり、レジャーチャンスが増える代わりに、浪費グセもついてしまいそう。恋愛運は好調で、出会いが目白押しです。

七赤が東北の年の運勢

△四緑中富の年▽

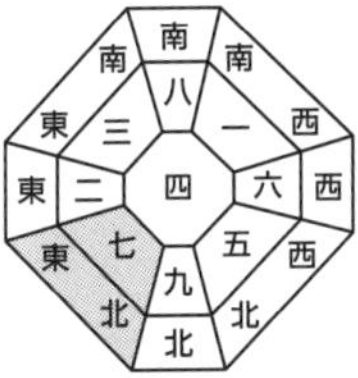

2023年（令和5年）
2032年（令和14年）
2041年（令和23年）
以降9年周期

周辺の状況が変化してきて、現状維持が難しくなってきます。周囲から方針転換を迫られる暗示も。この年の選択は、今後の明暗を分けることになりますから、慎重に。迷ったら撤退、消極策のほうが無難です。

対人関係は一度トラブルになると尾を引きますから、気をつけて。

七赤が南の年の運勢

△三碧中宮の年▽

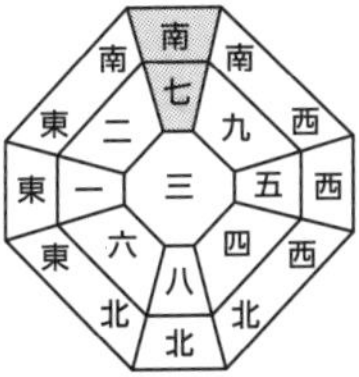

2024年（令和6年）
2033年（令和15年）
2042年（令和24年）
以降9年周期

物事の結果がハッキリと出る年。長年、努力してきた人には、苦労が報われるような出来事があるでしょう。対人関係はライバルとの対立が激化。感情をムキ出しにしたり、短気を起こすと悔いが残る結果になります。

健康面では隠れていた病気が検査で見つかる暗示が。

八白土星の人の運勢

相性のよくない東南の座の年は、自己のコントロールを

八白の運勢は、他の星とは少し違った表れ方をします。一般的には東南の座に入ったときが最も盛運となるのですが、「改革」や「変化」の性質を持つ八白にとって、「整う」の意がある東南の座とはあまり相性がよくありません。

この年は、コントロール不能となりやすいので要注意。また、西南の座に入る年も暗剣殺がつき、不安定です。

※八白に歳破のつく年は、運勢がこのグラフの位置より3割程度、低下します。

八白土星の人の運勢バイオリズム

北、西南……というのは、「北に八白が入る年」、「西南に八白が入る年」という意味で、9年でひとまわりします。運勢はプラスにいくほどよく、マイナスにいくほどよくありません。

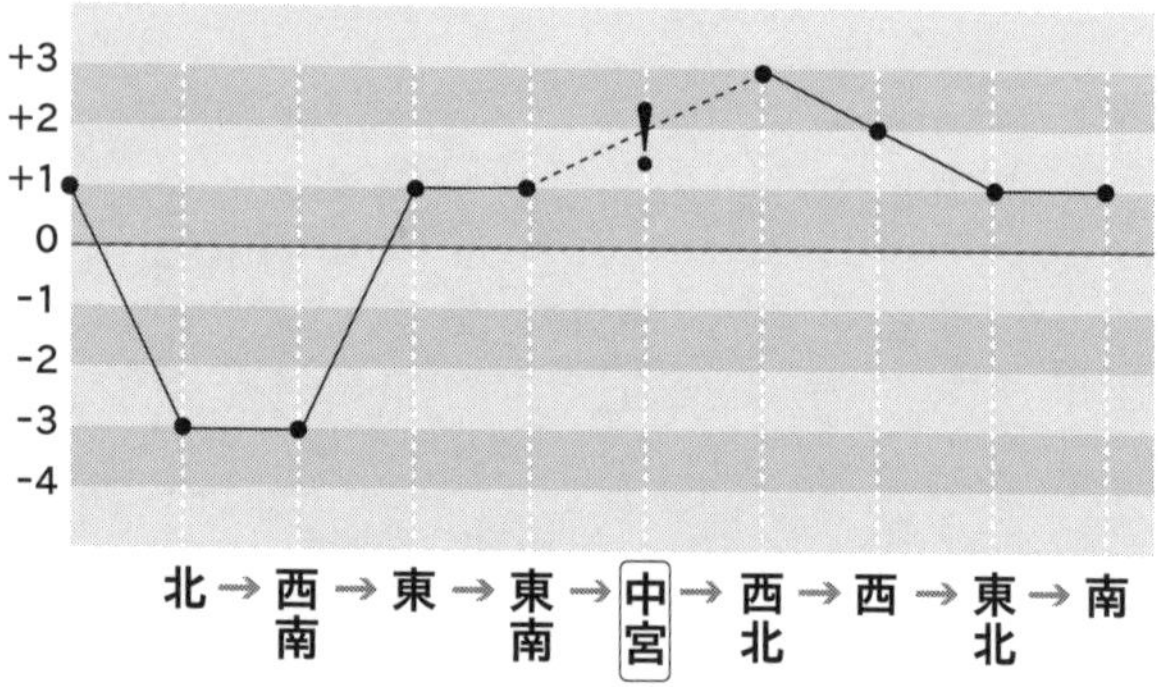

※中央に「！」がついているのは、自分の星が中宮に入る年です。
この年の運気は、前年までの過ごし方しだいです。

八白が北の年の運勢

△三碧中宮の年▽

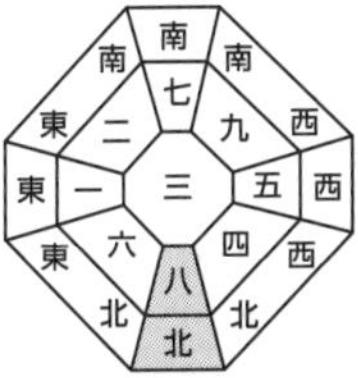

2024年（令和6年）
2033年（令和15年）
2042年（令和24年）
以降9年周期

いろいろな課題を抱えて、苦労の多い年です。自己の利益ばかりを考えて行動すると、周囲の反感を買うことに。裏工作は失敗しやすいので、正攻法でいきましょう。

気力・体力ともに弱いときですから、ゆとりのあるスケジュールを組み、オフはゆっくり休養して充電をおすすめします。

八白が西南の年の運勢

△二黒中宮の年▽

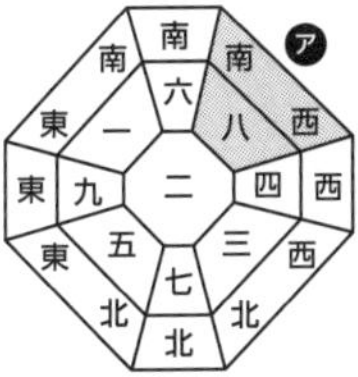

2025年（令和7年）
2034年（令和16年）
2043年（令和25年）
以降9年周期

八白に暗剣殺がつき、運勢は荒れ模様。しかし、八白の人はこの年に思い切った行動に出たり、表面上は活躍しているように見える場合が多いようです。

波乱に乗じてチャンスを手にするケースもありますが、これは長い目で見ると凶と出る暗示。事故にも注意してください。

八白が東の年の運勢

△一白中宮の年▽

2026年（令和8年）
2035年（令和17年）
2044年（令和26年）
以降9年周期

思いがけないことでスポットライトを浴びるなど、存在感が増します。ただ、内実は伴わないので、有頂天にならないように。情報量が多くなりますから、取捨選択をしっかりとすることが大切。

何事につけ、ウマイ話に飛びつくと、後悔する結果になります。自分磨きにはツキあり。

八白が東南の年の運勢

△九紫中宮の年▽

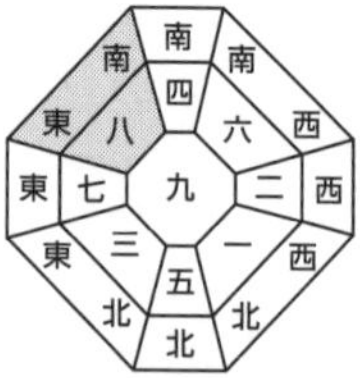

2027年（令和9年）
2036年（令和18年）
2045年（令和27年）
以降9年周期

順調そうに見えて、心身のバランスを崩しやすい年です。迷いが生じて判断を誤ったり、何となくイライラして投げやりな行動をとってしまう心配が。失った信用を取り戻すのは大変ですから、慎重に過ごしてください。

旅行運がありますが、旅先では体調管理に注意しましょう。

八白が中央の年の運勢

△八白中宮の年▽

2028年（令和10年）
2037年（令和19年）
2046年（令和28年）
以降9年周期

運勢には起伏があり、予想外の展開もありそうです。無理をしていたことには、ほころびが見えてきますから、早めに軌道修正してください。仕事、対人関係は強引なやり方が摩擦を生む暗示です。

その場は意見が通ったとしても、後でそれが元で孤立する可能性が。健康は異変を見逃さないで。

八白が西北の年の運勢

△七赤中宮の年▽

2029年（令和11年）
2038年（令和20年）
2047年（令和29年）
以降9年周期

オフィシャルな運の強い年。活躍の場が大きく広がり、仕事や対外的な用事で多忙になります。働くことが楽しいために、つい無理をしてしまうのが難点。

八白には事業欲の強い人が多く、事業の拡大や起業を考えることもあるでしょう。体力と実力に合った計画なら吉。

八白が西の年の運勢

△六白中宮の年▽

2021年（令和3年）
2030年（令和12年）
2039年（令和21年）
2048年（令和30年）
以降9年周期

運勢は一歩後退し、前年ほどの勢いはありません。忙しく働いてきた人は、まとまった休暇をとったり、趣味の時間を持ちたくなるでしょう。お金を使って楽しむ年。

趣味や遊びを通して新たな恋愛のチャンスも生まれそう。また、この年は、身の回りに慶事が多くなります。

八白が東北の年の運勢

△五黄中宮の年▽

2022年（令和4年）
2031年（令和13年）
2040年（令和22年）
以降9年周期

もともと改革心が旺盛な八白の人にとって、この年は環境を変えたいという思いがいっそう強くなるでしょう。ただし、あまり野心を燃やすと、本来の能力以上のことに手を出したり、無茶をしてしまうので気をつけて。

健康面ではたまった疲れが出やすく、持病の悪化や腰痛が心配です。

八白が南の年の運勢

△四緑中宮の年▽

2023年（令和5年）
2032年（令和14年）
2041年（令和23年）
以降9年周期

吉凶混合運で岐路に立たされたり、決断しなくてはならないことがありそう。自分で蒔いた種は自分で刈り取ること。訴訟問題が起きやすい年ですが、感情的にならないで冷静に対処しましょう。

また、契約事は慎重に。勉強や芸術に関することでは実力が認められ、高い評価を得られます。

九紫火星の人の運勢

北の座では気持ちの落ち込みに、西の座では言動に注意を

火の気である九紫の人と相性がよくないのは、水の気である北の座。この位置に入った年は、どの星であれ低迷しますが、九紫の人にとっては相性が悪い分、精神的な落ち込みがありそうです。また、西に入ったときは暗剣殺がつき、自らトラブルの原因を作りやすいのが心配。この年は言葉を慎重に選び、行動も控え目にして乗り切りましょう。

※九紫に歳破のつく年は、運勢がこのグラフの位置より3割程度、低下します。

九紫火星の人の運勢バイオリズム

北、西南……というのは、「北に九紫が入る年」、「西南に九紫が入る年」という意味で、9年でひとまわりします。運勢はプラスにいくほどよく、マイナスにいくほどよくありません。

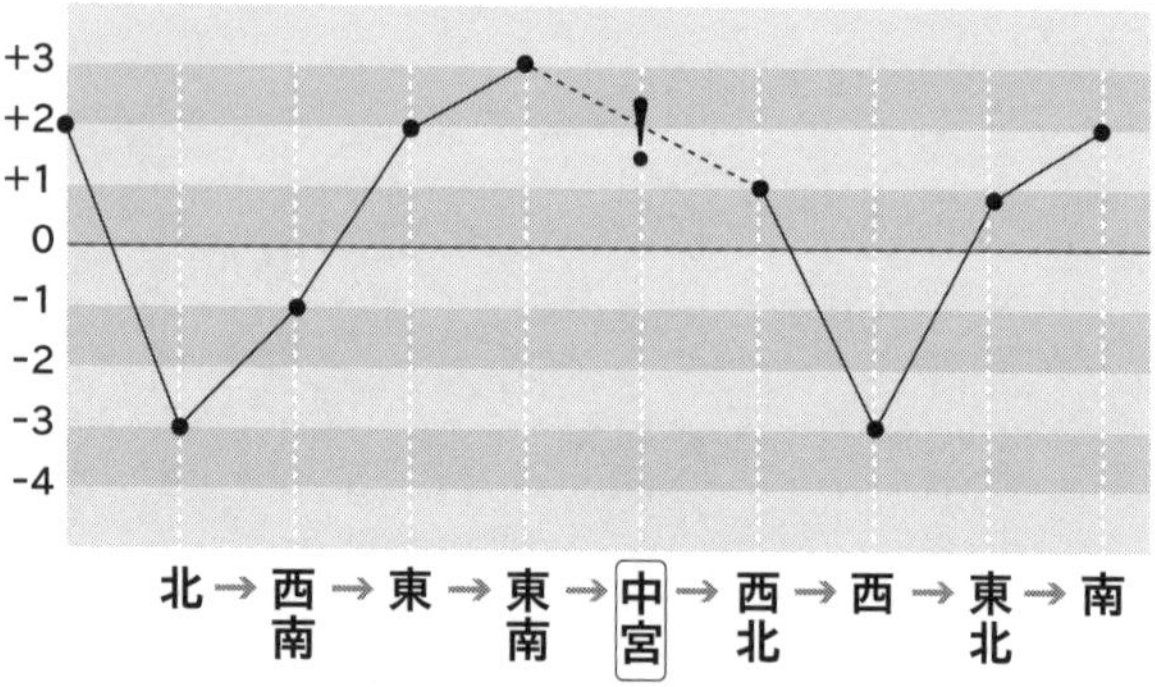

※中央に「！」がついているのは、自分の星が中宮に入る年です。
この年の運気は、前年までの過ごし方しだいです。

九紫が北の年の運勢

△四緑中宮の年▽

2023年（令和5年）
2032年（令和14年）
2041年（令和23年）
以降9年周期

試練の年。悩みや苦労が多く、気持ちが沈みがちです。不平不満を口にしないで、ひたすら忍耐と努力で乗り切ること。また、人に対して過剰な期待をしないようにしましょう。健康面では思わぬ症状が潜んでいることがありますから、チェックを入念に。冷えは万病の元です。

九紫が西南の年の運勢

△三碧中宮の年▽

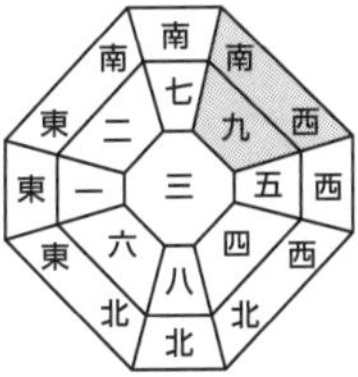

2024年（令和6年）
2033年（令和15年）
2042年（令和24年）
以降9年周期

トンネルの先に光が見えてきました。まだ道のりは遠いものの、努力したことには手応えがあり、自信を取り戻せそう。信念を持って行動することが大切です。仕事や対人関係は奉仕の気持ちで、縁の下の力持ち役に徹して。

　金銭面では地道に節約して、資金を蓄えること。

九紫が東の年の運勢

△二黒中宮の年▽

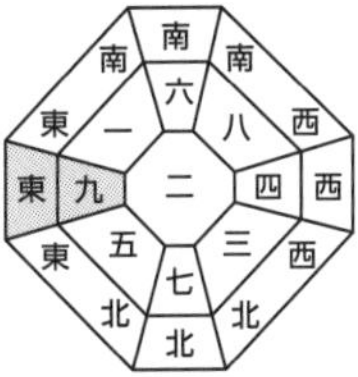

2025年（令和7年）
2034年（令和16年）
2043年（令和25年）
以降9年周期

運勢に明るさが出てきます。計画が動き出したり、急に話が決まっていくとき。ただ、準備不足のことは頓挫しますから、やみくもに突っ走るのはいけません。

　仕事やカルチャーは現状に満足しないで、さらに上を目指して頑張ること。対人関係では出しゃばりすぎに気をつけて。

九紫が東南の年の運勢

△一白中宮の年▽

2026年（令和8年）
2035年（令和17年）
2044年（令和26年）
以降9年周期

安定運に守られて、物事がスムーズに運びます。今まで築いてきた人脈を活かして、計画を実行に移すと吉。ビジネスでは徐々に信用が増して、本格的な仕事が舞い込むようになります。

また、出張や旅行などで遠方に出かける機会も。新たに生まれた友情は大切に育てましょう。

九紫が中央の年の運勢

△九紫中宮の年▽

2027年（令和9年）
2036年（令和18年）
2045年（令和27年）
以降9年周期

ここ数年間の結果が出る年。努力してきたことは苦労が報われ、手を抜いてきたことには厳しい結果が待っています。目の前の現実を冷静に受け止めて、次の方針を決めること。

対人関係では他人のトラブルに巻き込まれないように注意。健康面は思わぬ症状が顔を出しそう。

九紫が西北の年の運勢

△八白中宮の年▽

2028年（令和10年）
2037年（令和19年）
2046年（令和28年）
以降9年周期

運勢はアベレージ以上ですが、仕事とプライベートのバランスがとれないとき。仕事はノルマが増えて、許容量をオーバーしてしまいそう。無理は続きませんから、早めに対策を講じて。こまめなストレス解消も必要です。

対人関係では、目上の人に礼儀正しく接することが大切。

九紫が西の年の運勢

△七赤中宮の年▽

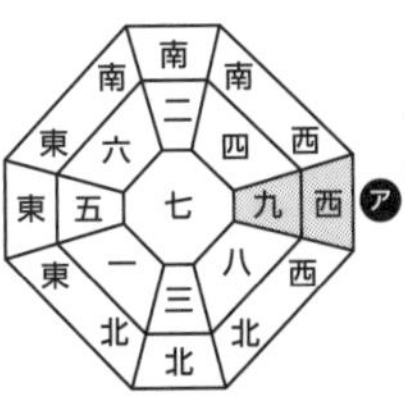

2029年（令和11年）
2038年（令和20年）
2047年（令和29年）
以降9年周期

要警戒。暗剣殺がつくためアクシデントにあったり、自らトラブルの原因を作りやすいときです。ひたすら口を慎み、慎重に過ごすこと。健康運も不安定。

また、金銭面は見栄を張って散財することが。恋愛は出会いがあっても、成就しにくい年。焦らず、時間をかけて交際を。

九紫が東北の年の運勢

△八白中宮の年▽

2021年（令和3年）
2030年（令和12年）
2039年（令和21年）
2048年（令和30年）
以降9年周期

環境や心境に変化があり、気持ちが落ち着かなくなるでしょう。現状を変えたいという思いが強くなっても、感情のまま動いたのでは失敗することに。周囲の協力が得られるか、資金面にゆとりがあるかなど、総合的に判断することが大切です。気分転換の旅行は吉。

健康面は生活習慣の見直しを。

九紫が南の年の運勢

△五黄中宮の年▽

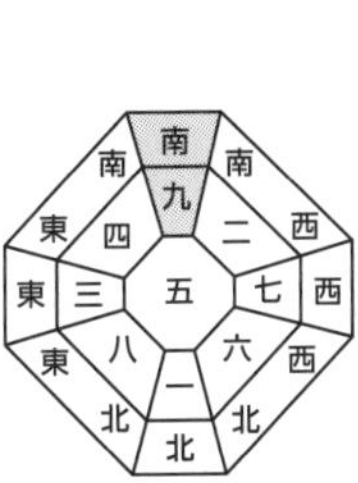

2022年（令和4年）
2031年（令和13年）
2040年（令和22年）
以降9年周期

九紫の本来の座に入り、向学心が旺盛になります。勉強や芸術に打ち込むと充実する年。長く続けてきたことで表彰されたり、努力が形になる喜びがあるでしょう。

対人関係は出会いあり、別れありで、おつき合いする相手が入れ替りそうです。

年の後半からは運勢が下り坂に。

開運コラム❺

運と食の関係　～食事で運を強くする

いくら吉方位に出かけても、毎日の食事がおろそかになっているようでは、運は伸びていきません。「食べる」ということは、植物や動物など、ありとあらゆるものの命を自分の体内に取り入れ、それを糧として生きることであり、〝食〟と〝運〟は、深いところでかかわり合いがあるからです。

さて、食事には、作ることと食べること、片づけること、の三つの流れがあります。ですから、料理をせずに、食べるのもまちまち、片づけもいい加減……では、運の幹は太くなりません。気の栄養がゆき届かないのです。作る、食べる、片づけるは、バランスよく行いたいものです。

運を強くする〝食〟のルールは、①その季節の中から生まれたものを摂る ②吉方として出かけた土地の産地名産をいただく ③自分の星に合ったものを取り入れる ④食べすぎない ⑤感謝しながら食事をする……この五つです。

また、お台所には〝荒神様《こうじんさま》〟という火の神さまが宿っており、清潔に片づけておくと、家運を盛り上げてくれると言われています。

巻末

暦と方位の正しい見方

九星を活用するうえで、
欠かせないのが、
暦と方位の正しい見方を覚えることです。
どちらも日ごろはなじみがないため、
取っつきにくく見えますが、
基本さえわかってしまえば、
とくに難しいことはありません。

九星を使いこなすために必要な暦と方位の決まりごと

まずは暦についてですが、私たちが通常用いるカレンダーでは、1年の始まりは1月1日で、月の始まりは必ず1日です。しかし九星で用いる暦では、1年の始まりは立春で、毎月の始まりも、啓蟄、清明……といった節《せつ》で区切られています。

この章では、その仕組みを「九星気学で大切な暦の読み方」で学びます。それに続くのは、24年分の「年盤」と、自分の月命星や占いたい月の盤がすぐわかる「月盤」です。これらは、すべての星の人に共通する凶方位（五黄殺、暗剣殺など）がひと目でわかるようにしてあります。

「年盤」「月盤」ともに、310ページからの「各九星の吉方位と凶方位」の図と合わせて見ますと、自分の吉方位・凶方位が簡単にわかります。

そして九星では、方位の出し方もとても重要です。正しい方位の測り方を知らないと、吉方位を選んだはずが凶方位だった……なんてことになりかねません。ここでは「磁北修正をして正しい方位を割り出す」ことを覚えてください。※5～6歳までの子どもの方位は、「月盤」に小児殺の方位を加えて見ます。

九星気学で大切な暦の読み方

九星気学では、新しい年がスタートするのはその年の立春（毎年2月4日頃。節分の翌日）からで、それ以前は前の年となります。

例　九星気学で言う「2022年」とは2022年2月4日（立春）から2023年2月3日（節分）までのことを指します。

また、月が変わるのもそれぞれの月の節入りからで、それ以前は前の月となります。

例　九星気学で言う「3月」とは、2022年でしたら3月5日（啓蟄）から4月4日（清明の前日）までのことを指します。

九星気学で「○年○月」といった場合は、すべて、この節入りから節入りまでで区切られた期間を指しますので、この点をしっかり頭に入れておきましょう。

方位学上の月替わり（節）一覧

月	節入り日	月	節入り日
2月	立春《りっしゅん》（2月4日頃）	8月	立秋《りっしゅう》（8月8日頃）
3月	啓蟄《けいちつ》（3月5日頃）	9月	白露《はくろ》（9月8日頃）
4月	清明《せいめい》（4月5日頃）	10月	寒露《かんろ》（10月8日頃）
5月	立夏《りっか》（5月5日頃）	11月	立冬《りっとう》（11月7日頃）
6月	芒種《ぼうしゅ》（6月6日頃）	12月	大雪《たいせつ》（12月7日頃）
7月	小暑《しょうしょ》（7月7日頃）	1月	小寒《しょうかん》（1月6日頃）

※月替わりの日づけは、年により1日前後のずれがありますから、「立春」「啓蟄」……といった日をカレンダーで見つけ、確認しましょう。

暦の流れを見て、九星のめぐり方を学ぶ

毎月の節については前ページで触れましたが、1年間の月の九星や日の九星を表にすると、下のようになります。

ここでは、五黄土星が中宮（中央の座）に入る2022年（令和4年）を例にとって見てみましょう。

※暦については、『九星開運暦』（日本占術協会編）が毎年、ハート出版より刊行されています。

月	月の九星	月の干支	1日	2日	3日	4日	5日	6日	7日	8日	9日	10日	11日	12日	13日	14日
令和4年 2月	二黒	寅	四乙酉	五丙戌	六丁亥	七戊子	八己丑	九庚寅	一辛卯	二壬辰	三癸巳	四甲午	五乙未	六丙申	七丁酉	八戊戌
3月	一白	卯	五癸丑	六甲寅	七乙卯	八丙辰	九丁巳	一戊午	二己未	三庚申	四辛酉	五壬戌	六癸亥	七甲子	八乙丑	九丙寅
4月	九紫	辰	九甲申	一乙酉	二丙戌	三丁亥	四戊子	五己丑	六庚寅	七辛卯	八壬辰	九癸巳	一甲午	二乙未	三丙申	四丁酉
5月	八白	巳	三甲寅	四乙卯	五丙辰	六丁巳	七戊午	八己未	九庚申	一辛酉	二壬戌	三癸亥	四甲子	五乙丑	六丙寅	七丁卯
6月	七赤	午	七乙酉	八丙戌	九丁亥	一戊子	二己丑	三庚寅	四辛卯	五壬辰	六癸巳	七甲午	八乙未	九丙申	一丁酉	二戊戌
7月	六白	未	一乙卯	二丙辰	三丁巳	四戊午	五己未	六庚申	七辛酉	八壬戌	九癸亥	九甲子	八乙丑	七丙寅	六丁卯	五戊辰
8月	五黄	申	五丙戌	四丁亥	三戊子	二己丑	一庚寅	九辛卯	八壬辰	七癸巳	六甲午	五乙未	四丙申	三丁酉	二戊戌	一己亥
9月	四緑	酉	一丁巳	九戊午	八己未	七庚申	六辛酉	五壬戌	四癸亥	三甲子	二乙丑	一丙寅	九丁卯	八戊辰	七己巳	六庚午
10月	三碧	戌	七丁亥	六戊子	五己丑	四庚寅	三辛卯	二壬辰	一癸巳	九甲午	八乙未	七丙申	六丁酉	五戊戌	四己亥	三庚子
11月	二黒	亥	三戊午	二己未	一庚申	九辛酉	八壬戌	七癸亥	六甲子	五乙丑	四丙寅	三丁卯	二戊辰	一己巳	九庚午	八辛未
12月	一白	子	九戊子	八己丑	七庚寅	六辛卯	五壬辰	四癸巳	三甲午	二乙未	一丙申	九丁酉	八戊戌	七己亥	六庚子	五辛丑
令和5年 1月	九紫	丑	五己未	四庚申	三辛酉	二壬戌	一癸亥	一甲子	二乙丑	三丙寅	四丁卯	五戊辰	六己巳	七庚午	八辛未	九壬申

アミのかかった日は節入り日です。2月4日が立春、3月5日が啓蟄、4月4日が清明……と続きます。

斜線のかかった日は、一般的な土用期間です。↓土用については298ページ。

四角で囲ってある日は、7月10日が隠遁で、1月6日が陽遁の開始日です。↓陰遁、陽遁については299ページ。

15日	16日	17日	18日	19日	20日	21日	22日	23日	24日	25日	26日	27日	28日	29日	30日	31日
九己亥	一庚子	二辛丑	三壬寅	四癸卯	五甲辰	六乙巳	七丙午	八丁未	九戊申	一己酉	二庚戌	三辛亥	四壬子			
一丁卯	二戊辰	三己巳	四庚午	五辛未	六壬申	七癸酉	八甲戌	九乙亥	一丙子	二丁丑	三戊寅	四己卯	五庚辰	六辛巳	七壬午	八癸未
五戊戌	六己亥	七庚子	八辛丑	九壬寅	一癸卯	二甲辰	三乙巳	四丙午	五丁未	六戊申	七己酉	八庚戌	九辛亥	一壬子	二癸丑	
八戊辰	九己巳	一庚午	二辛未	三壬申	四癸酉	五甲戌	六乙亥	七丙子	八丁丑	九戊寅	一己卯	二庚辰	三辛巳	四壬午	五癸未	六甲申
三己亥	四庚子	五辛丑	六壬寅	七癸卯	八甲辰	九乙巳	一丙午	二丁未	三戊申	四己酉	五庚戌	六辛亥	七壬子	八癸丑	九甲寅	
四己巳	三庚午	二辛未	一壬申	九癸酉	八甲戌	七乙亥	六丙子	五丁丑	四戊寅	三己卯	二庚辰	一辛巳	九壬午	八癸未	七甲申	六乙酉
九庚子	八辛丑	七壬寅	六癸卯	五甲辰	四乙巳	三丙午	二丁未	一戊申	九己酉	八庚戌	七辛亥	六壬子	五癸丑	四甲寅	三乙卯	二丙辰
五辛未	四壬申	三癸酉	二甲戌	一乙亥	九丙子	八丁丑	七戊寅	六己卯	五庚辰	四辛巳	三壬午	二癸未	一甲申	九乙酉	八丙戌	
二辛丑	一壬寅	九癸卯	八甲辰	七乙巳	六丙午	五丁未	四戊申	三己酉	二庚戌	一辛亥	九壬子	八癸丑	七甲寅	六乙卯	五丙辰	四丁巳
七壬申	六癸酉	五甲戌	四乙亥	三丙子	二丁丑	一戊寅	九己卯	八庚辰	七辛巳	六壬午	五癸未	四甲申	三乙酉	二丙戌	一丁亥	
四壬寅	三癸卯	二甲辰	一乙巳	九丙午	八丁未	七戊申	六己酉	五庚戌	四辛亥	三壬子	二癸丑	一甲寅	九乙卯	八丙辰	七丁巳	六戊午
一癸酉	二甲戌	三乙亥	四丙子	五丁丑	六戊寅	七己卯	八庚辰	九辛巳	一壬午	二癸未	三甲申	四乙酉	五丙戌	六丁亥	七戊子	八己丑

前ページの表の一部を年盤・月盤・日盤の図にして表すと、以下のようになります。先にも触れた通り、九星気学でいう1年は、立春（2月4日頃）で区切られ、1ヵ月は各月の節で区切られます。

下の表を見ると、2月3日（立春の前日）は、

・年盤……六白中宮
・月盤……三碧中宮
・日盤……六白中宮

となっており、それが立春の2月4日には、

・年盤……五黄中宮
・月盤……二黒中宮
・日盤……七赤中宮

となります。日盤は毎日変わるものですが、ここでは1年の区切りであり、1ヵ月の区切りでもある立春があるため、年盤と月盤が同時に変わるの

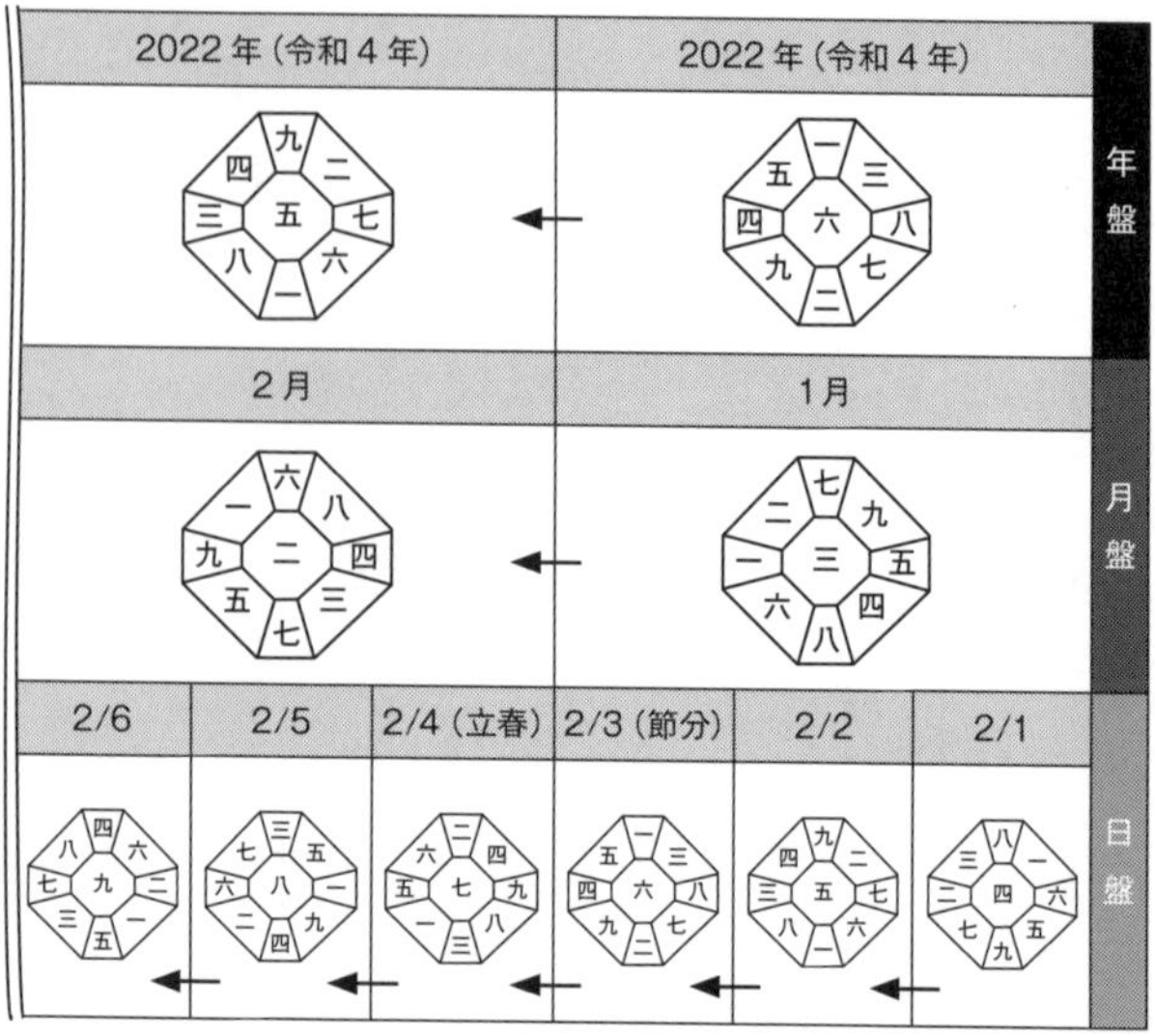

です。

また、3月4日（啓蟄の前日）は、

・年盤…五黄中宮
・月盤…二黒中宮
・日盤…八白中宮

となっており、それが啓蟄の3月5日には、

・年盤…五黄中宮
・月盤…一白中宮
・日盤…九紫中宮

となります。

2月から3月への切り替わりでは、年盤は五黄中宮のままで、月盤と日盤が変わるのみとなります。

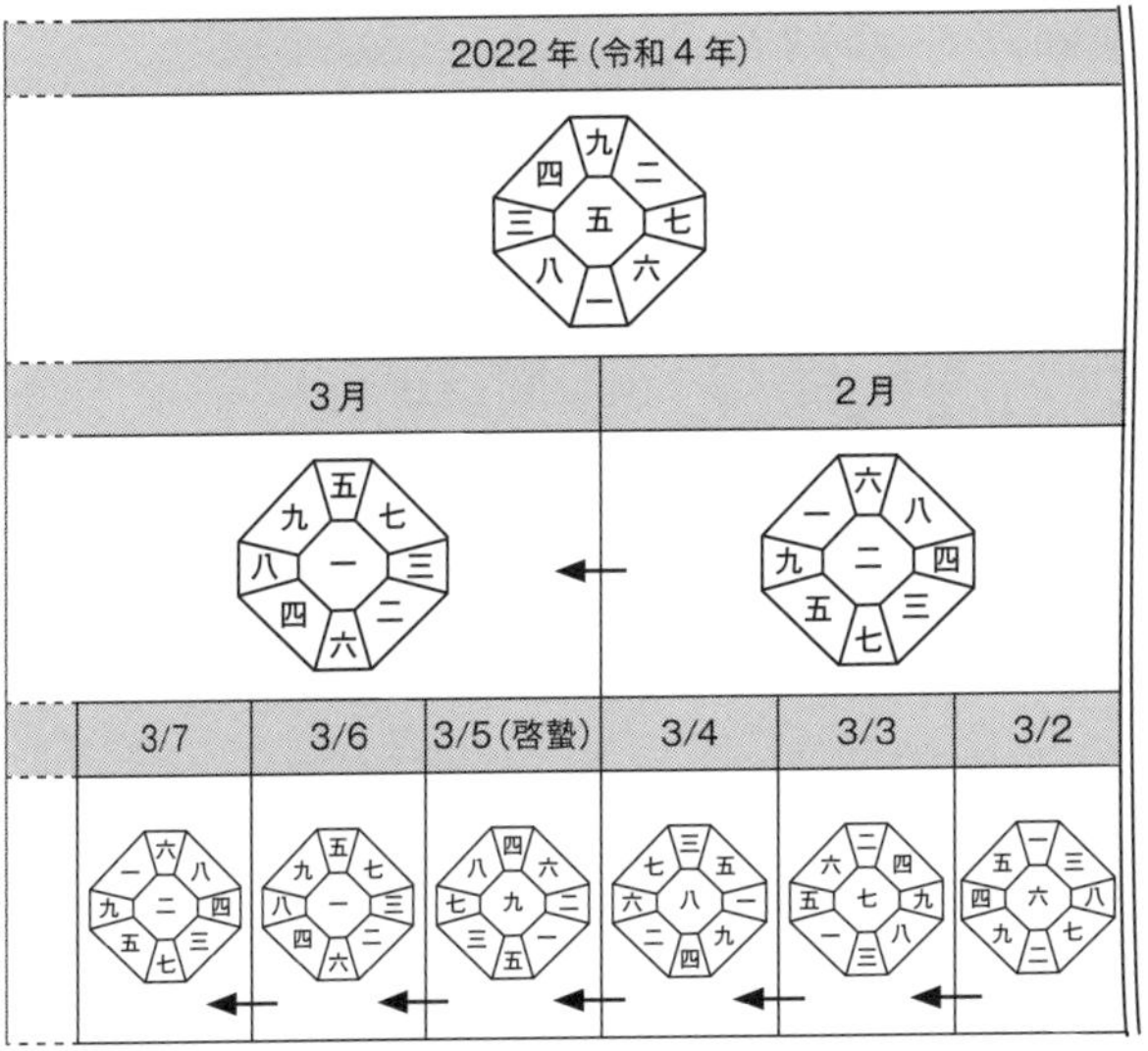

さて、本書では年盤は300ページ～、月盤は304ページ～で、図にしてありますが、日盤については図にはしてありません。また占いの専門書を取り扱っているお店に行けば、年盤、月盤はもちろん、日盤まで図で表されているカレンダーが販売されていますが、一般的な暦では年盤、月盤までしか載っていないことが多いため、日盤の図は自分の頭の中で想像しなくてはなりません。

ですが、これは慣れてくると、図がなくても自分の手の指を方位盤に見立てて、どの方位に何の九星が回っているか、すぐにわかるようになります。これから九星気学を実践しようとされている方は、遁甲《とんこう》の順序だけは頭に入れておきたいものです。

また、日盤を見る際は五黄殺や暗剣殺はもちろん、その日の干支を確認して、対向に日破をつけることも忘れないでください。

方位盤を手の指にあてはめてみる

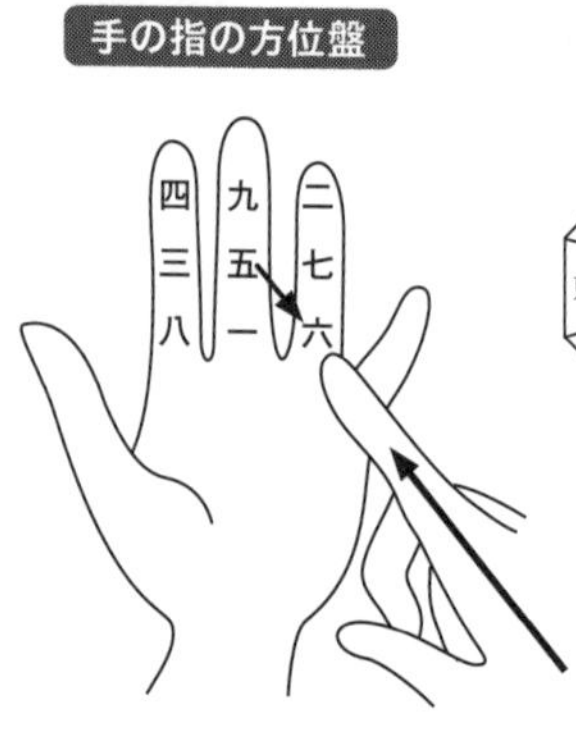

↑盤の上の数字を頭の中で想像しながら、もう片方の指で、中央から遁甲の順序に沿って動かしていきます。

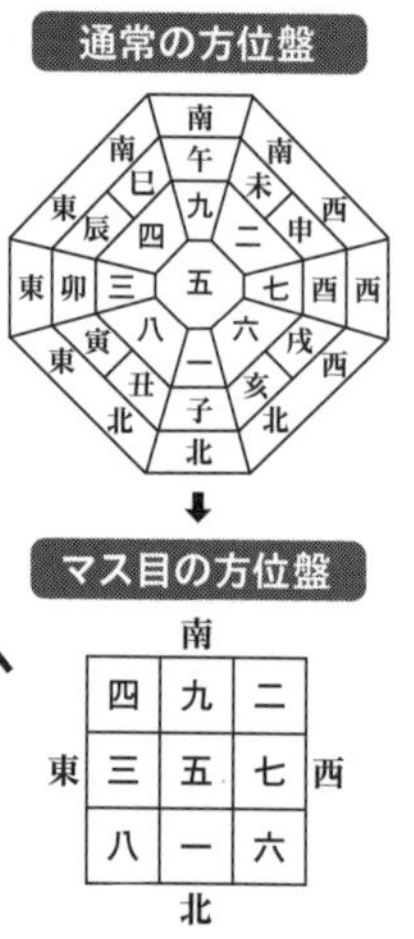

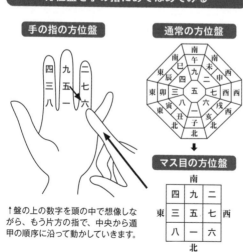

右ページであげた五黄中宮以外の方位盤

五黄殺の向かいは必ず暗剣殺となります。日盤の場合は日の干支、月盤の場合は月の干支の向かいに破がつきます。

一白中宮

九	五	七
八	一	三
四	六 ア	二

二黒中宮

一	六	八 ア
九	二	四
五	七	三

三碧中宮

二	七	九
ア 一	三	五
六	八	四

四緑中宮

ア 三	八	一
二	四	六
七	九	五

六白中宮

五	一	三
四	六	八
九	二	七 ア

七赤中宮

六	二	四
五	七	九 ア
一	三	八

八白中宮

七	三	五
六	八	一
ア 二	四	九

九紫中宮

八	ア 四	六
七	九	二
三	五	一

例えば、293ページの表の2022年12月26日を見ると「二癸丑」とあります。これは二黒中宮の日ですから、手の指に見たてた中宮にあたる二から、遁甲の順に沿って数字を追っていくと、日盤の図がイメージできます。

強すぎる地気エネルギーに注意したい土用の期間

土用というと「土用の丑《うし》」で夏の土用がよく知られていますが、一年のうちに春の土用、夏の土用、秋の土用、冬の土用と各季節にあり、季節と季節のつなぎ目的な役割を果たしています。

　土用の時期は地気のエネルギーが強くなるため、この期間中に地面を掘ったり、庭いじりをして木を植え替えたり、家の建前やリフォーム、土木工事をすることを避ける風習があります。旅行も吉方取りが目的でしたら、土用期間を避けたほうが賢明です。

　土用期間は、暦で「土用」と記されている日が土用入りで、その日から18～19日間が一般的です。ただ、土用の〝地気のエネルギー〟というものは大変に強いうえに現代人は〝土〟に触れる機会が少ないせいか、土用のよくない影響を受けやすいように思います。このこともあり、私は多少の余裕を見て、土用入りの日から21日間は土用期間と考えて、慎重に判断しています。

一般的な土用期間の一覧

春の土用	土用入り（4月17日頃）～立夏の前日（5月4日頃）
夏の土用	土用入り（7月19日頃）～立秋の前日（8月7日頃）
秋の土用	土用入り（10月20日頃）～立冬の前日（11月6日頃）
冬の土用	土用入り（1月17日頃）～立春の前日（2月3日頃）

陽遁《ようとん》・陰遁《いんとん》とは

漢の時代の書物に「冬至には陰極まりて陽崩し、夏至には陽気極まり陰気崩す」と記されている部分があるのですが、これは冬至と夏至についての説明です。冬至や夏至は地球の自転・公転により「気」が切り替わり、陰陽を調整する日です。

そして陰遁と陽遁も、同じように陰陽の調節日として暦に存在する日なのです。

ただ陰遁と陽遁は個々の運命を左右するものではないため、ここでは暦の読み方の知識として考えておいてください。

年盤の九星は、九紫火星↓八白土星↓七赤金星……というように流れ、干支と組み合わせて、180年で循環しています。また、月盤の九星も、九紫火星↓八白土星↓七赤金星……というように流れ、干支と組み合わせて180ヵ月で循環しています。日盤の九星は、180日で循環はするのですが、それが陽遁と陰遁の二期に分かれています。

その概念は左の図のようなものです。

年盤表

2019年（令和元年）亥年

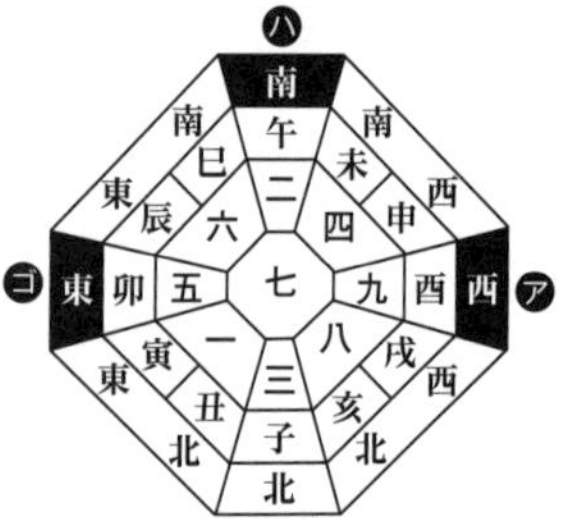

2020年（令和2年）子年

2021年（令和3年）丑年

2022年（令和4年）寅年

2023年（令和5年）卯年

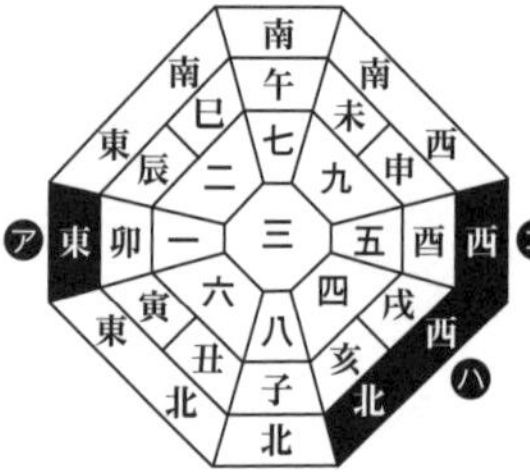

2024年（令和6年）辰年

㋙五黄殺、㋐暗剣殺、㋩歳破、㋟対冲殺　誰にとっても凶方位です。

2025年（令和7年）巳年

2026年（令和8年）午年

2027年（令和9年）未年

2028年（令和10年）申年

2029年（令和11年）酉年

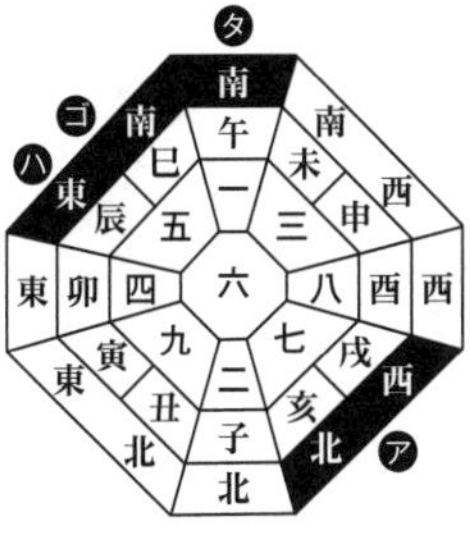

2030年（令和12年）戌年

年盤表

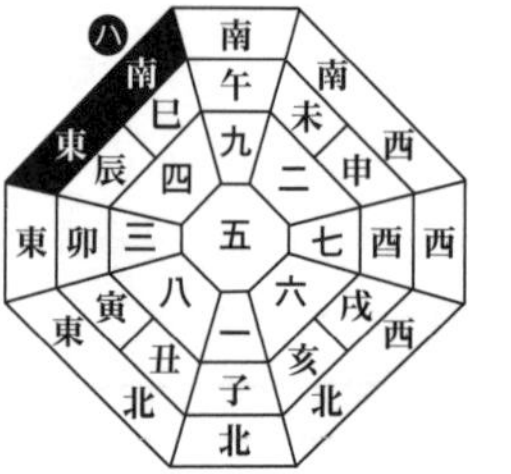

2031年（令和13年）亥年

2032年（令和14年）子年

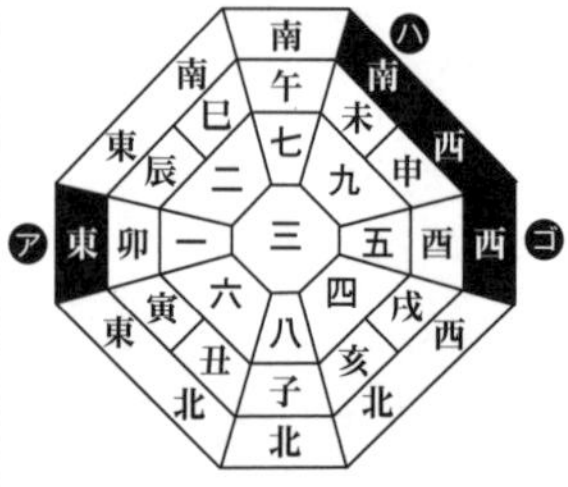

2033年（令和15年）丑年

2034年（令和16年）寅年

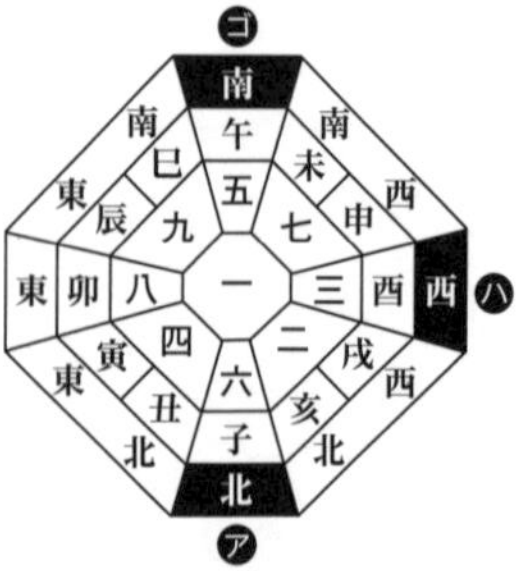

2035年（令和17年）卯年

2036年（令和18年）辰年

ゴ五黄殺、ア暗剣殺、ハ歳破、タ対冲殺　誰にとっても凶方位です。

2037年（令和19年）巳年

2038年（令和20年）午年

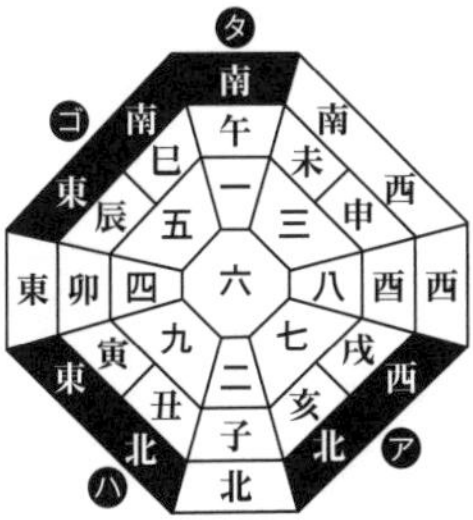

2039年（令和21年）未年

2040年（令和22年）申年

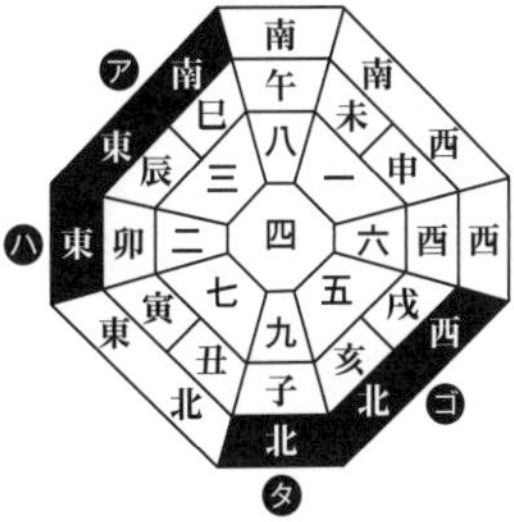

2041年（令和23年）酉年

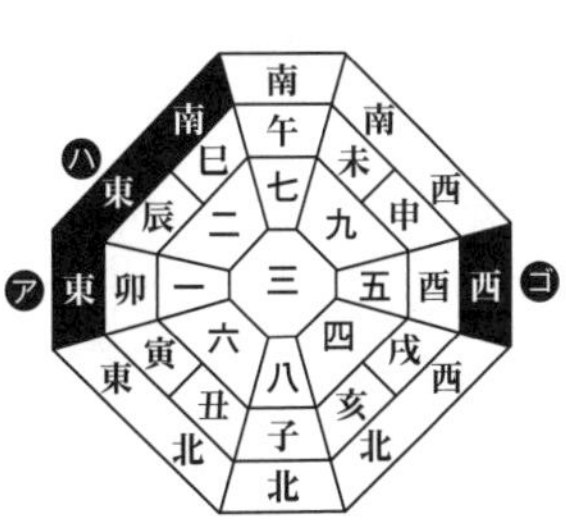

2042年（令和24年）戌年

一白・四緑・七赤の年の（子・卯・午・酉の年） 月盤表

2月（寅月）

3月（卯月）

4月（辰月）

5月（巳月）

6月（午月）

7月（未月）

ゴ五黄殺、ア暗剣殺、ハ月破、タ対冲殺　誰にとっても凶方位です。

11月(亥月)

8月(申月)

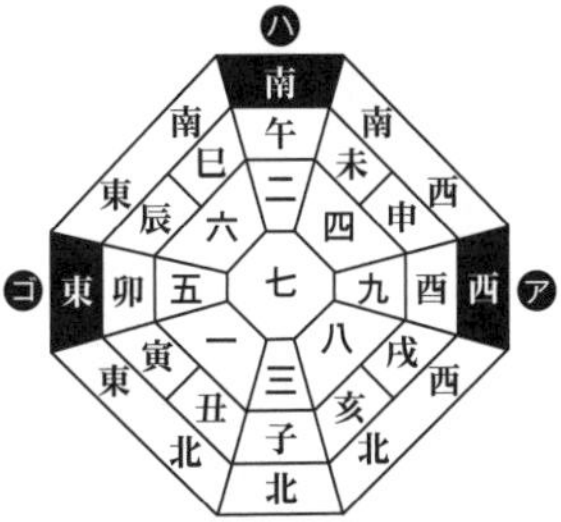

12月(子月)

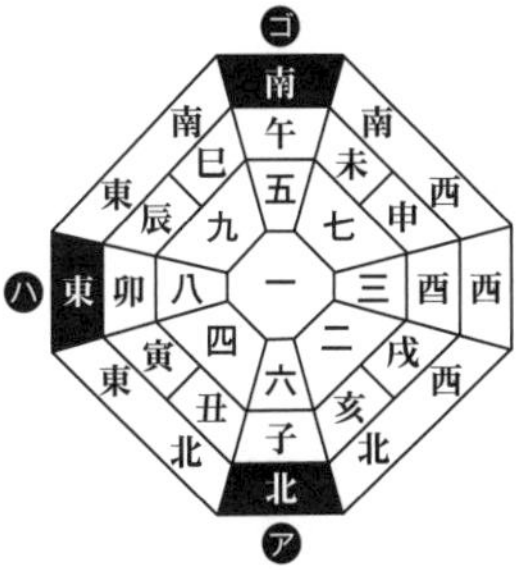

9月(酉月)

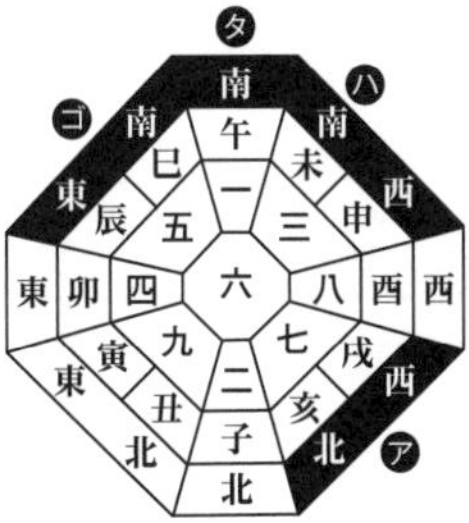

1月(丑月)

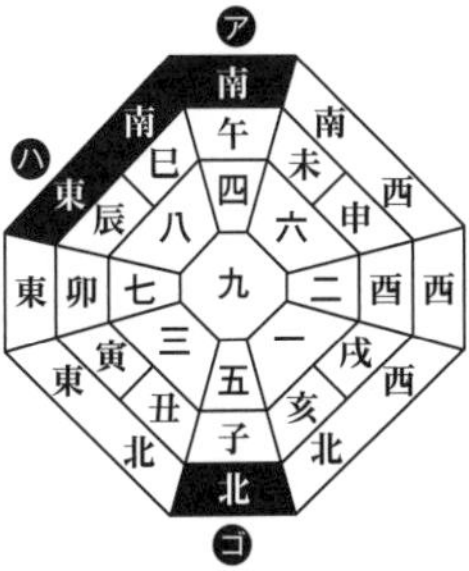

10月(戌月)

三碧・六白・九紫の年の
（丑・辰・未・戌の年）

月盤表

2月（寅月）

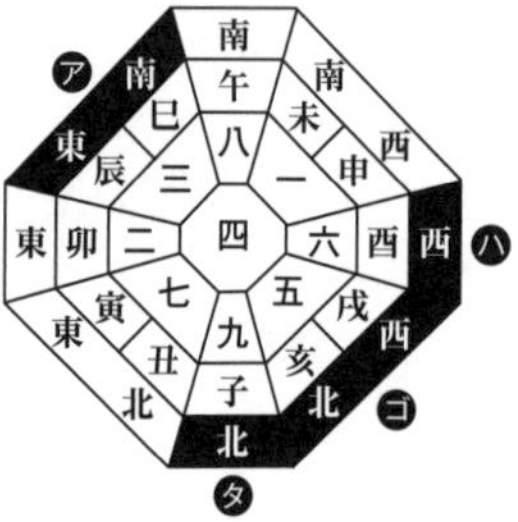

3月（卯月）

4月（辰月）

5月（巳月）

6月（午月）

7月（未月）

ゴ五黄殺、ア暗剣殺、ハ月破、タ対冲殺　誰にとっても凶方位です。

11月(亥月)

8月(申月)

12月(子月)

9月(酉月)

1月(丑月)

10月(戌月)

二黒・五黄・八白の年の月盤表
（寅・巳・申・亥の年）

2月（寅月）

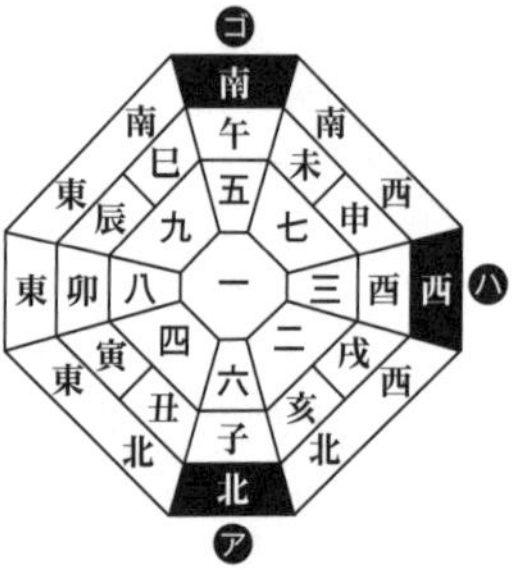

3月（卯月）

4月（辰月）

5月（巳月）

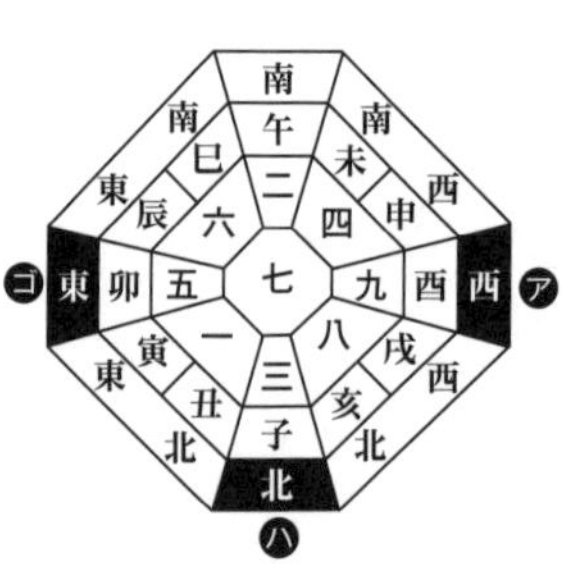

6月（午月）

7月（未月）

ゴ五黄殺、ア暗剣殺、ハ月破、タ対沖殺　誰にとっても凶方位です。

11月（亥月）

8月（申月）

12月（子月）

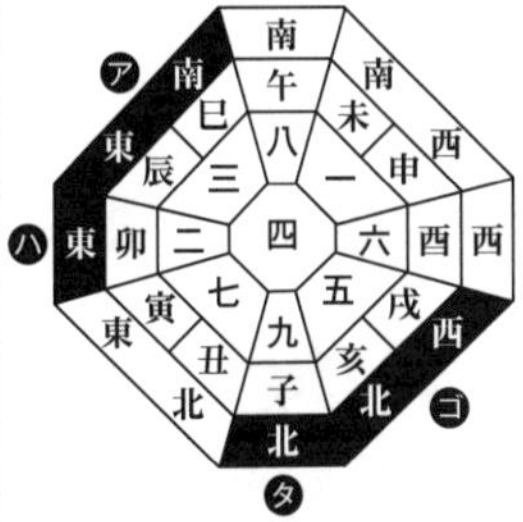

9月（酉月）

1月（丑月）

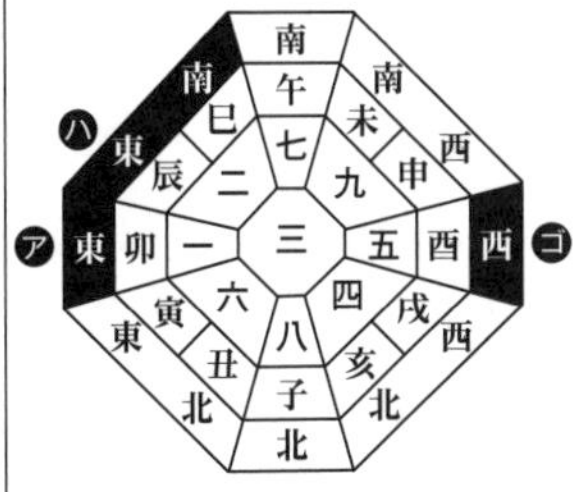

10月（戌月）

各九星の吉方位と凶方位

P38の解説も合わせてごらんください。

一白水星生まれの吉方位・凶方位

㊔吉方位、ゴ五黄殺、ア暗剣殺、ホ本命殺、テ本命的殺、タ対冲殺

八白中宮の盤

二黒中宮の盤

五黄中宮の盤

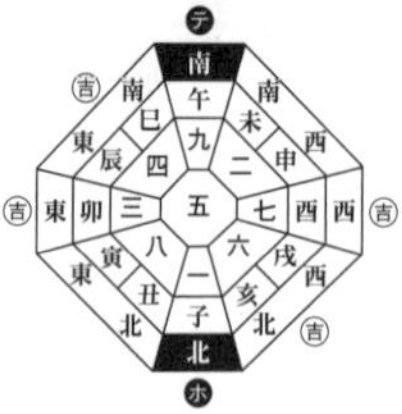

七赤中宮の盤

一白中宮の盤

四緑中宮の盤

六白中宮の盤

九紫中宮の盤

三碧中宮の盤

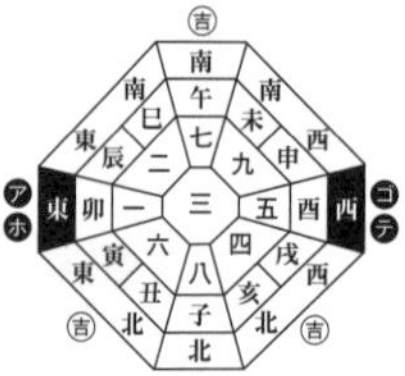

二黒土星生まれの 吉方位・凶方位

吉吉方位、ゴ五黄殺、ア暗剣殺、ホ本命殺、テ本命的殺、タ対冲殺

八白中宮の盤

二黒中宮の盤

五黄中宮の盤

七赤中宮の盤

一白中宮の盤

四緑中宮の盤

六白中宮の盤

九紫中宮の盤

三碧中宮の盤

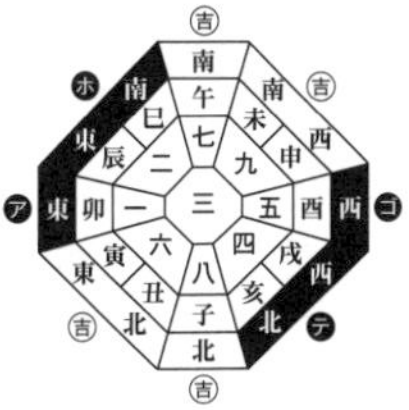

三碧木星生まれの吉方位・凶方位

㊔吉方位、ゴ五黄殺、ア暗剣殺、ホ本命殺、テ本命的殺、タ対冲殺

八白中宮の盤

二黒中宮の盤

五黄中宮の盤

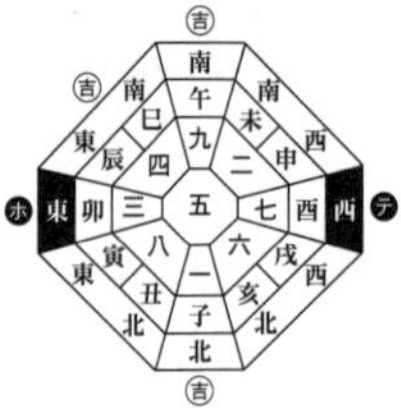

七赤中宮の盤

一白中宮の盤

四緑中宮の盤

六白中宮の盤

九紫中宮の盤

三碧中宮の盤

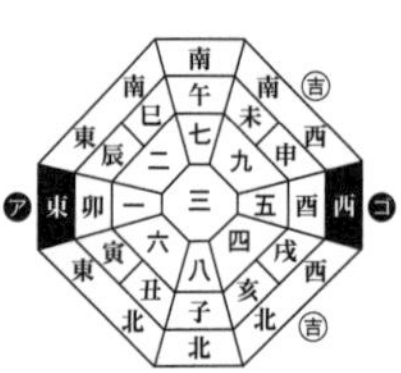

四緑木星生まれの吉方位・凶方位

㊔吉方位、ゴ五黄殺、ア暗剣殺、ホ本命殺、テ本命的殺、タ対冲殺

八白中宮の盤

二黒中宮の盤

五黄中宮の盤

七赤中宮の盤

一白中宮の盤

四緑中宮の盤

六白中宮の盤

九紫中宮の盤

三碧中宮の盤

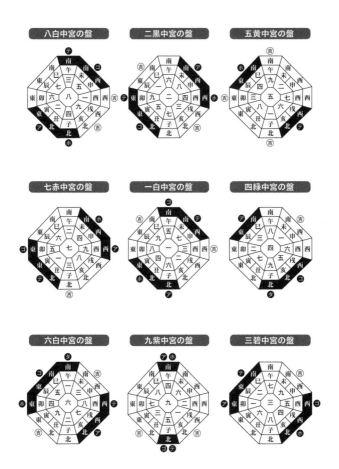

五黄木星生まれの
吉方位・凶方位

㊐吉方位、ゴ五黄殺、ア暗剣殺、ホ本命殺、テ本命的殺、タ対冲殺

八白中宮の盤

二黒中宮の盤

五黄中宮の盤

七赤中宮の盤

一白中宮の盤

四緑中宮の盤

六白中宮の盤

九紫中宮の盤

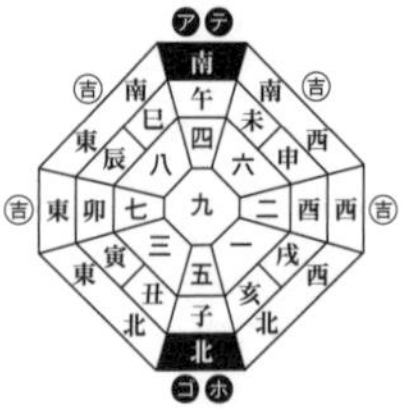

三碧中宮の盤

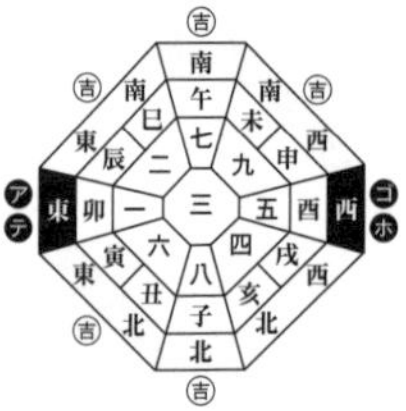

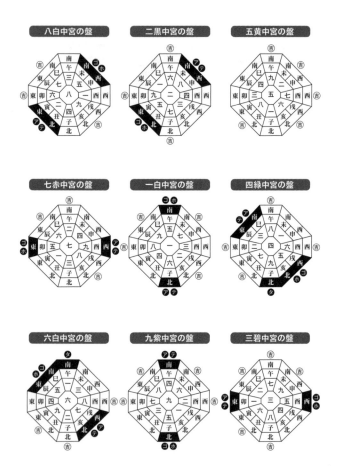

六白金星生まれの 吉方位・凶方位

(吉)吉方位、ゴ五黄殺、ア暗剣殺、ホ本命殺、テ本命的殺、タ対冲殺

八白中宮の盤

二黒中宮の盤

五黄中宮の盤

七赤中宮の盤

一白中宮の盤

四緑中宮の盤

六白中宮の盤

九紫中宮の盤

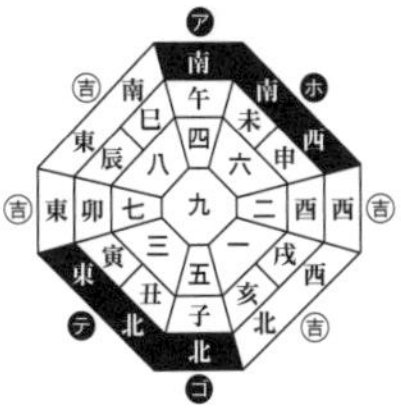

三碧中宮の盤

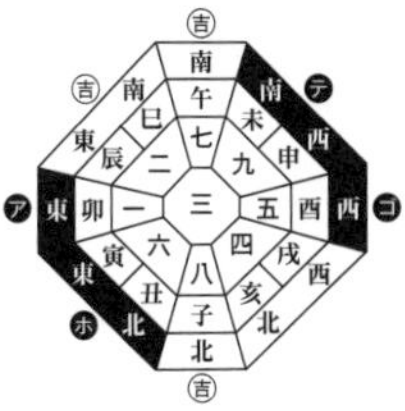

七赤金星生まれの吉方位・凶方位

㊡吉方位、ゴ五黄殺、ア暗剣殺、ホ本命殺、テ本命的殺、タ対冲殺

八白中宮の盤

二黒中宮の盤

五黄中宮の盤

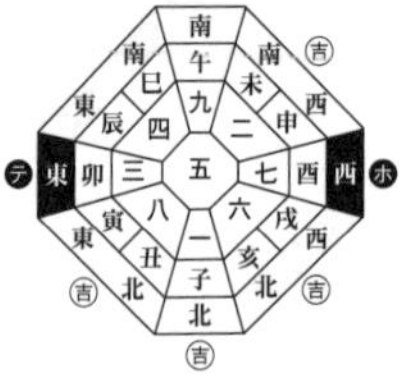

七赤中宮の盤

一白中宮の盤

四緑中宮の盤

六白中宮の盤

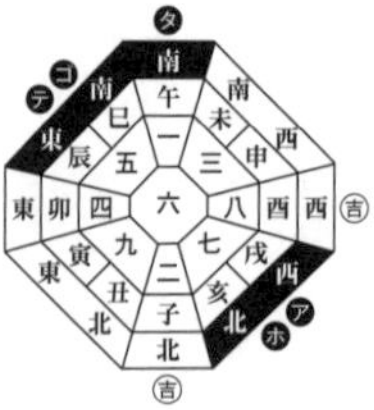

九紫中宮の盤

三碧中宮の盤

八白土星生まれの吉方位・凶方位

㊡吉方位、ゴ五黄殺、ア暗剣殺、ホ本命殺、テ本命的殺、タ対冲殺

八白中宮の盤

二黒中宮の盤

五黄中宮の盤

七赤中宮の盤

一白中宮の盤

四緑中宮の盤

六白中宮の盤

九紫中宮の盤

三碧中宮の盤

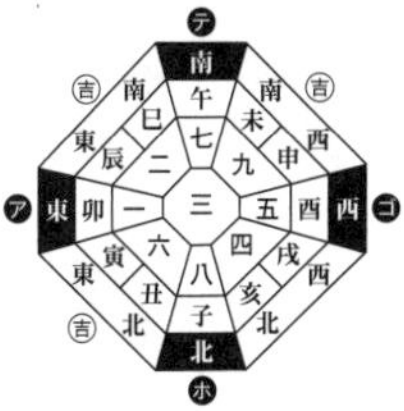

九紫火星生まれの吉方位・凶方位

㊔吉方位、ゴ五黄殺、ア暗剣殺、ホ本命殺、テ本命的殺、タ対冲殺

八白中宮の盤

二黒中宮の盤

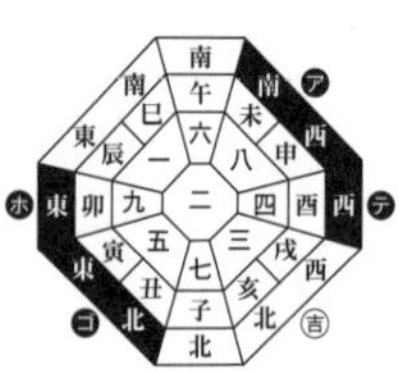

五黄中宮の盤

七赤中宮の盤

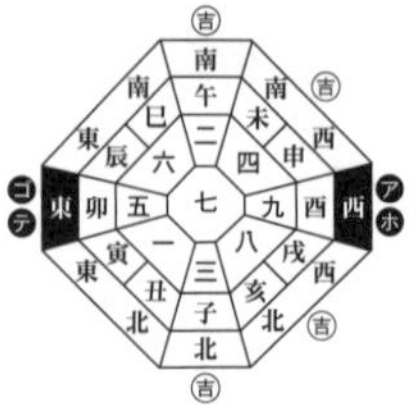

一白中宮の盤

四緑中宮の盤

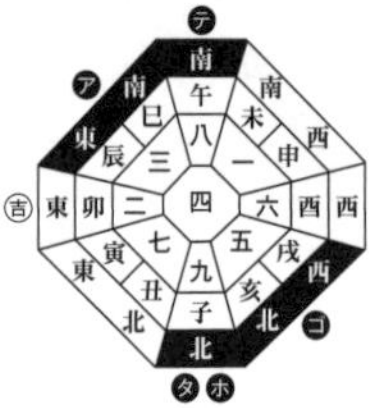

六白中宮の盤

九紫中宮の盤

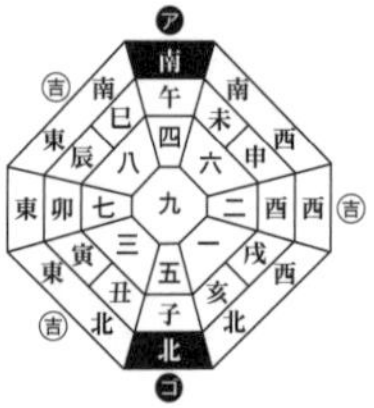

三碧中宮の盤

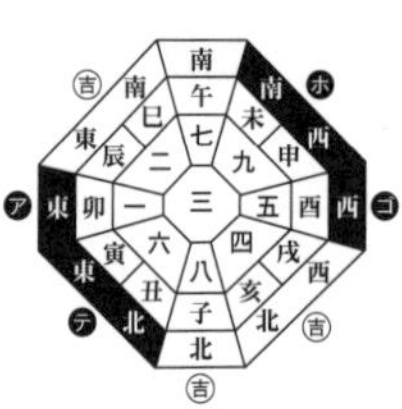

磁北修正をして正しい方位を割り出す

九星気学は盤の上を数字が回っているだけの占い、と思っていらっしゃる方も多いようですが、その本質は宇宙のエネルギー（地球の自転公転と地球磁場の磁気作用）を、東洋哲学の思想に基づいてまとめた運命学です。ですから、方位を割り出す際には、地球のメカニズムも多少は理解しておく必要があります。

一般に知られていることとして、地球の外核の流れは複雑で、地図上の北（真北）と方位磁石の指す北（磁北）は日本では5～10度くらい西に傾いています。個々の場所における傾きは、323ページに示す日本の磁気偏角図をご参照ください。

それでは、実際に地図を用いて、方位を割り出しましょう。

1. まず、地図の自宅の位置に印をつけます。

〈例〉
東京都中央区在住の場合

関東の地図

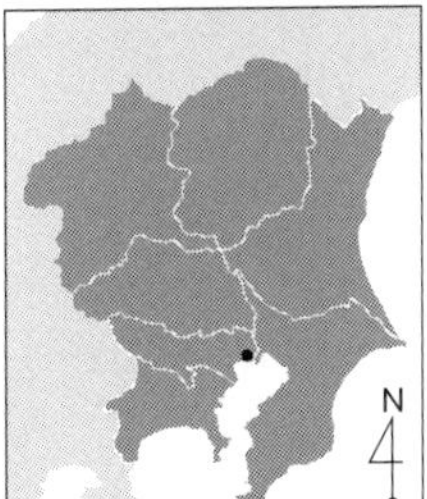

2. 地図上の南北のラインを平行移動して、自宅の印の上に記入します。

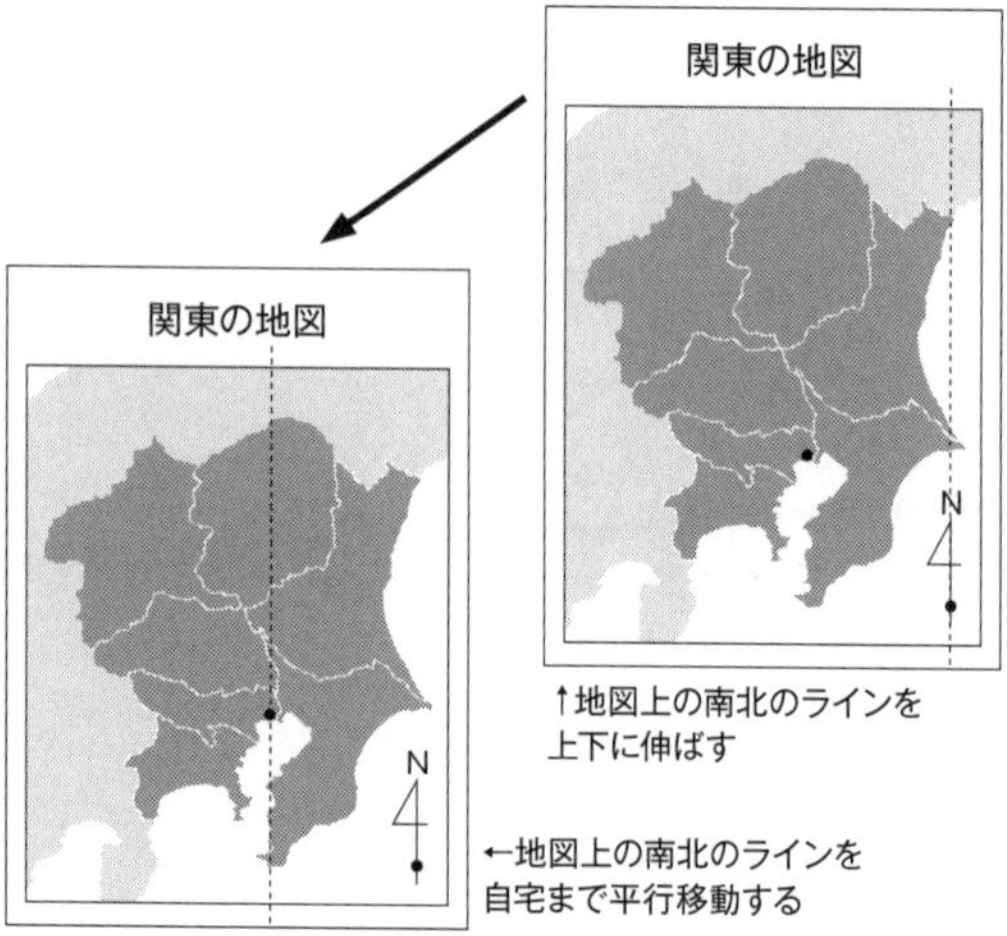

↑地図上の南北のラインを上下に伸ばす

←地図上の南北のラインを自宅まで平行移動する

3. 磁北修正をします。分度器を用いて323ページの磁北の偏角表を参考に、自宅に最も近い都市の偏角の度数だけ、西側に傾けて、磁北修正後の南北のラインを記入します。

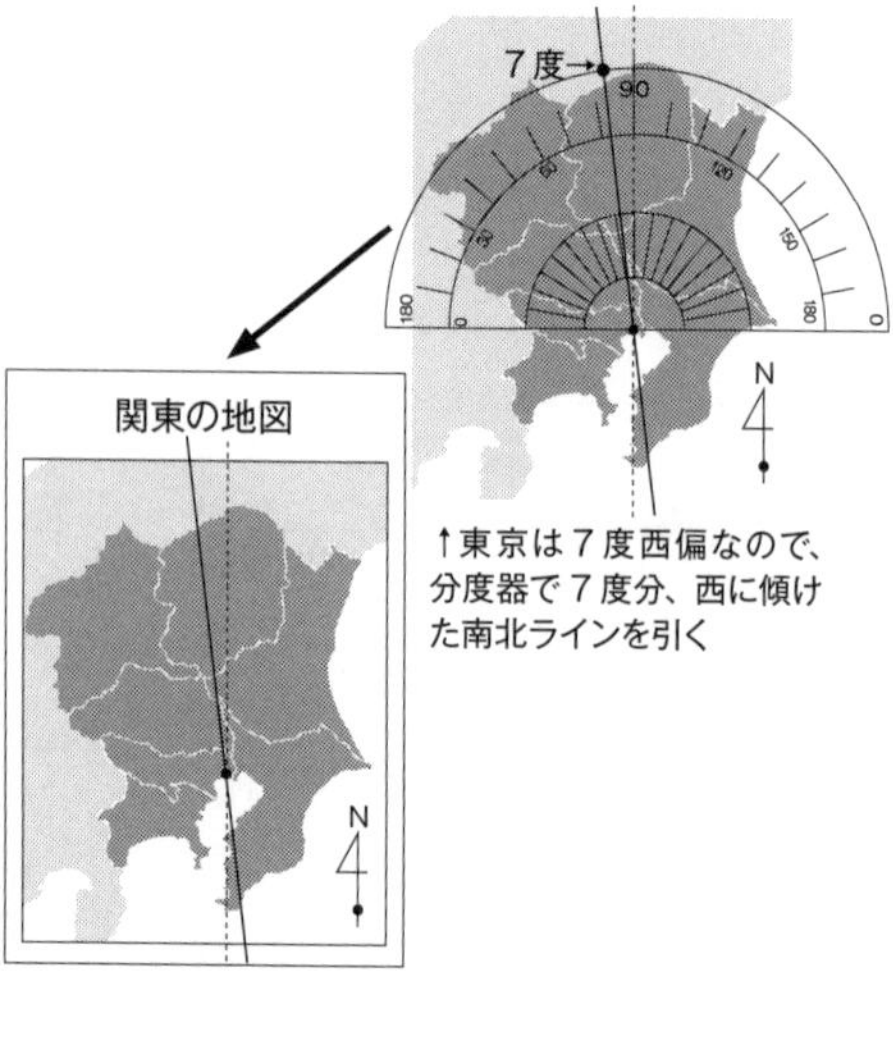

↑東京は7度西偏なので、分度器で7度分、西に傾けた南北ラインを引く

4. ここに、巻末の方位測定盤の南北のラインを合わせてのせますと、出かける場所の方位を確認することができます。

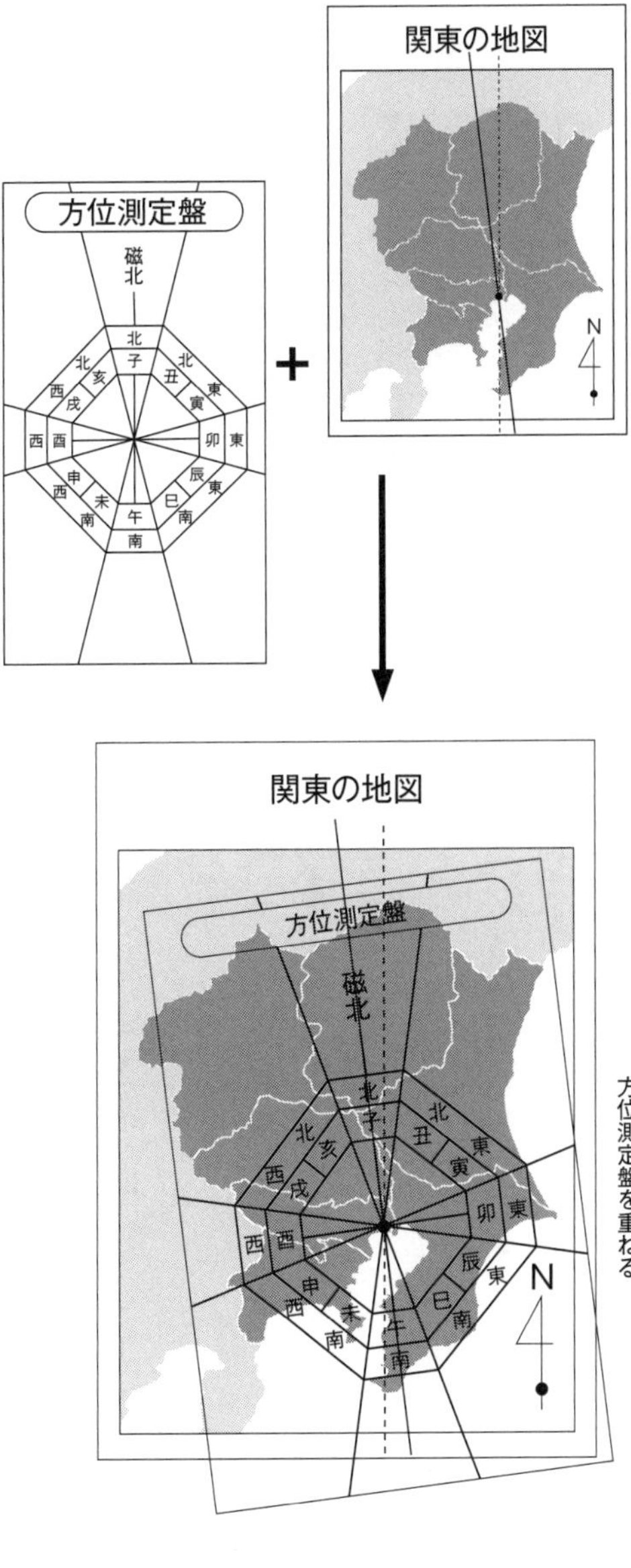

←磁北修正をした南北ラインに、方位測定盤を重ねる

九星気学の方位盤では南が上、北が下となっていますので、最初のうちは少し頭が混乱するかもしれません。どうしても見づらいという方は、ここまでの作業が終わってから、地図を上下逆さまにすると見やすくなると思います。

また、方位盤には八方位すべてが45度のものもありますが、これは家相を判断する際に用いる家相盤で、方位を見るときには東西南北が30度、残りが60度の気学方位盤を用います。

家相盤

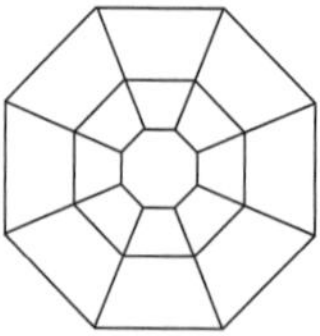

↑八方位すべてが45度

気学方位盤

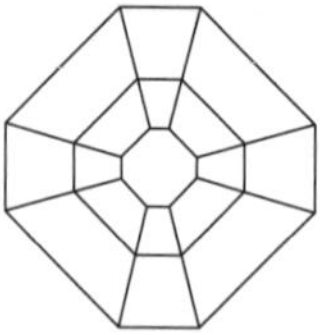

↑東西南北が30度で残りが60度

方位の境界線にまたがる10度（左右5度ずつ）は気が混ざり合って、思いがけない作用が起きる可能性がありますから、用いないようにしたほうがいいでしょう。

方位の境界線

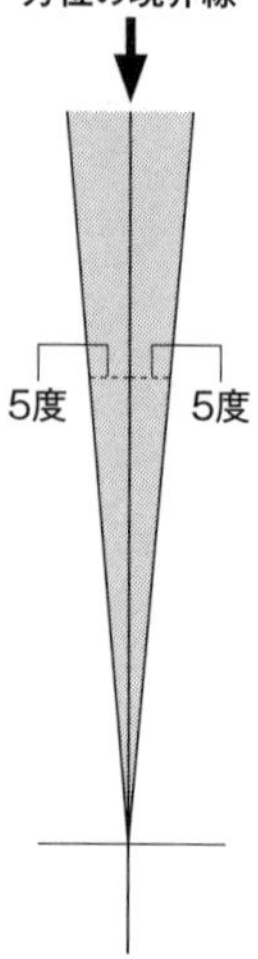

本来、正しい方位を得るには、正距方位図法で表された地図（中心からの距離と方位が正しく記された真円の形の地図）を使用しますが、日常に用いられている地図では、よほど丁寧に方位を測ったとしても、どうしても多少の誤差が出てきてしまいます。できるだけ、その方位の中央にある場所を選ぶのが安全です。

日本の主な都市の磁北の偏角表

この表に主な都市（都道府県庁所在地）における磁北の偏角を示します。

札幌	9.2	富山	7.8	岡山	7.3
旭川	9.5	金沢	7.7	広島	7.2
帯広	8.8	福井	7.8	山口	7.0
青森	8.3	甲府	6.2	徳島	7.0
盛岡	8.0	長野	7.3	高松	7.2
仙台	8.0	岐阜	7.3	松山	6.8
秋田	8.3	静岡	6.5	高知	7.0
山形	7.2	名古屋	7.2	福岡	7.0
福島	7.5	津	7.0	佐賀	6.8
水戸	7.0	大津	7.3	長崎	6.5
宇都宮	7.3	京都	7.3	熊本	6.5
前橋	7.3	大阪	7.0	大分	6.8
さいたま	7.0	神戸	7.2	宮崎	6.2
千葉	6.8	奈良	7.2	鹿児島	6.3
東京	7.0	和歌山	7.0	那覇	4.7
横浜	7.0	鳥取	7.8		
新潟	8.2	松江	7.7		

この表は「国土地理院ホームページ<2011年 報道発表資料>日本全国の最新の磁気図を公表」に示されている2010年のデータを転記したものです。

さらに詳しく偏角を知りたい場合は、国土地理院のホームページをご確認ください。

また、参考までに東京から見た各地の方位を紹介しておきます。

東京から見た日本各地（都市）の方位

北	日光、新潟、秋田
東北	水戸、福島、仙台、盛岡、帯広、釧路、網走
東	成田、市川、銚子
東南	千葉、市原、鴨川
南	館山、八丈島、小笠原諸島
西南	熱海、静岡、浜松、鹿児島、那覇
西	甲府、名古屋、京都、奈良、大阪、神戸、岡山、広島、山口、大分、福岡、長崎
西北	前橋、上越、富山、長野、金沢

東京から見た日本各地の方位図

東京の西偏（7.00）を加味して作成してあります。

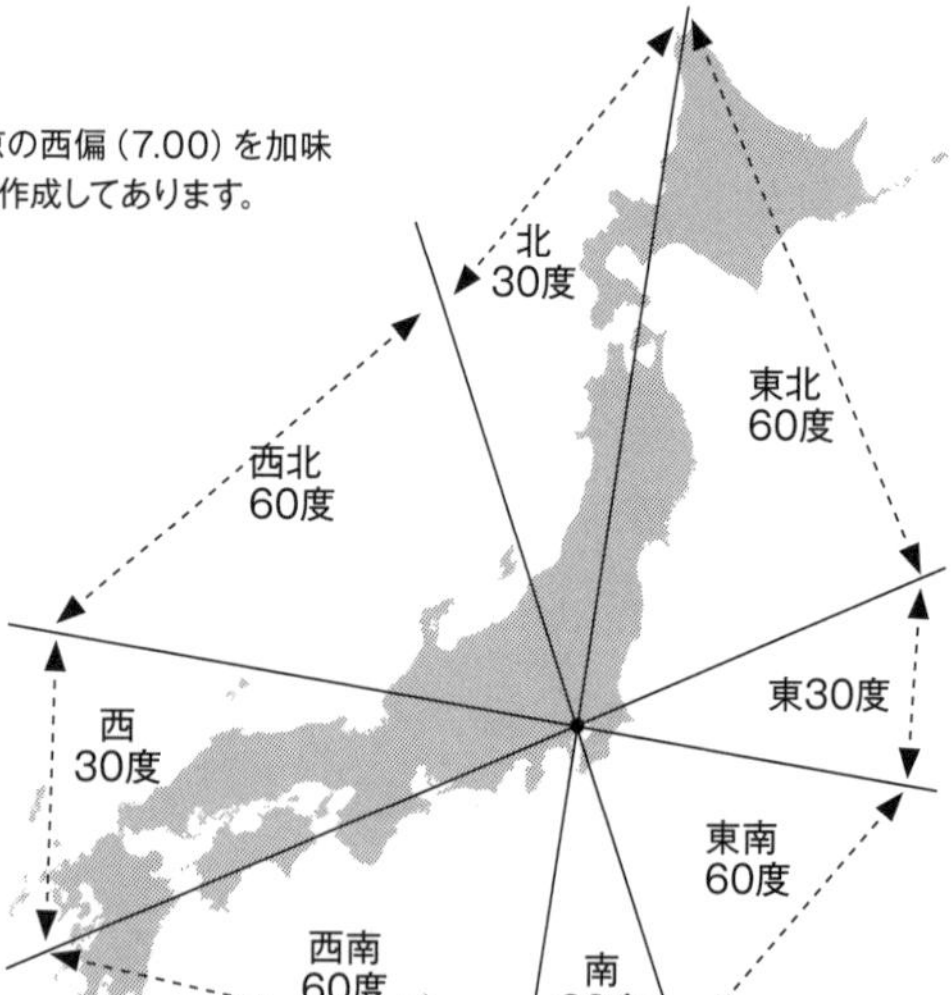

世界の方位を見る場合は、日本国内より複雑です。地球は丸いうえに、海外となると相当な距離があります。緯度が同じ場所であっても、単純に東と西の位置にあるとは判断できません。さらに、ある海外の国に向かったときの方位が西だったから、その帰りは真反対の東になるとは限らないのです。球面上の方位を割り出すには、球面三角法という公式に、二つの都市の緯度と経度を当てはめて算出します。

東京から見た世界の方位については、概念図というものが気学の研究者によって発表されていますので、次ページを参考になさってください。

九星気学が生まれた時代には、海外へ行くことはまだ一般的でなく、また、私自身も世界中を旅行して、すべての方位を確認するまでには至っておりません。世界の方位に関しては、まだ研究中の部分もあることをご了承ください。

東京から見た世界の方位

北	アイスランド、グリーンランド
東北	アラスカ、カナダ（一部を除く）、アメリカ合衆国、メキシコ、キューバ、コロンビア、ペルー、ブラジル西部、ガラパゴス諸島
東	ハワイ諸島
東南	アルゼンチン南部、マーシャル諸島、ソロモン諸島、フィジー、ニューカレドニア、ニュージーランド
南	グアム、ニューギニア島、オーストラリア（一部を除く）
西南	香港、台湾、タイ、フィリピン、マレーシア、シンガポール、インドネシア、マダガスカル（一部を除く）、南アフリカ南部
西	中国（上海）、韓国（ソウル以南）、ネパール、インド、エチオピア（一部を除く）、タンザニア、ケニア、南アフリカ北部
西北	ロシア（一部を除く）、フィンランド、スウェーデン、ノルウェー、イギリス、オランダ、ベルギー、ドイツ、フランス、オーストリア、スペイン、イタリア、ギリシャ、トルコ、モンゴル、エジプト、アルジェリア、モロッコ、韓国（ソウル）、中国（北京）

東京から見た世界の方位図

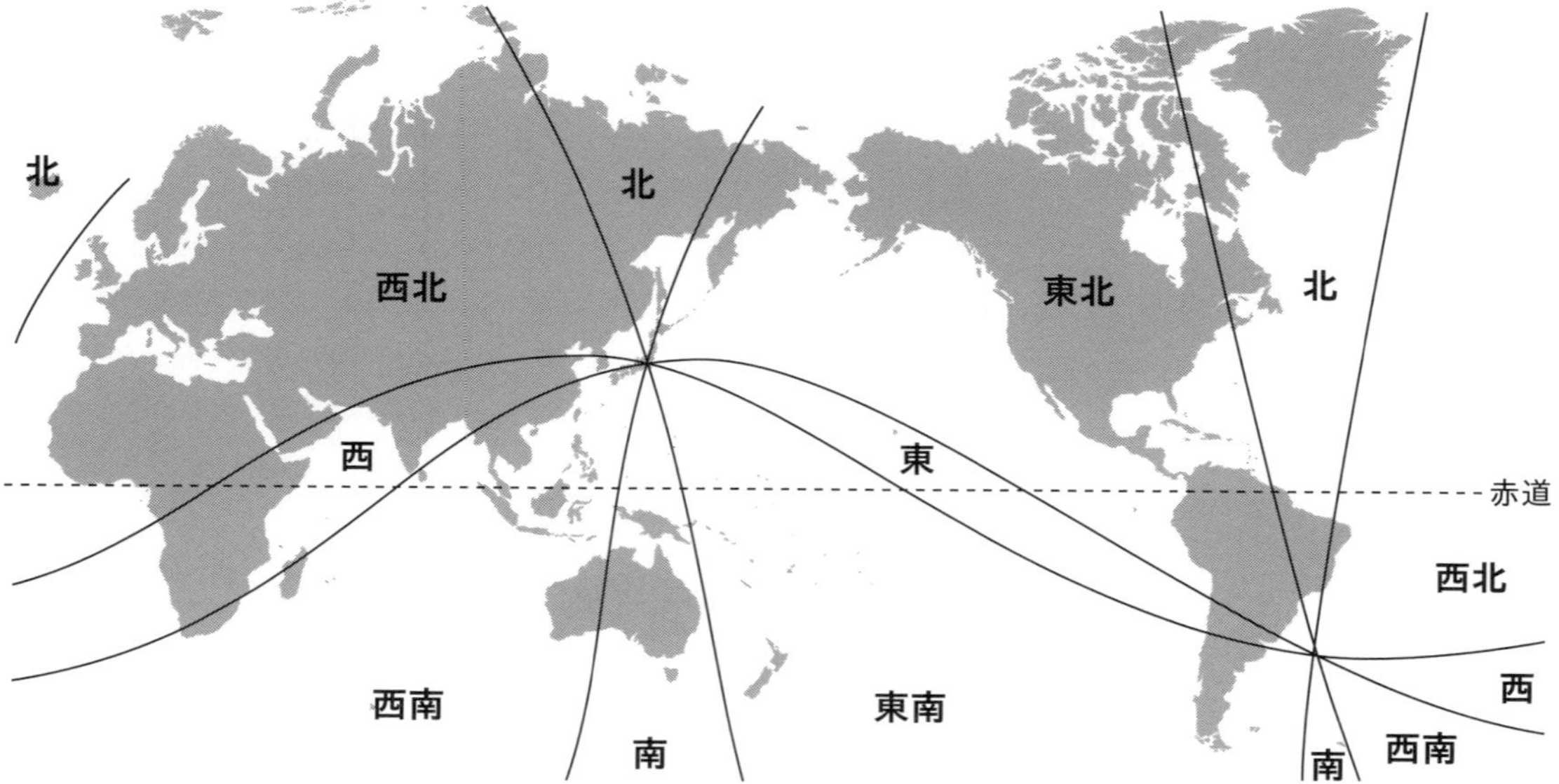

磁気図（偏角）2015.0 年値

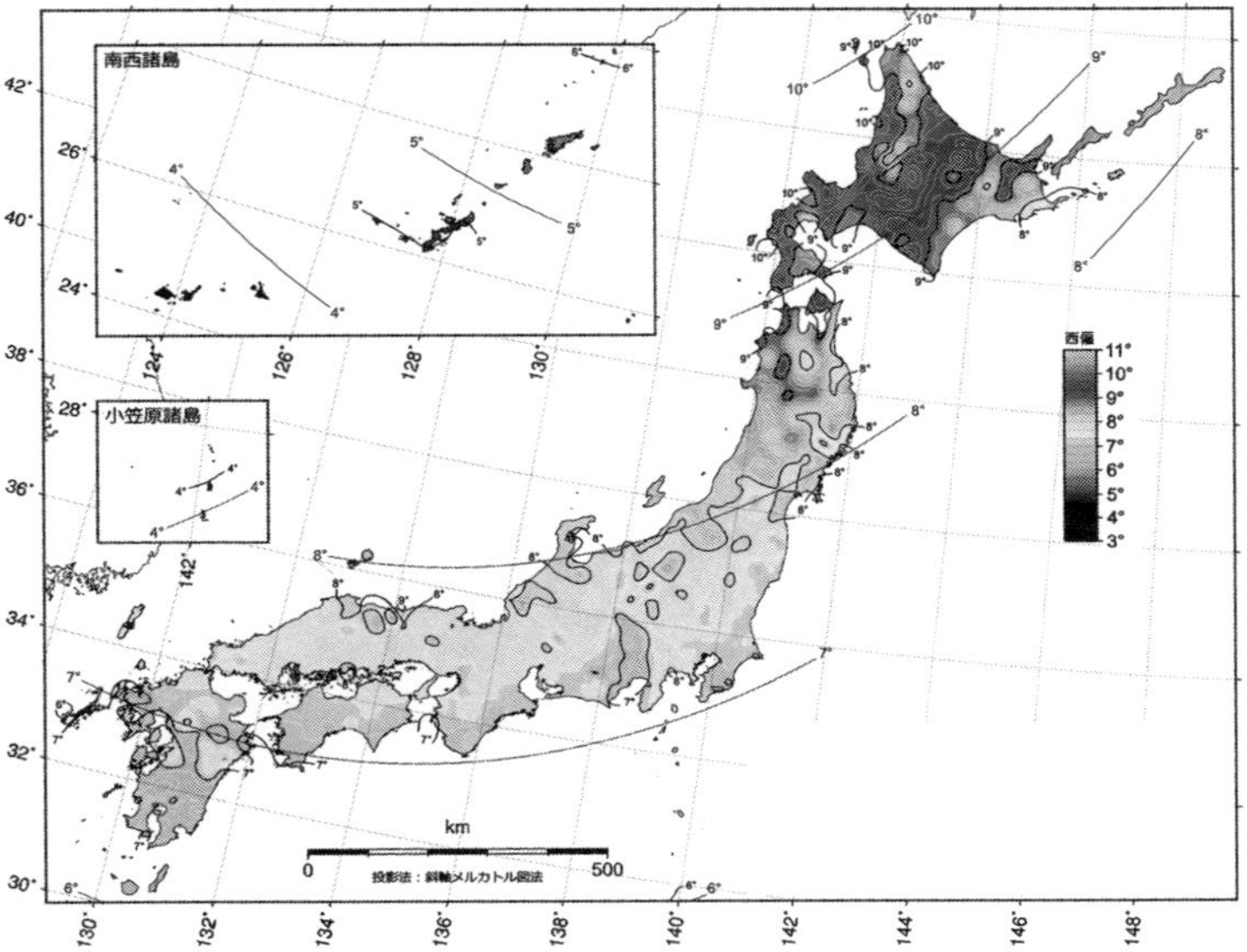

―――	国土地理院の地磁気時空間モデル *1 を使用して作成した等値線（1 度ごと）
（白細線）	〃　　　　（10 分ごと）
―――	一等磁気点のモデル値から、二次多項式で近似 *2 した等値線（1 度ごと）

*1 一等及び二等磁気測量の観測成果並びに国土地理院測地観測所，地球電磁気連続観測　装置，気象庁地磁気観測所の観測記録，海域は IGRF-12 を用いて作成したモデル

*2 全ての一等磁気点のモデル値を，緯度・経度の二次多項式で近似した計算式　二次多項式の各項の係数は国土地理院の地磁気測量ホームページを参照

※ 図に表示されていない地域は地理院地図を参照

おわりに

私が占星術の門をたたいた頃、時代は常に新しい何かを求め、躍動感にあふれていました。街を歩けば、心・幸せ・未来……という言葉や文字に必ずぶつかり、やがてそれらの願いをかなえる道具のひとつとして「占い」が表に出てきたのです。

そして今、未来へのあらゆる可能性を、パソコンなどを駆使しつつ追求する二十一世紀の占星術もまた、躍動感に包まれ、活気に満ちています。生活情報の一分野として、レジャーとして、人生の道しるべとして……占いに求められる役割は大きく、それだけに、自分に課せられている責任はとても重い……最近、心からそう思うようになりました。アナログとデジタルがゆきかう交差点の中央で、読者の方の手を引きながら、安全なシグナルの方向に誘導してゆくのが、自分に与えられた課題なのだ……と。

さて、私は七十年代以降、深く占いにかかわってきました。しかし、歩き始めたばかりの若く未熟な時代の私は、「占いは宇宙の神秘から生まれた美しいロマン」と、思い込み、言葉を並べることだけに酔っていました。確かに、ある個人のプログラムは生年・月・日を解析してゆくと、一定のこたえには達します。

しかし、規則性を羅列して構成した平易な解説文には、命ある物語が存在していませんでした。占いはロマンである一方で、人界の苦しみから誕生してきた学問でもあります。故に、美文だけでは語れないのです。私はこの時代、日々混沌としていました。

そんなある日、占星術を違う角度から観るチャンスが訪れました。東洋占星術との出会いです。天空を運行する惑星の動きが、未来をスクリーンに映す西洋占星術。一方、東洋占星術では、十干と十二支の組み合わせを分類した暦を用い、占法が構成されています。歴史も思想も全く異なる、ふたつの占法……しかも、占いの方法そのものが抜本的に違うのです。

「このふたつの占いを縦糸と横糸にして、ひとつの物語を創り出すことはできないものか」

「合わせ鏡のように使い分け、的中率を上げるという考え方は、無謀なのだろうか」……。

天空に輝く惑星と、暦の中の記号を融合させた占いを構築したい。

このようにして、私は東洋占星術にも大きく心が傾き、西洋・東洋……洋の東西の占星術と手をつなぎながら今日に至ったのです。

占いに必要とされるものは直感・創造性・洞察力、この三本柱です。これは規則性だけでは解明できない、天空や地気からのメッセージを通訳する抽象思考力ともいえるでしょう。

本書は、東洋占星術のひとつである九星気学の入門書です。数ある占いの中で私が九星気学を取り上げたのは、わかりやすく、しかも実践が容易であり、かつ結果が出やすい……この三つの理由があるためです。

新しい未来への扉をひらく、カギのひとつになればうれしく思います。最後に本書を出版するにあたり、日頃からご指導をいただいております日本占術協会の先生方に厚くお礼を申し上げますとともに、本書執筆に際し、資料の整理と執筆の一部をお手伝いしてくださった星野燿先生に心から感謝致します。

二〇〇七年九月　　エミール・シェラザード

復刊のあとがき　～北斗の七星と宇宙ステーション

私が「九星気学」の本を書いた年はさかのぼること14年前、２００７年のことでした。大切な母が他界し、失意のさなかに筆をとり、説話社の皆様や支えてくださる人たちの応援歌を得た中で書き上げました。そんなスタートだったことを思い出します。

復刊のお知らせをいただき、感慨深く当時のことをふり返り、この挨拶文を書いているのは2021年7月15日の深夜、新潟県十日町市においてです。実はこの日、天気がよければ、国際宇宙ステーションが北斗七星を横切る様子が見える日だったのです。

さて夜、空は晴れて三日月とともに満天の星空が広がっていました。そして20時35分、三日月の下に出現した国際宇宙ステーションは、そのまま北斗七星を横切り、星のひとつとなって北極星の方向に駆け抜けていきました。

「天の星は地にあるものとリンクする」といわれています。まるで九星が語る物語のような北斗の七星と宇宙ステーション。そして、そのとき地上の星は、満天の星にも匹敵するかのような蛍たちの舞いでした。この星たちをすべて合わせて「九つの星！」 大宇宙と地上の自然が融合した粋なはからいに、復刊のお祝いをいただいたような感動を覚えました。

その神秘的な時間と空間の中で、めぐる時に思いを馳せながら、当著が少しでも皆様の星道しるべになれば、と心より思うしだいです。すべての皆さまの幸せを星に祈り、ご挨拶を結びます。

著者紹介

エミール・シェラザード
神野 さち（かみの・さち）

1970年代に神秘学の門をたたき、以来30年、西洋占星術、東洋占星術、心理学、カウンセリング技法を学び、中華民国星相学会「永久名誉会員」としても公式認定を受ける。50年にわたるキャリアを持ち、現在、執筆、講演、教育、カウンセリングなど幅広い分野で活躍している。2021年6月、一般社団法人日本占術協会会長に就任。著書には「いちばんやさしい四柱推命」（ナツメ社）、「星のカルテ」（集英社）、雑誌ａｒ（主婦と生活社）、ムー（学研）他。グッド！モーニング（テレビ朝日）では毎日の占いを担当している。kaminoコーポレーション主宰。

執筆協力/星野燿（ほしの　あかり）

昭和63年、ルネ・ヴァンダール・ワタナベ氏に入門し、西洋占星術、タロットを学ぶ。同時に同門のエミール・シェラザード氏より東洋占術、九星気学を伝授される。平成3年、星野燿を襲名し、エミール・シェラザード氏著書の執筆協力で活動中。「占いは知識を得て満足するのではなく、日々の生活に活かしてこそ真価を発揮する」を信条に生きたデータを収集することに努めている。日本占術協会会員。認定占術士。

※本書は開運ブックス「もっともわかりやすい九星気学」（説話社）を加筆・修正を加えて、
再編集したものです。

方位測定盤の使い方

この方位測定盤は、引っ越しや旅行、外出などで方位を活用する際に用いてください。

まず、キリトリ線に沿って方位測定盤を切り離します。次に、自宅と目的地がのっている地図を1枚用意して、方位測定盤の中心を自宅に合わせます。そして319ページ～に書かれている通り、地図上の北（真北）から磁石の指す北（磁北）に、磁北修正を行ってください。

これで、出発地からの方位が測定できます。

※九星気学で用いる方位は、東西南北が30度で、残りの方位が60度になります。

※九星盤では北が下ですが、方位測定盤では、北が上になっていますので、方位の吉凶を判断する際は、間違えないように気をつけましょう。

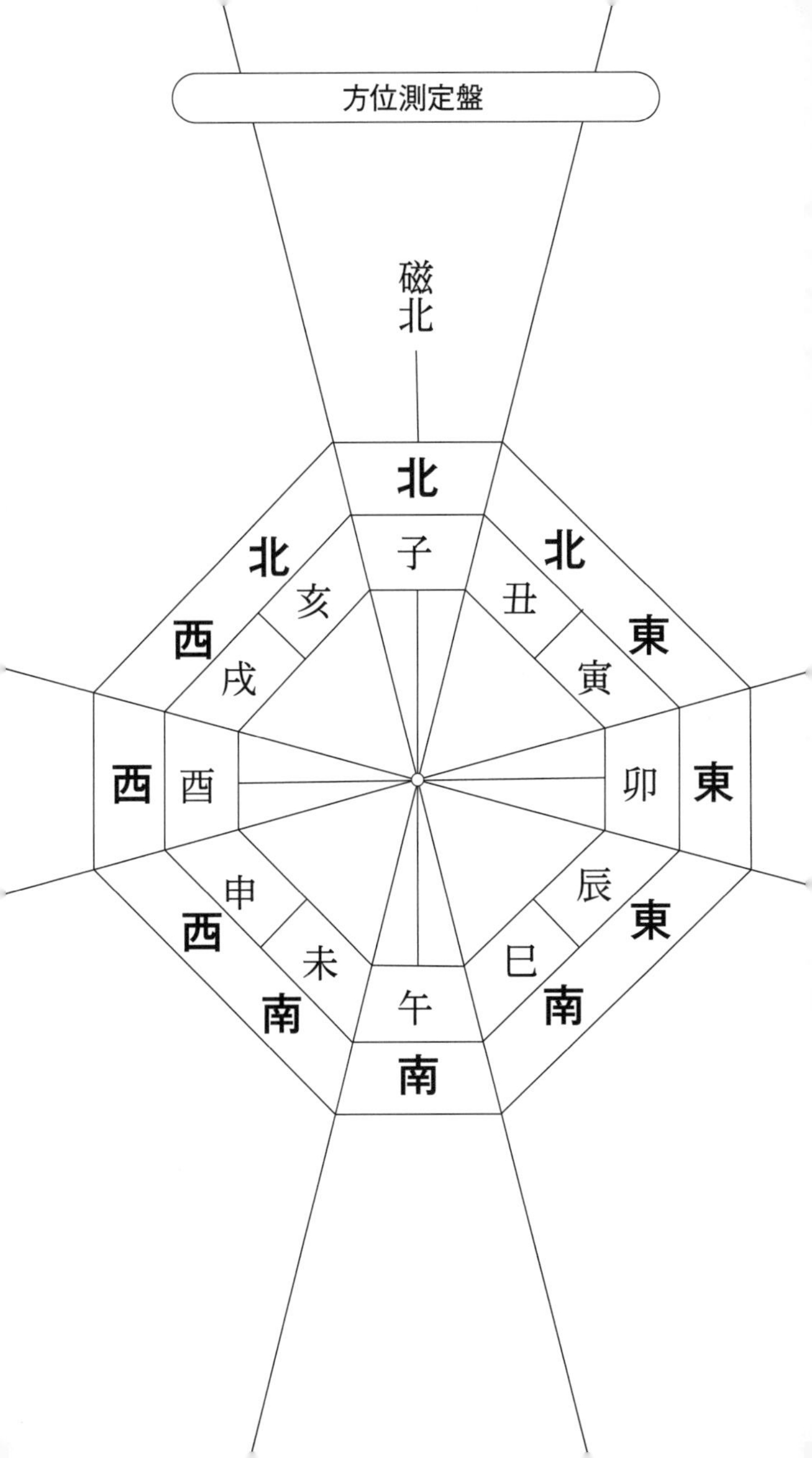
方位測定盤
磁北
北
子
北
亥
西
戌
北
丑
東
寅
西
酉
卯
東
申
西
未
南
辰
東
巳
南
午
南

説話社占い選書シリーズ創刊の辞

説話社は創業以来、占いや運命学を通じて
「安心できる情報」や「感動が得られる情報」
そして「元気になれる情報」をみなさまに提供し続けてきました。
「説話社占い選書シリーズ」は、占いの専門出版社の説話社が
「21 世紀に残したい占い」をテーマに創刊いたしました。
運命学の知恵の源である占いを、現代の生活や考え方に沿うよう、
よりわかりやすく、そしてコンパクトな形で編集してあります。

みなさまのお役に立てることを願っております。

2014 年　説話社

説話社占い選書 18

シンプルでよくわかる開運法《かいうんほう》 **九星《きゅうせい》気《き》学《がく》**

発行日　2021 年 9 月 9 日　初版発行
著　者　エミール・シェラザード
発行者　酒井文人
発行所　株式会社説話社
〒169-8077　東京都新宿区西早稲田1- 1- 6
電話／ 03-3204-8288（販売）03-3204-5185（編集）
振替口座／ 00160-8-69378
URL http://www.setsuwasha.com/

デザイン　市川さとみ
編集担当　酒井陽子

印刷・製本　中央精版印刷株式会社

ISBN 978-4-906828-78-4 C 2011